A Quarta Revolução Industrial e os Impactos nos Contratos de Emprego

Da Automação e Inteligência Artificial à Uberização

AUTORIA
RAFAEL HENRIQUE DIAS SALES

LTr®

A Quarta Revolução Industrial e os Impactos nos Contratos de Emprego

Da Automação e Inteligência Artificial à Uberização

2024

LTr®

LTr Editora Ltda.

Rua Jaguaribe, 571
CEP 01224-003
São Paulo, SP — Brasil
Fone (11) 2167-1101
www.ltr.com.br
Março, 2024

Produção Gráfica e Editoração Eletrônica: GRAPHIEN DIAGRAMAÇÃO E ARTE
Projeto de Capa: DANILO REBELLO
Impressão: LOG & PRINT GRÁFICA E LOGÍSTICA

versão impressa — LTr 6433.9 — ISBN 978-65-5883-286-7
versão digital — LTr 9907.5 — ISBN 978-65-5883-287-4

Dados Internacionais de Catalogação na Publicação (CIP)
(Câmara Brasileira do Livro, SP, Brasil)

Sales, Rafael Henrique Dias

A quarta revolução industrial e os impactos nos contratos de emprego : da automação e inteligência artificial à uberização / Rafael Henrique Dias Sales. -- São Paulo : LTr Editora, 2024.

Bibliografia.
ISBN 978-65-5883-286-7

1. Automação industrial 2. Direito do trabalho 3. Inovações tecnológicas 4. Inteligência artificial 5. Precarização do trabalho I. Título.

24-190203 CDU-34:331(81)

Índices para catálogo sistemático:
1. Brasil : Direito do trabalho 34:331(81)

Eliane de Freitas Leite — Bibliotecária — CRB 8/8415

Agradecimentos

Este livro é fruto dos estudos no Mestrado em Direito da Universidade Federal do Ceará. Agradeço a Deus por me colocar no caminho pessoas maravilhosas, que muito me ajudaram no desenvolvimento desta pesquisa.

Agradecimento especial deve ser direcionado ao meu orientador, Francisco Gérson Marques de Lima, que, desde a minha primeira passagem pelo GRUPE/UFC, sempre me incentivou, como a todos que ali estão, a aprofundar os estudos em um mestrado. Conheci poucas pessoas tão dedicadas ao estudo, tão comprometidas com o conhecimento, tão generosas ao escutar, analisar e ponderar argumentos. Obrigado por toda inspiração, incentivo, apoio e por sempre portar a luz que serve de farol para todos os estudiosos do Direito do Trabalho, em especial no Ceará, mas não apenas, pois o professor Gérson é referência para o Brasil.

Agradeço ainda ao corpo docente do PPGD da UFC, pois, sem exceção, encontrei profissionais altamente comprometidos com o ensino jurídico e que me ajudaram a me tornar um pesquisador. Aos meus colegas do PPGD, que tornaram a caminhada mais leve.

Agradeço a minha esposa Juliana Nóbrega, primeiro por ter me dado o melhor presente de todos, nossa pequena Maya Nóbrega Sales, que já cresce em meio aos vários livros de direito. Fiz registros da Maya no colo do papai ao elaborar este livro, para que sirva de inspiração no futuro, para que eu possa transmitir a ela o mesmo legado deixado por meu pai: o estudo.

Agradeço aos meus pais, Chico Sales (*in memoriam*) e Tereza Sales, por todo suporte que eu precisava para ter as mínimas condições para estudar. Igualmente, obrigado a todos meus irmãos e amigos, que sempre me incentivaram e estiveram juntos nas boas caminhadas jurídicas.

Que essa obra sirva de inspiração para os atuais e futuros estudiosos do direito do trabalho, essa matéria que, mais do que nunca, precisa ser revisitada, precisa ser aprofundada e refundada, para não sucumbir aos tempos tecnológicos que se avizinham.

SUMÁRIO

LISTA DE ILUSTRAÇÕES

PREFÁCIO

Sempre que se tem a tarefa de fazer a apresentação de uma obra, vem ínsita a satisfação pela honra que seu autor concedeu ao prefaciante. No caso, o professor Rafael Henrique Dias Sales, advogado cearense, presidente da Comissão de Direito do Trabalho da OAB/CE, brinda a doutrina com os estudos desenvolvidos no Mestrado em Direito da Universidade Federal do Ceará, quando obteve o merecido título de Mestre, em 2023, após defender com sucesso a dissertação intitulada "*A quarta revolução industrial e os impactos nos contratos de emprego: da automação e inteligência artificial à uberização*". Compunham a banca examinadora este prefaciante, o prof. Rafael Marcílio Xerex (UNIFOR) e o prof. Rodrigo de Lacerda Carelli (UFRJ).

Trata-se de abordagem atual sobre um dos temas que desafiará ainda por muito tempo a doutrina, a jurisprudência, as práticas empresariais e as relações de trabalho. De fato, novas tecnologias chegaram e continuam chegando ao mercado, modificando a realidade da cadeia produtiva e as relações humanas subjacentes, pondo em xeque antigos conceitos e abrindo debates sobre o complexo de direitos e obrigações que surgem a cada dia. Esta efervescência atinge em cheio o mundo do trabalho e toca o clássico conceito de "subordinação".

Há, inevitavelmente, o desafio de equilibrar as novas tecnologias com a capacidade de subsistência digna dos trabalhadores, uma preocupação que chama a atenção dos governos e incita os estudiosos da matéria. O trabalho tecnológico e os algoritmos são cada vez mais frequentes e fazem parte de nossa realidade, chegando ao consumidor com a mesma rapidez. Isso muda não apenas o modelo produtivo, mas, também, as relações pessoais e profissionais. A inteligência artificial e a robótica não podem ser desconsideradas do contexto de aplicação do Direito do Trabalho.

O avanço tecnológico vem em saltos, de forma que os estudos a seu respeito carecem ser mais assertivos e mais rápidos. Uma conclusão válida hoje poderá não ter validade para amanhã, sem espaço de tempo suficiente para colocar em prática modelos recém desenvolvidos. Essa dinâmica, fruto da sucessão de mecanismos e soluções informatizadas, exige que a sociedade também acompanhe no mesmo passo as urgências e necessidades que vão surgindo e se perfazendo. É um sistema, de certo modo, autopoiético, que vê nascer seus problemas e ele mesmo proporciona respostas dentro da sua própria lógica. Resta saber se tais respostas são adequadas aos direitos sociais reconhecidos constitucionalmente e integrantes da pauta dos direitos humanos.

Uma destas realidades é o trabalho por plataformas digitais, em suas diversas emanações (ex.: trabalhadores por aplicativos), a ensejar um repensar nas relações de trabalho e em conceitos como o de subordinação e pessoalidade. A própria estrutura organizacional da empresa afeta a maneira como se desenvolve a triangulação trabalhador x empresário x consumidor. Quem não seguir a lógica dessa nova estrutura tende a ficar para trás. É o que várias empresas tradicionais têm sentido, fomentando as adequações estruturais e organizacionais, não raramente promovendo dispensas em massa ao substituir mão de obra física por mecanismos automatizados.

Por outro lado, a automação a ser implementada precisa ocorrer dentro de certos padrões de responsabilidade social, como determina o art. 7º, XXVII, da Constituição brasileira, a fim de evitar os impactos deletérios da substituição indiscriminada da mão de obra por estruturas tecnológicas, geradoras da economia de compartilhamento ou economia sob demanda. Apesar da necessidade de regulação do dispositivo constitucional, o texto normativo deixa antever limites ao legislador ordinário, que não pode olvidar a condição social dos trabalhadores nem a finalidade democrática e igualitária das relações laborais e econômicas. O princípio da máxima eficácia orienta que o texto constitucional tem, por si só, efeitos jurídicos, sociais e práticos, embora não completos, em razão da atividade complementar a ser desenvolvida pelo legislador ordinário. É preciso compatibilizar, então, a automatização com os fins sociais estabelecidos pela Constituição, sem prejuízo dos princípios da livre-iniciativa e da justiça social.

Entre os destaques da obra prefaciada, cita-se a abordagem didática e histórica da sucessão das várias revoluções industriais, que afetaram profundamente os meios de produção e as relações econômicas em todo o mundo. O autor se esmerou em fornecer ao público leitor uma visão pedagógica deste fenômeno, que torna o respectivo capítulo leitura obrigatória a estudantes, profissionais e professores. E, de fato, conseguiu seu intento com muita competência e didatismo.

O livro apresenta análise histórica, sociológica, econômica e jurídica, passeando por diversas ações ajuizadas pelos legitimados, especialmente em controle de constitucionalidade. É que, em razão da complexidade das questões abordadas, os tribunais são demandados para apreciá-las, daí podendo nascer uma jurisprudência que abale ou revigore as estruturas do Direito do Trabalho no Brasil. É o caso, por exemplo, da uberização, em que o Tribunal Superior do Trabalho claudica em se posicionar a respeito, enquanto o Supremo Tribunal Federal sinaliza que não há relação de emprego e que, portanto, os conflitos nascidos dessa relação contratual fogem da competência da Justiça do Trabalho.

Mas o autor não para na análise jurisprudencial. Também investiga projetos de lei que tramitam no Congresso Nacional, os quais poderão regular a realidade do trabalho em plataformas digitais na condição de emprego, de trabalho parassubordinado ou, mesmo, autônomo. Este ponto merece acompanhamento diuturno, ante o movimento antípoda estabelecido entre os sindicatos e as empresas do setor econômico. A verdade é que a realidade atual receberá tratamento muito específico sobre o tema, pondo em xeque os limites da aplicação da Consolidação das Leis do Trabalho. Não se pode, mesmo, descartar que uma nova categoria de trabalhadores esteja nascendo.

Se, por um lado, os empregos estão minguando, cresce, por outro, a consciência de que o poder público e as empresas possuem responsabilidade social na definição dos direitos que circundam e que farão parte do patrimônio jurídico dos trabalhadores, a exigir um repensar nas técnicas de desenvolvimento do trabalho humano, na redação da jornada, na forma de remuneração etc.

O mundo do trabalho mudou e continua mudando. Disso não há dúvidas. Então, estudos da estirpe do que ora se tem em mãos se tornam cada vez mais necessários. Por isso, o livro objeto deste prefácio é um degrau da longa pesquisa que seu autor intenciona desenvolver nas etapas seguintes de sua vida acadêmica, a qual trilha com muita atenção, dedicação e seriedade.

Sem dúvida, é uma obra de leitura altamente recomendável.

Francisco Gérson Marques de Lima

Professor Associado da UFC, Subprocurador-Geral do Trabalho, coordenador do Projeto GRUPE - Grupo de Estudos em Direito do Trabalho.

1. INTRODUÇÃO

A Constituição Federal (CF) de 1988 garante no art. 7º, XXVII o direito da classe trabalhadora à proteção em face da automação. Todavia, até hoje, esse dispositivo ainda não foi regulamentado, o que traz uma série de incertezas sobre o futuro dos empregos, em face do acelerado processo de avanço tecnológico trazido pela quarta revolução industrial, em especial no que tange à robótica, à inteligência artificial e à automação.

Não bastasse, outro forte impacto da quarta revolução industrial nos contratos de emprego diz respeito ao acelerado surgimento de novos modelos de negócios disruptivos, que têm gerado, em especial a partir do desenvolvimento da economia do compartilhamento, novas formas de contratação, sem o elemento — ou pelo menos tentando "maquiar" a sua existência — da subordinação, que é um dos requisitos essenciais para caracterizar uma relação de emprego. Sem este requisito, todo o rol protetivo constitucional, previsto no art. 7º e demais da CF, deixa de ser aplicado a estes novos grupos de trabalhadores, formando assim o precariado, em razão de possuir proteção jurídica em patamar inferior aos tradicionais proletários que gozam da tutela jurídica dos contratos de emprego tradicionais.

Mas como resolver esta problemática? Com o arcabouço jurídico hoje existente, é possível trazer proteção à classe trabalhadora e assim cumprir os dispositivos constitucionais? Como evitar que novas roupagens de negócios justifiquem o afastamento de proteção constitucional? Essas problemáticas resumem o escopo deste livro, que abordará as seguintes hipóteses: 1. Se não houver regulamentação do art. 7º, XXVII da CF, poderá haver aumento no número de desempregados, em face dos avanços tecnológicos; 2. Se não houver regulamentação do trabalho em plataformas digitais, poderá haver trabalhadores sem os direitos fundamentais trabalhistas estabelecidos na CF.

É preciso destacar que, por questão de organização metodológica, o autor abordou as repercussões sociológicas e econômicas ocasionadas pelo descompasso entre o avanço de novas tecnologias e o ocaso dos trabalhadores, o que historicamente sempre gerou tensões sociais e políticas. Assim, na primeira parte da obra é feita uma análise histórica das revoluções industriais anteriores, a partir dos relatos de Friederich Engels, Eric Hobsbawm, Leo Huberman, entre outros, até se chegar à atual quarta revolução industrial, conceituada por Klaus Schwab. Nestes tópicos serão abordadas as repercussões sociais e econômicas de cada época, bem como o avanço jurídico que precisou ser feito para proteger o modelo capitalista que se desenvolvia, garantindo mínimos direitos aos trabalhadores.

Na sequência, é trazido um panorama geral da quarta revolução industrial e o que ela tem gerado de preocupações ao cotidiano da classe trabalhadora. O principal referencial teórico desta contextualização foi a obra de Klaus Schwab. No primeiro tema macro das repercussões da quarta revolução industrial nos tradicionais contratos de emprego, é feita uma abordagem sociológica e jurídica que traz as preocupações da substituição dos empregados humanos por máquinas, sendo utilizadas as doutrinas de Martin Ford, Yuval Noah Harari, Kai-Fu Lee, dentre outros, desaguando na análise jurídica, especialmente com viés constitucional, da não regulamentação do art. 7º, XXVII da CF. A partir da doutrina de José Afonso da Silva, foi abordada a eficácia do dispositivo constitucional acima e os prejuízos da sua não regulamentação. Foi feita uma análise dos projetos de lei que foram apresentados desde 1989 até 2019, na tentativa de regulamentar o texto constitucional, com as contribuições da leitura de Jouberto de Quadros Pessoa Cavalcante. Além disso, foi feita uma análise semântica e interpretativa a partir da nova hermenêutica constitucional, para verificar se a palavra "automação", inserida no texto constitucional em 1988, ainda tem o mesmo significado e se, a partir do conceito de mutação constitucional desenvolvida pela doutrina alemã ou do conceito de interpretação integradora de Raimundo Bezerra Falcão, seria possível dar nova leitura sem que haja necessidade de modificação do texto constitucional.

Foi também estudada a possibilidade de Mandado de Injunção ou de Ação Direta de Inconstitucionalidade por Omissão, para que finalmente haja a máxima efetividade ao dispositivo constitucional.

Na sequência, foram realizadas discussões em torno do segundo macro desdobramento da quarta revolução industrial nos contratos de emprego, que passa pelo desenvolvimento da denominada economia do compartilhamento, ou economia sob demanda, ou economia de bico, ou ainda trabalho intermediado por plataformas digitais, que visam dar nova roupagem às formas de contratação e prestação de serviços, desconstruindo assim as tradicionais formas de emprego e, em razão disso, buscando afastar todo o aparato protetivo previsto na Constituição Federal. Nesse trecho, foram utilizadas as obras de Francisco Meton Marques de Lima e Francisco Gérson Marques de Lima, em especial no que tange às formas de investida do capital sobre os tradicionais contratos de emprego, visando uma desregulamentação do direito do trabalho.

Foi feita pesquisa na doutrina especializada, para traçar os argumentos a favor e contra a existência de vínculo de emprego, bem como o apontamento dos possíveis caminhos a serem trilhados, com análise de projetos de lei que estão em andamento. Com relação a este trecho, foram valiosas as contribuições, dentre outros, de Natália Marques Abramides Brasil, André Gonçalves Zipperer, Eliete Tavelli Alves, Murilo Carvalho Sampaio Oliveira, Rodrigo Carelli e Jouberto de Quadros Pessoa Cavalcante. Já próximo ao fim, foi feita uma breve análise sociológica e jurídica do precariado e feito um levantamento do que a Organização Internacional do Trabalho — OIT espera do futuro do trabalho, bem como do trabalho em plataformas digitais, com destaque para as 21 diretrizes que as legislações devem abordar. O principal referencial teórico desse trecho é o inglês Guy Standing, um dos precursores do estudo neste assunto, além de Ricardo Antunes.

Ainda nas questões metodológicas, registre-se que, para se chegar aos resultados, foi feito um levantamento bibliográfico das temáticas relacionadas, em especial sobre as quatro revoluções industriais e sobre suas respectivas consequências para o contexto social quando de suas eclosões.

Além disso, buscando dados da realidade atual, foi feito um levantamento de pesquisas empíricas, destaque para os dados abordados por Ludmilla Costhek Abílio, Gabriela Neves Delgado e Bruna Vasconcelos de Carvalho, com dados como a jornada de trabalho e remunerações dos trabalhadores das plataformas tecnológicas, frutos da quarta revolução industrial, buscando assim fazer um paralelo pra saber se é melhor para o(a) obreiro(a) o emprego tradicional ou o trabalho em plataformas digitais, além de buscar entender se há uma estabilidade no sistema ou se pode haver uma sobrecarga de oferta de mão de obra, com a consequente piora nas condições de jornada e remuneração.

Partindo então dos referenciais teóricos acima apontados, foi utilizado o método dedutivo e, após realização das pesquisas bibliográficas, foram feitas as conclusões, que buscaram objetivamente responder se o aparato protetivo dos trabalhadores brasileiros está em risco, em especial em face do processo de automação desencadeado pelas tecnologias disruptivas da quarta revolução industrial, bem como em face do desenvolvimento de novos modelos de negócios que buscam vestir os contratos de labor com uma nova roupagem. A hipótese que foi abordada, já destacada acima, é que se a quarta revolução industrial não tiver a devida atenção, com a realização das necessárias regulamentações, pode haver graves retrocessos nos direitos fundamentais da classe trabalhadora, nos dois moldes macro já referenciados acima.

Feitas estas observações metodológicas introdutórias, destaque-se que desde a primeira revolução industrial, quando as máquinas passaram a fazer parte do cotidiano dos trabalhadores, de início facilitando a execução dos serviços e melhorando a produtividade, as inovações tecnológicas passaram a constar no cenário da cadeia de produção, muitas vezes diminuindo o esforço humano, mas, em contrapartida, trazendo incertezas para o modelo de sociedade de trabalho que havia se desenvolvido até então.

Em leituras de densidade sociológica, como na clássica obra *A situação da classe trabalhadora na Inglaterra de Engels*[(1)], é possível perceber que de início as máquinas foram boas aliadas dos trabalhadores, já que a produção era descentralizada e o maquinário possibilitou que tecelões aumentassem muito sua produção, que geralmente era feita em suas próprias residências. Mas o que veio a seguir, quando os primeiros capitalistas iniciaram o processo de centralização das máquinas nas primeiras grandes indústrias, e com a consequente diminuição das demandas para os pequenos produtores autônomos, foi o início de uma degradação da qualidade de vida dos trabalhadores, que, sem opção, começaram a migrar para os novos centros urbanos que iam se formando ao redor das grandes fábricas, passando a aceitar remunerações e jornadas de trabalho degradantes.

A piora na qualidade de vida causada pelo avanço das máquinas, algumas décadas mais à frente, fez com que surgisse um movimento de trabalhadores insatisfeitos liderados por Ned Ludd, por isso o movimento foi chamado "ludista". Na época, os trabalhadores tentavam melhorar as condições laborais e, caso não fossem atendidos, simplesmente destruíam todas as máquinas da fábrica.

A lembrança ao movimento ludista, ocorrido ainda durante a fase da primeira revolução industrial, é para destacar que os avanços tecnológicos, se negligenciarem o fator social envolvido, podem causar instabilidades políticas e econômicas, gerando caos social. Fazendo um paralelo com o contexto social mais recente, quando a empresa Uber chegou ao Brasil em 2014, passaram a ser recorrentes as notícias de trabalhadores que prestavam serviços para a empresa e que eram agredidos fisicamente por taxistas, que não se conformavam em perder espaço para os trabalhadores que estavam utilizando essa nova tecnologia. É fato notório que a empresa

---

(1) ENGELS, Friedrich. *A situação da classe trabalhadora na Inglaterra*. Tradução: B. A. Schumann. Supervisão, apresentação e notas: José Paulo Netto. São Paulo: Boitempo, 2010.

utilizou grande verba de marketing para convencer as pessoas que o serviço prestado era melhor e mais barato do que o táxi. Além disso, a Uber passou a travar verdadeiras guerras jurídicas contra os municípios, que buscavam trazer restrições em suas legislações, buscando de alguma forma mitigar a utilização dos serviços da empresa.

Em termos práticos, a ideia de pagar por um serviço melhor e mais barato acabou convencendo a maior parte da população, sendo que os taxistas tradicionais foram os grandes prejudicados pelo advento da nova plataforma tecnológica. Essa questão que envolve a empresa Uber, um dos maiores símbolos da chamada economia do compartilhamento, que vem crescendo dentro do contexto da quarta revolução industrial, transmite a mensagem de que novas tecnologias dificilmente são barradas.

Um dos grandes problemas que vem surgindo dentro desse contexto de novas tecnologias disruptivas é que a regulamentação estatal atual não resolve uma série de situações, como, por exemplo, a celeuma de definir se os trabalhadores que prestam serviços por intermédio de aplicativos são ou não empregados. Considerando o cenário brasileiro, é preciso lembrar que os quatro requisitos da relação de emprego constantes nos arts. 2º e 3º da CLT: onerosidade, habitualidade, pessoalidade e subordinação, foram consolidados em 1943, quando a principal forma de contratação eram os tradicionais contratos de emprego em indústrias e comércios.

Passado todo esse tempo, tem sido questionado se essa nova forma de contratação pode ser enquadrada como relação de emprego. Do ponto de vista constitucional, vale lembrar que está em jogo a aplicação ou não de todo o rol de normas fundamentais protetivas estabelecidas no art. 7º da Carta Magna de 1988, além de outros direitos trabalhistas espalhados pelo texto constitucional, na CLT, em normas esparsas e até mesmo de instrumentos coletivos de trabalho, que também possuem guarida constitucional no art. 7º, XXVI.

Outro ponto importante ligado à quarta revolução industrial é a constante evolução das máquinas que substituem vários empregos humanos, em especial o exponencial avanço que a Inteligência Artificial — IA, a robótica e a automação vêm tendo nos últimos anos, o que traz de volta à tona a dúvida se essas novas tecnologias irão culminar em mais desemprego ou se poderão auxiliar na criação de novos modelos de negócios e postos de trabalho. Vale lembrar que a Constituição Federal possui dispositivo, até hoje ainda não regulamentado, mas com projetos de lei em tramitação, que visam proteger os trabalhadores em face da automação, conforme art. 7º, XXVII.

Além disso, para se chegar às respostas esperadas, é necessário fazer um breve resgate histórico de cada uma das três revoluções industriais anteriores, o que elas representaram em termos de avanços tecnológicos e suas consequências para o modelo de trabalho de suas épocas, até se chegar no atual cenário da quarta revolução industrial, quando será feito um mapeamento das tecnologias disruptivas que estão repercutindo e que ainda irão repercutir nos atuais contratos de emprego, e quais as direções possíveis para que os problemas surgidos sejam solucionados.

2. BREVE CONTEXTO DAS REVOLUÇÕES INDUSTRIAIS

Para que haja uma compreensão do contexto e perspectivas da quarta revolução industrial, tanto tecnológicas quanto sociais, é importante olhar para o passado e compreender o que as três revoluções industriais anteriores representaram para a sociedade global de cada momento. Destarte, a seguir, serão abordados aspectos das três primeiras revoluções industriais, trazendo, sempre que possível, dados empíricos, para que se tenha uma real noção da mudança social provocada por cada revolução tecnológica, algumas positivas e outras negativas.

De logo, adverte-se que não foi feito um estudo histórico específico dos impactos de cada revolução industrial no Brasil, em razão do tema central deste livro ser a quarta revolução industrial, que, como será demonstrado mais à frente, tem como uma de suas principais características a ubiquidade, típica do atual estágio da globalização mundial. Assim, faz mais sentido destacar os impactos econômicos e sociais onde a revolução industrial agiu com mais força. Ao chegar na análise da quarta revolução industrial, o Brasil passa a ser um dos palcos principais de análise, considerando que seus efeitos repercutiram de forma praticamente concomitante na maior parte do globo e de forma muito forte no país.

Ademais, considerando que a primeira revolução industrial foi a que teve maior impacto de mudança na forma de trabalho, será dada uma maior ênfase a essa, em especial na sua fase embrionária na Inglaterra, mas com cenário muito parecido com o que aconteceu em todos os países que foram se industrializando, e nos tópicos seguintes serão destacados os aspectos que marcam a segunda e a terceira revolução industrial, até chegar na quarta revolução, tema principal desta obra.

É preciso abrir um breve parêntese para informar que não é unânime essa classificação da primeira à quarta revolução industrial, mas no presente trabalho foram adotadas essas denominações em decorrência da crescente adoção da nomenclatura por muitos estudiosos das tecnologias, bem como das ciências sociais, conforme será possível perceber ao longo da leitura.

2.1 PRIMEIRA REVOLUÇÃO INDUSTRIAL: ASPECTOS TECNOLÓGICOS

Para fins metodológicos, importante delimitar que a primeira revolução industrial tem seu corte temporal entre os anos de 1760 e 1840, tendo se desenvolvido inicialmente na Europa, especialmente na Inglaterra, que foi pioneira no uso de maquinário na época. Conforme esclarece Klaus Schwab[(2)], esse período foi caracterizado pela criação da máquina a vapor, que deu início à produção mecânica, além da construção de ferrovias que ajudavam na escoação da produção.

Francisco Iglésias[(3)] destaca que o ponto mais marcante da primeira revolução industrial foi a mudança na forma de produção, deixando de ser por manufatura e passando a ser por maquinofatura. Com isso, quer-se dizer que o centro de produção deixou de ser a fabricação artesanal feita pelas mãos do homem para ser a produção com auxílio de máquinas. O autor destaca que essa mudança de paradigma produtivo possibilitou a realização da produção em série, em grande escala e com um consumidor indeterminado.

Deixou-se de fabricar apenas para os mercados de pessoas conhecidas e passou-se a produzir para um mercado anônimo, muito maior, com muito mais possibilidades de vendas. O trabalho que antes era desenvolvido apenas por um artesão, em sua residência, passou a ser realizado por qualquer pessoa ou várias pessoas operando máquinas, muito mais fácil, rápido e até com melhor qualidade do que o trabalho artesanal, e desta vez migrando para as fábricas que iam sendo constituídas. Eric Hobsbawm[(4)] destaca que a Inglaterra foi o país que melhor e mais rápido soube aproveitar a expansão e abertura dos mercados ultramarinos, abarcando uma parte substancial desses novos mercados, conciliando com sua expansão industrial.

Com relação à revolução industrial e seus reflexos econômicos e sociais, quem talvez tenha melhor retratado esse período na Inglaterra, em

---

(2) SCHWAB, Klaus. *A quarta revolução industrial*. Tradução: Daniel Moreira Miranda. São Paulo: Edipro, 2016. p. 18-20.

(3) IGLÉSIAS, Francisco. *A revolução industrial*. 3. ed. São Paulo: Brasiliense, 1982. p. 48.

(4) HOBSBAWM, Eric. *Da revolução industrial inglesa ao imperialismo*. Tradução: Donaldson Magalhães Garschagen. Revisão técnica: Francisco Rego Chaves Fernandes. 5. ed. Rio de Janeiro: Forense Universitária, 2000. p. 51.

uma obra rica em detalhes, tanto advindos da sua vivência diária, como em ricas fontes da época (jornais e estudos censitários oficiais), foi Friedrich Engels[5][6], na obra *A situação da classe trabalhadora na Inglaterra, escrita originalmente em 1845.* É preciso registrar que o autor citado era filho de um proprietário de grandes indústrias, com o mesmo nome, Friedrich Engels. Além disso, teve que administrar por longos períodos os negócios da família, conhecendo bem a realidade dentro das fábricas. E, para escrever este livro, o autor relata que fez uma longa pesquisa empírica, viajando pelos principais centros industriais da Inglaterra da época, convivendo de perto com os avanços tecnológicos e paralelas mazelas dos trabalhadores.

Engels[7] destaca que a história da classe operária na Inglaterra inicia-se na segunda metade do século XVIII, com a invenção da máquina a vapor e das máquinas destinadas a processar o algodão, tendo sido estas máquinas as responsáveis pelo desencadeamento da revolução industrial. O autor informa que, antes da introdução das máquinas, a fiação e a tecelagem das matérias-primas tinham lugar na casa do próprio trabalhador, sendo que toda a família ajudava no processo. As mulheres e as crianças fiavam e o homem tecia, ou, quando este não fazia a tecelagem, os fios eram vendidos. As famílias tecelãs viviam em geral nos campos vizinhos às cidades e o que ganhavam servia perfeitamente para sua sobrevivência.

Ainda se referindo ao período pré-revolução industrial, Engels[8] afirma que os tecelões muitas vezes arrendavam um pequeno pedaço de terra, que cultivavam nas horas livres, mas sempre seguindo a sua própria vontade e disponibilidade, controlando sua própria jornada de trabalho. Em seguida, o autor informa que os trabalhadores conseguiam ter uma sobrevivência suportável e levavam uma vida honesta, tranquila, piedosa e honrada, situação bem diferente dos seus sucessores, após o início da produção com as máquinas.

Já abordando o processo que deu início à revolução na produção industrial, Engels[9] relata que a primeira invenção que transformou profundamente a situação dos trabalhadores foi a *spinning jenny,* máquina de fiar construída em 1764 pelo tecelão James Hargreaves, de Stanhill, no Lancashire do Norte.

---

(5) O livro de Friedrich Engels está na versão Kindle, assim, para melhor situar as referências, foi utilizada a letra "l", de *location* em inglês, que é a contagem de páginas utilizada pelo Kindle.

(6) ENGELS, Friedrich. *A situação da classe trabalhadora na Inglaterra.* Tradução: B. A. Schumann. Supervisão, apresentação e notas: José Paulo Netto. São Paulo: Boitempo, 2010. Versão Kindle, l. 353-355.

(7) *Ibid.*

(8) *Ibid.*

(9) *Ibid.*

Essa máquina foi a precursora da futura *spinning mule*, inventada depois por Samuel Crompton, que também funcionava manualmente, mas, ao invés de apenas um só fuso, como na roda de fiar à mão, tinha dezesseis ou dezoito acionados por apenas um operário, o que possibilitou produzir muito mais fios e de maneira bem mais resistente. Para exemplificar, o autor informa que antes um tecelão ocupava sempre três fiandeiras, não contava nunca com fio suficiente e tinha que esperar para ser abastecido. Com a nova máquina, havia mais fios do que o número de trabalhadores podia processar.[(10)]

Francisco Iglésias[(11)] chega a afirmar que se antes os tecelões reclamavam da falta de fios, com a utilização das máquinas passou-se a ter em excesso e as tecelagens tiveram que se desdobrar.

Figura 1 — *Spinning jenny* no Museu do Início da Industrialização

Fonte: https://pt.wikipedia.org/wiki/M%C3%A1quina_de_fiar_hidr%C3%A1ulica.

(10) ENGELS, Friedrich. *A situação da classe trabalhadora na Inglaterra*. Tradução: B. A. Schumann. Supervisão, apresentação e notas: José Paulo Netto. São Paulo: Boitempo, 2010. Versão Kindle, l. 377.

(11) IGLÉSIAS, Francisco. *A revolução industrial*. 3. ed. São Paulo: Brasiliense, 1982. p. 59.

Figura 2 — Modelo de *spinning mule*

Fonte: https://en.wikipedia.org/wiki/Spinning_mule.

A partir do desenvolvimento da *spinning jenny, Engels*(12) informa que a demanda de tecido cresceu ainda mais, graças à redução de seu preço, provocada pela diminuição dos custos de produção do fio. Com ela, houve a necessidade de mais tecelões e seus salários aumentaram. O autor destaca que, com a possibilidade de ganhar mais, pouco a pouco o tecelão foi abandonando suas ocupações agrícolas e passou a dedicar-se integralmente à tecelagem. Engels(13) exemplifica dizendo que nessa época uma família com quatro adultos e duas crianças, com uma jornada de dez horas diárias, chegava a ganhar quatro libras esterlinas por semana, o que era uma excelente remuneração para o período.(14)

---

(12) ENGELS, Friedrich. *A situação da classe trabalhadora na Inglaterra*. Tradução: B. A. Schumann. Supervisão, apresentação e notas: José Paulo Netto. São Paulo: Boitempo, 2010. Versão Kindle, l. 377.

(13) *Ibid.* l. 384.

(14) ENGELS, Friedrich. *A situação da classe trabalhadora na Inglaterra*. Tradução: B. A. Schumann. Supervisão, apresentação e notas: José Paulo Netto. Ed. rev. São Paulo: Boitempo, 2010. Versão Kindle, l. 380.

Segundo Engels[15], os melhores padrões remuneratórios fizeram com que gradativamente a classe dos tecelões agricultores fosse desaparecendo, sendo absorvida pela classe emergente dos exclusivamente tecelões, que viviam apenas de seu salário e não possuíam propriedade, nem mesmo rurais, fazendo surgir a nova classe dos proletários. Somado a isso, houve ainda a destruição da antiga relação entre fiandeiros e tecelões. Até então, o fio era fiado e tecido sob um mesmo teto, todavia, como tanto a *spinning jenny* quanto o tear exigiam mão de obra robusta, os homens também se puseram a fiar e famílias inteiras passaram a viver exclusivamente disso, enquanto outras que não tinham meios de comprar uma *spinning jenny* tiveram que viver apenas com o que seu chefe ganhava no tear. A partir daí, iniciou-se a divisão do trabalho entre fiação e tecelagem, que seria levada ao extremo na indústria posterior.

Na sequência, Engels informa que o sistema fabril que já estava surgindo recebeu um novo impulso com a *spinning throstle*, inventada em 1767 por Richard Arkwright, um barbeiro de Preston, no Lancashire do Norte. Segundo o autor, essa máquina, ao lado da máquina a vapor, é uma importante invenção mecânica do século XVIII. A *spinning throstle* foi construída com base em princípios novos e concebida para ser acionada por força motriz mecânica. Posteriormente, associando os conceitos da *spinning jenny* e da *spinning throstle,* Samuel Crompton criou em 1785 a spinning mule e, no mesmo período, Richard Arkwright inventou as máquinas de cardar e fiar, o que tornou o sistema fabril como único vigente na fiação do algodão.[16]

Engels informa que gradualmente iniciou-se um processo de adaptação dessas máquinas à fiação da lã e mais tarde do linho, reduzindo bastante o trabalho manual. O autor destaca que, paralelo ao desenvolvimento da fiação, o doutor Cartwright, um pároco rural, inventou um tear mecânico e já em 1804 o aperfeiçoou a ponto de concorrer com os tecelões manuais. Portanto, a máquina já era fundamental para a fiação e para a tecelagem.[17]

Outro ponto essencial para o desenvolvimento tecnológico da época foi a criação da máquina a vapor de James Watt, inventada em 1764 e utilizada a partir de 1785 para acionar as máquinas de fiar. Engels[18] afirma que a máquina de Watts foi um grande catalizador tecnológico da época, duplicando a importância de todas as outras máquinas. Essencialmente, essas máquinas utilizavam as leis da termodinâmica para transformar calor em energia mecânica.

---

(15) ENGELS, Friedrich. *A situação da classe trabalhadora na Inglaterra*. Tradução: B. A. Schumann. Supervisão, apresentação e notas: José Paulo Netto. Ed. rev. São Paulo: Boitempo, 2010. Versão Kindle. l. 386.

(16) *Ibid.* l. 402.

(17) *Ibid.* l. 407.

(18) *Ibid.* l. 409.

Leo Huberman[19] destaca que, em 1800, a importância e a utilidade da invenção de Watt haviam se tornado tão evidentes aos ingleses que ela já estava em uso em 30 minas de carvão, 22 minas de cobre, 28 fundições, 17 cervejarias e 8 usinas de algodão.

Francisco Iglésias[20] destaca a genialidade de Watt na criação e evolução da máquina a vapor, especialmente porque fez sua adaptação para funcionar em conjunto com várias outras máquinas, de maneira bastante eficiente, citando os sucessos da tecelagem a vapor e sua aplicação nos transportes de navegação. O autor informa que a navegação eficiente começou com a aplicação da tecnologia das máquinas a vapor ao barco de Robert Fulton, estadunidense que trabalhou no seu país, na Inglaterra e na França e em 1807 marcou o primeiro êxito de volta aos Estados Unidos, no rio Hudson, percorrendo 150 milhas em 32 horas, de Nova Iorque à Albany. Já a Inglaterra foi a primeira a atravessar o oceano com a nova tecnologia, com o barco Savannah, em 1819, que fora construído em solo estadunidense. Era ao mesmo tempo um barco à vela, mas que tinha o auxílio do vapor.

Figura 3 — Esboço de uma máquina a vapor de James Watt

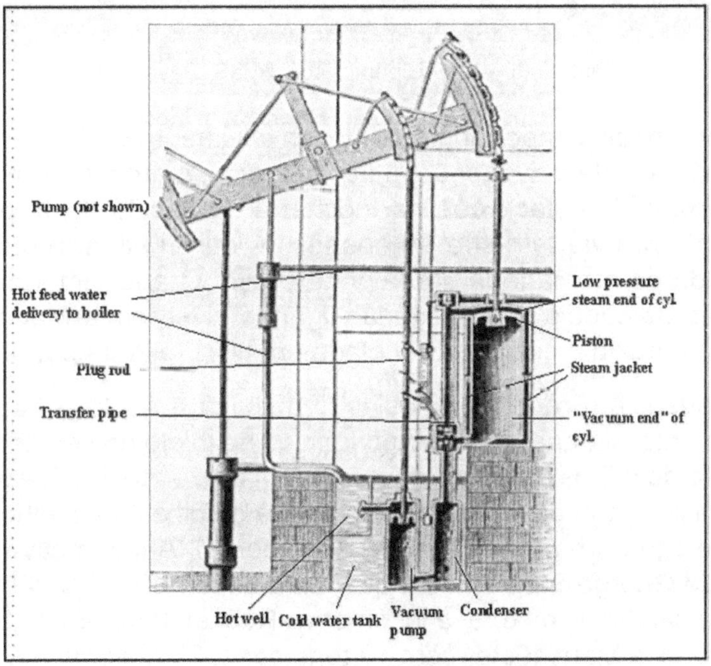

Fonte: https://pt.wikipedia.org/wiki/Motor_a_vapor.

(19) HUBERMAN, Leo. *História da riqueza do homem*. Tradução: Waltensir Dutra. 16. ed. Rio de Janeiro: Zahar, 1967. p. 186.

(20) IGLÉSIAS, Francisco. *A revolução industrial*. 3. ed. São Paulo: Brasiliense, 1982. p. 54.

Figura 4 — Pintura do SS Savannah, em 1819, de Hunter Wood

Fonte: https://pt.wikipedia.org/wiki/SS_Savannah.

Para entender a importância do desenvolvimento de barcos e da construção de canais de navegação para escoar a mercadoria internamente, Eric Hobsbawm[21] destaca que na Inglaterra do século XVIII, para realizar um transporte por via terrestre de apenas 30 quilômetros, a quantidade de uma tonelada de mercadoria dobrava de preço. O autor informa ainda que a construção de canais de navegação ligando Liverpool a Manchester ou a Birmingham reduziu o custo por tonelada em 80% (oitenta por cento).

Na sequência, Francisco Iglésias[22] destaca a evolução das locomotivas. O autor informa que houve experiências no início do século XVIII, como a construção de trilhos de madeira, que foram praxe até 1757. Apenas com a evolução da indústria siderúrgica, houve uma significativa melhora não apenas da tecelagem, mas também nos transportes. A locomotiva vista como pioneira é de George Stephenson, que fez a primeira em 1814, voltada para as minas de carvão. Em 1829, a locomotiva Rocket, também de Stephenson, foi de Liverpool a Manchester com 13 toneladas, 25 quilômetros por hora de velocidade e inaugurou uma nova era na história das comunicações.

---

(21) HOBSBAWM, Eric. *Da revolução industrial inglesa ao imperialismo*. Tradução: Donaldson Magalhães Garschagen. 5. ed. Rio de Janeiro: Forense Universitária, 2000. p. 43.

(22) IGLÉSIAS, Francisco. *A revolução industrial*. 3. ed. São Paulo: Brasiliense, 1982. p. 55-56.

Reforçando a sua importância, Francisco Iglésias[23] afirma que a ferrovia seria um marco econômico, social e nos costumes, que apenas foi possível com o êxito da máquina de Watt e com o desenvolvimento da indústria siderúrgica.

Figura 5 — Rocket, hoje preservada no museu da ciência de Londres, na Inglaterra

Fonte: https://pt.wikipedia.org/wiki/Museu_da_Ci%C3%AAncia_(Londres).

Leo Huberman[24] registra que a revolução dos transportes, referindo-se ao aprofundamento dos canais de navegação e desenvolvimento de ferrovias, não só possibilitou a ampliação do mercado interno em todas as direções, como também possibilitou ao mercado mundial tornar-se igual ao mercado interno, ou seja, a produção de mercadorias teria um destinatário final muito maior.

Conclui Francisco Iglésias[25] que, com essas invenções aperfeiçoadas ano a ano, firmou-se a vitória do trabalho mecânico sobre o trabalho manual. Isto, por um lado, gerou uma rápida redução dos preços de todas as

(23) IGLÉSIAS, Francisco. *A revolução industrial*. 3. ed. São Paulo: Brasiliense, 1982. p. 56.

(24) HUBERMAN, Leo. *História da riqueza do homem*. Tradução: Waltensir Dutra. 16. ed. Rio de Janeiro: Zahar, 1967. p. 287.

(25) IGLÉSIAS, Francisco. *A revolução industrial*. 3. ed. São Paulo: Brasiliense, 1982. p. 56.

mercadorias manufaturadas, o desenvolvimento do comércio e da indústria, a conquista pelo mercado inglês de quase todos os mercados estrangeiros não protegidos e o crescimento veloz dos capitais e da riqueza.

Mas, as consequências das invenções também tiveram outro lado. Engels[26] informa que houve o crescimento ainda mais rápido do proletariado, a destruição de toda a propriedade dos trabalhadores, de toda a segurança de trabalho, e ainda houve a degradação moral e o começo de agitações políticas que foram ganhando força.

Pode-se então sintetizar que os grandes avanços tecnológicos que marcaram a primeira revolução industrial foram essencialmente a evolução das máquinas no auxílio da produção de mercadorias de consumo, bem como a utilização das máquinas para a construção e desenvolvimento de ferrovias e canais de navegação, no intuito de possibilitar a expansão dos mercados e a consequente distribuição das mercadorias produzidas, além da importação de matérias-primas. Acrescente-se a isso a utilização das máquinas para evolução da exploração de minas de carvão, além da evolução das siderúrgicas na exploração inicialmente do ferro e posteriormente do aço, que geraram uma reação em cadeia na produção de energia e desenvolvimento de máquinas. No tópico a seguir será abordado o lado negativo das evoluções tecnológicas da primeira revolução industrial.

2.2 PRIMEIRA REVOLUÇÃO INDUSTRIAL: AS MAZELAS SOCIAIS E O INÍCIO DA REVOLTA DOS TRABALHADORES

Como visto no tópico anterior, a revolução industrial trouxe grande avanço tecnológico para a época, mas houve também uma degradação da classe trabalhadora. Definindo a estrutura econômica e social da época, Engels[27] diz que aos antigos mestres e companheiros sucederam os grandes capitalistas e operários, estes sem perspectiva de se elevar acima de sua classe. O artesanato industrializou-se, a divisão do trabalho foi introduzida rigidamente e os pequenos artesãos tiveram que se tornar também proletários, pois não tinham dinheiro para comprar as máquinas capitalistas.

---

(26) ENGELS, Friedrich. *A situação da classe trabalhadora na Inglaterra*. Tradução: B. A. Schumann. Supervisão, apresentação e notas: José Paulo Netto. São Paulo: Boitempo, 2010. Versão Kindle, l. 414.

(27) *Ibid.* l. 529.

Leo Huberman[28] defende que as estatísticas podem provar qualquer coisa, mas nunca proporcionaram um quadro tão falso quanto no período de infância da revolução industrial na Inglaterra. O autor afirma que todos os números demonstravam um progresso tremendo. A produção de algodão, ferro, carvão, de qualquer mercadoria se multiplicou por dez, pelo menos. O volume total de vendas e lucros dos proprietários nunca havia sido tão grande, o que levava a crer que a Inglaterra seria um verdadeiro paraíso. O autor destaca que estes números até representaram mesmo um progresso, mas apenas para alguns poucos produtores, sendo que para a massa da classe trabalhadora, em termos de felicidade e bem-estar social, as estatísticas "róseas" diziam mentiras horríveis.

Citando escritos publicados num livro de 1836, de P. Gaskell, Leo Huberman[29] destaca que o autor afirma que mais de um milhão de seres humanos estavam realmente morrendo de fome e esse número aumentava constantemente. Finaliza com a afirmação de que "é uma nova era na história, que um comércio ativo e próspero seja índice não de melhoramento da situação das classes trabalhadoras, mas sim de sua pobreza e degradação: é a era a que chegou a Grã-Bretanha".

Um paralelo interessante de ser feito é que, em 2016, o fundador do fórum econômico mundial, Klaus Schwab[30], tratando sobre os reflexos sociais da quarta revolução industrial para os trabalhadores, manifestou com outras palavras as mesmas preocupações que Engels[31] havia manifestado em 1845, este com relação à primeira revolução industrial, no sentido de questionar o que farão os milhões de despossuídos que consomem hoje o que ganharam ontem, cujas invenções e trabalho fizeram a grandeza da Inglaterra, e que a cada dia estavam mais conscientes de sua força e exigiam energicamente participação nas vantagens que proporcionaram as instituições sociais da época.

Engels[32] aduz que a profunda fúria da classe operária em toda a Inglaterra era contra os ricos que a exploravam sistematicamente e que em seguida a abandonavam à própria sorte, razão pela qual previu a explosão de uma

(28) HUBERMAN, Leo. *História da riqueza do homem*. Tradução: Waltensir Dutra. 16. ed. Rio de Janeiro: Zahar, 1967. p. 190.

(29) *Ibid.* p. 190.

(30) SCHWAB, Klaus. *A quarta revolução industrial*. Tradução: Daniel Moreira Miranda. São Paulo: Edipro, 2016. p. 55.

(31) ENGELS, Friedrich. *A situação da classe trabalhadora na Inglaterra*. Tradução: B. A. Schumann. Supervisão, apresentação e notas: José Paulo Netto. São Paulo: Boitempo, 2010. Versão Kindle, l. 535.

(32) *Ibid.* l. 552.

revolução da qual a primeira Revolução Francesa seria uma "brincadeira de crianças". Engels[(33)] defende que, na medida em que a indústria e o comércio se desenvolviam nas grandes cidades, foi exatamente nelas que emergiu de forma mais clara as consequências do desenvolvimento sobre o proletariado.

Retratando a realidade nas grandes cidades inglesas, Engels[(34)] informa que, em termos práticos, o mais forte pisava no mais fraco, ou seja, os capitalistas se apropriavam de tudo, enquanto os fracos operários, pobres, mal lhes restava apenas a vida. O autor faz uma longa abordagem sociológica e questiona de forma retórica quem garantiria aos trabalhadores os seus empregos, quem garantiria seu sustento? O próprio autor responde: ninguém.

Com a produção passando pela utilização de máquinas, o trabalhador, que não tinha condições de adquirir um maquinário para concorrer com o grande capital, acabava sistematicamente tendo que se submeter à nova realidade produtiva, onde já não possuía mais as ferramentas de produção, não restando outra opção para sobreviver que não fosse a submissão ao sistema, tornando-se um proletário perpétuo.

Engels[(35)] utiliza o exemplo de três casos narrados em jornais da época para embasar e afirmar que milhares de famílias de honestos trabalhadores viviam em condições indignas de seres humanos e que a mesma situação retratada nos jornais poderia ocorrer com qualquer membro do proletariado, já que não havia quaisquer garantias em seus contratos. Mas por que então os trabalhadores se submetiam a estas moradias indignas? O autor alemão responde informando que em Londres, todas as manhãs, 50 mil pessoas acordavam sem saber onde iriam dormir e que seriam afortunadas as que conseguissem pagar por um abrigo, mas estes, por sua vez, já estavam lotados, dormindo homens, mulheres, crianças, bêbados, todos misturados.

Mais à frente, Engels[(36)] afirma que, na cidade portuária de Bristol, foram visitadas 2.800 famílias operárias e, destas, comprovou-se que 46% delas viviam em um único cômodo. Interessante destacar que o autor faz uma minuciosa abordagem de várias cidades inglesas, em todas encontrando as mesmas condições da classe operária. Citando o relato de J. C. Symons, inspetor do governo, em investigação sobre a situação dos tecelões manuais em Glasgow, este afirma que na cidade havia albergues em que dormiam juntas no mesmo chão dez, doze e até vinte pessoas de ambos os sexos e de todas as idades, mais ou menos desnudas. No relato de Symons, este faz

---

(33) ENGELS, Friedrich. *A situação da classe trabalhadora na Inglaterra*. Tradução: B. A. Schumann. Supervisão, apresentação e notas: José Paulo Netto. São Paulo: Boitempo, 2010. Versão Kindle. l. 583.

(34) *Ibid.* l. 609.

(35) *Ibid.* l. 689.

(36) *Ibid.* l. 757.

questão de frisar que esses alojamentos eram tão sujos, úmidos e arruinados, que ninguém gostaria de ter ali o seu cavalo.

Engels[37] faz ainda um minucioso relato sobre os bairros de Manchester, cidade que conhecia melhor, informando sobre como se deu a construção das casas dos operários, sem respeitar as distâncias mínimas necessárias, sem ter sequer uma latrina para cada moradia, que, quando muito, possuíam apenas um simples buraco no chão. Alguns bairros, relata o autor, tinham um fedor insuportável, pois os dejetos humanos, o lixo acumulado, a total falta da mínima higiene reinavam. Em seguida, Engels[38] sentencia que foi a indústria que fez com que estas casas inadequadas fossem ocupadas pela massa de operários, e também foi ela que cobriu de construções cada espaço livre entre as velhas casas, a fim de abrigar as massas que compeliam a abandonar os campos e a Irlanda. Finaliza dizendo que foi a indústria que fez com que o trabalhador, recém liberado da servidão, pudesse ser utilizado novamente como puro e simples instrumento, como coisa.

Engels[39] narra que eram frequentes as epidemias de cólera, em face da falta de higiene, e, quando estas epidemias começavam a tomar grandes proporções, acabavam por assustar os ricos e apenas então havia incursões nos bairros operários, onde eram interditados porões e casas onde viviam, sendo feita uma limpeza por determinação do governo, mas em poucas semanas a situação retornava.

Numa dessas inspeções de higiene em decorrência de epidemias, Engels[40] destaca trecho do relatório do Dr. Kay, endereçado ao Conselho Municipal de Manchester, destacando que foram inspecionadas 6.951 casas, das quais 2.565 precisavam de caiação inferior urgente, 960 necessitavam de reparos imediatos, 939 não tinham rede de esgoto suficiente, 1.435 eram mal ventiladas e 2.221 não dispunham de instalações sanitárias. Das 687 ruas inspecionadas, 248 não estavam pavimentadas e 53 só estavam parcialmente, 112 eram mal ventiladas e 352 estavam tomadas por poças permanentes, montes de lixo, etc.

Osvaldo Coggiola relata que a questão do saneamento urbano passou então a ser uma preocupação de sobrevivência da própria burguesia capitalista, que tinha medo das epidemias chegarem a seus bairros.[41]

---

(37) ENGELS, Friedrich. *A situação da classe trabalhadora na Inglaterra*. Tradução: B. A. Schumann. Supervisão, apresentação e notas: José Paulo Netto. São Paulo: Boitempo, 2010. Versão Kindle. l. 757.

(38) *Ibid*. l. 979.

(39) *Ibid*. l. 1.045.

(40) *Ibid*. l. 1.111.

(41) COGGIOLA, Osvaldo. *Capitalismo*: origens e dinâmica histórica. São Paulo: Coggiola, 2014. p. 336.

Nassau Senior, economista de renome à época, em 1837, *apud Leo Huberman*[42], ao passar por Manchester, fez o seguinte relato:

> Num lugar encontramos toda uma rua seguindo o curso de um canal, porque dessa forma era possível conseguir porões mais profundos, sem o custo de escavações, porões destinados não ao armazenamento de mercadorias ou de lixo, mas à residência de seres humanos. *Nenhuma das casas dessa rua esteve isenta do cólera*. Em geral, as ruas desses subúrbios não têm pavimentação, e pelo meio corre uma vala, ou há um monturo; os fundos das casas quase se encontram, não há ventilação nem esgotos, e famílias inteiras moram num canto de porão ou numa água-furtada (destaque autoral).

Além da questão da moradia, outro fator que demonstrava a diferença social era a questão da vestimenta. Os trabalhadores muitas vezes fabricavam peças de algodão, lã e outros materiais mais adequados ao clima frio, mas não tinham condições de comprar. Com isso, Engels[43] destaca que os operários utilizavam os paletós de fustão, material mais barato, sendo que com o tempo estes se tornaram os típicos trajes dos trabalhadores, que, além da vestimenta, passaram a se referir a si mesmos como *fustian-jackets, em oposição aos cavalheiros que se vestiam com lã (broad-cloth), expressão também empregada para se referir à classe média da época.*

Engels[44] faz uma larga abordagem sobre os imigrantes irlandeses, que aceitavam piores condições de trabalho sem reclamar. Sobre a questão da vestimenta, o autor alemão informa que os irlandeses introduziram na Inglaterra o costume, antes desconhecido, de andar descalços. Posteriormente, passou-se a ver em todas as cidades industriais muitas pessoas, sobretudo mulheres e crianças, andando descalças e aos poucos o hábito foi se difundindo entre os ingleses mais pobres.

A mazela social seguinte era a questão da própria alimentação. Engels[45] relata que os trabalhadores, para sobreviver, recorriam a produtos de qualidade inferior. O autor cita o exemplo do final das feiras de sábado. Pelas regras locais, o mercado tinha que fechar à meia-noite de sábado e não poderia

---

(42) HUBERMAN, Leo. *História da riqueza do homem*. Tradução: Waltensir Dutra. 16. ed. Rio de Janeiro: Zahar, 1967. p. 195.

(43) ENGELS, Friedrich. *A situação da classe trabalhadora na Inglaterra*. Tradução: B. A. Schumann. Supervisão, apresentação e notas: José Paulo Netto. São Paulo: Boitempo, 2010. Versão Kindle, l. 1.135.

(44) *Ibid.* l. 1.152.

(45) *Ibid.* l. 1.162.

abrir aos domingos. Os trabalhadores então aproveitavam literalmente o "final de feira", por volta das dez horas da noite do sábado, para adquirir as sobras que se estragariam caso ficassem para segunda-feira. Os preços eram bastante irrisórios, mas muitos produtos sequer tinham condições de ser consumidos, como a carne intragável, mas que, uma vez comprada, era consumida.

As mazelas acima referem-se essencialmente a questões básicas de sobrevivência humana. Mas haviam outras de diferentes ordens. Leo Huberman(46), por exemplo, cita que, ao perceberem que era mais fácil lidar com crianças e mulheres do que com trabalhadores homens, o capitalista da época preferiu trocar sua mão de obra, dando preferência para as primeiras, que aceitavam maiores jornadas de trabalho com menor remuneração.

Todo esse cenário depreciativo fez emergir um sentimento de revolta nos trabalhadores, que começaram a questionar: por que trabalhar tanto e não ter melhores condições de vida? Por que aceitar tanta exploração das mulheres e crianças? De quem seria a culpa disso tudo? Leo Huberman(47) assevera que as respostas a estes questionamentos levaram à revolta dos trabalhadores contra as máquinas. Segundo o autor, os trabalhadores concluíram que a máquina roubou o trabalho dos homens e reduziu o preço das mercadorias, sendo, portanto, o verdadeiro inimigo. O que fazer então? O próximo passo inevitável seria a destruição das máquinas. Os destruidores das máquinas eram chamados de luditas, que esmagaram e queimaram várias delas, defendendo que lutavam por um padrão de vida.

Sobre o movimento do ludismo, Osvaldo Coggiola leciona que surgiu no século XIX e ficaram conhecidos como os "destruidores de máquinas", em forte oposição às profundas alterações trazidas pela Revolução Industrial. O autor destaca que, antes mesmo do ludismo, movimentos esparsos de "destruidores de máquinas" se desenvolveram a partir de meados do século XVIII, com tal força e extensão que fizeram o Parlamento Britânico aprovar em 1769 uma lei que punia a destruição de fábricas com a pena de morte. Passagem curiosa, também narrada pelo historiador argentino no mesmo trecho aqui destacado, é que, na França, os artesãos utilizavam uns tamancos de madeira, chamados *sabots, para quebrar as máquinas. Esse fato deu origem ao termo francês sabotage* e consagrou o termo hoje mundialmente utilizado, que em português chama-se sabotagem.(48)

---

(46) HUBERMAN, Leo. *História da riqueza do homem.* Tradução: Waltensir Dutra. 16. ed. Rio de Janeiro: Zahar, 1967. p. 192.

(47) *Ibid.* 200.

(48) COGGIOLA, Osvaldo. *Capitalismo:* origens e dinâmica histórica. São Paulo: Coggiola, 2014. p. 403.

Ainda sobre o ludismo, Osvaldo Coggiola[49] afirma que a pena de morte foi aplicada a vários trabalhadores, mas ainda assim o movimento não arrefeceu, tamanho era o sofrimento vivenciado pela classe trabalhadora. O termo ludismo derivava do nome de um dos seus idealizadores, Ned Ludd, que, por exemplo, em Nottingham, aborrecido com seu patrão, destruiu sua oficina têxtil. Por volta de 1811, o movimento ludista ganhou bastante força, obtendo adesão nacional, invadindo fábricas e destruindo as máquinas que, por incrementarem a produtividade dos trabalhadores, retirava na sequência seus empregos, sendo exigidas horas a mais de trabalho dos operários remanescentes.

Para se ter uma noção do *modus operandi de Ned Ludd, Osvaldo Coggiola*[50] destaca trecho de uma carta escrita por Ned, endereçada a certo empresário de Hudersfield, em 1812, que se lia:

> Recebemos a informação de que é dono dessas detestáveis tosquiadoras mecânicas. Fica avisado de que se elas não forem retiradas até o fim da próxima semana eu mandarei imediatamente um de meus representantes destruí-las. E se o Senhor tiver a imprudência de disparar contra qualquer dos meus homens, eles têm ordem de matá-lo e queimar sua casa.

Osvaldo Coggiola[51] destaca que o ludismo teve seu momento culminante no assalto noturno à manufatura de William Cartwright, no condado de York, em abril de 1812. No ano seguinte, na mesma cidade, houve o maior processo contra os luditas, sendo que, dos 64 acusados de terem atentado contra a fábrica de Cartwright, 13 foram condenados à morte e 2 deportados para colônias. O autor destaca que, apenas após 1817, com a generalização da indústria e a criação dos primeiros sindicatos (*trade unions*) é que o movimento ludista entrou em declínio.

Em síntese, pode-se afirmar que o fato de os trabalhadores não terem tido avanços sociais ao mesmo passo que se desenvolviam os avanços tecnológicos, que apenas traziam grandes benefícios para os donos das grandes indústrias e para os grandes comerciantes, e por ter sido registrado um paradoxo ocaso da situação de bem-estar da classe trabalhadora enquanto aumentava o progresso industrial, fizeram eclodir as revoltas por melhores condições de vida e isso acabou por unir a classe operária, fazendo assim

---

(49) COGGIOLA, Osvaldo. *Capitalismo:* origens e dinâmica histórica. São Paulo: Coggiola, 2014. p. 403.

(50) *Ibid.* p. 404.

(51) *Ibid.* p. 404.

surgir os primeiros sindicatos, entes que seriam utilizados na sequência para buscar a proteção social dos trabalhadores.

Sobre esse período, Karl Marx[52] enfatiza que foi preciso tempo e experiência até que o trabalhador distinguisse entre maquinaria e sua aplicação capitalista, e, com isso, aprendesse a transferir seus ataques, antes dirigidos contra o próprio meio material de produção, para a forma social de exploração desse meio.

Essas experiências sociais da primeira revolução industrial servem de inspiração para que os erros do passado não sejam cometidos no presente, ou seja, para que não se busque o crescimento econômico dissociado do desenvolvimento humano, sendo esta uma das preocupações da quarta revolução industrial, que tem criado novos modelos de negócios, que visam o ganho de capital, mas precarizam os modelos de contrato de emprego vigentes, isso quando estes não são simplesmente exterminados.

Ainda sobre esse período, relevantes as lições do Papa Leão XIII, que, em 1891, ao escrever a Carta Encíclica *Rerum Novarum,* destacou que a sede de inovações, os progressos incessantes da indústria, os novos caminhos das artes, a alteração das relações entre operários e os patrões, a influência da riqueza nas mãos de um pequeno número de pessoas, ao lado da indigência da multidão, foram algumas das causas que deram ensejo ao início de um temível conflito social.

Aduz o então sumo pontífice católico que o século anterior (XVIII, que deu origem à revolução industrial) destruiu, sem substituir por algo, as corporações antigas, que ensejavam proteções aos trabalhadores; os princípios e os sentimentos religiosos desapareceram das leis e das instituições públicas; e assim os trabalhadores foram entregues à mercê de senhores desumanos e à cobiça de uma concorrência desenfreada. Por fim, como parte da causa do conflito, assevera que o monopólio do trabalho e dos papéis de crédito, que se tornaram o quinhão de um pequeno número de ricos e de opulentos, acabaram impondo um jugo quase servil à imensa multidão de operários. Ao longo do texto, apesar de críticas pontuais aos trabalhadores que usam do discurso de forma ardilosa, defende a importância de suas associações na busca para combater os excessos, objetivando assim um equilíbrio para a resolução dos conflitos.[53]

(52) MARX, Karl. *O capital*: crítica da economia política. Livro 1 — O processo de produção do capital. Tradução: Rubens Enderle. São Paulo: Boitempo, 2015. p. 568. Versão Kindle.

(53) LEÃO XIII. *Encíclica Rerum Novarum.* Vaticano: 1891. Disponível em: https://www.vatican.va/content/leo-xiii/pt/encyclicals/documents/hf_l-xiii_enc_15051891_rerum-novarum.html. Acesso em: 19 nov. 2022.

Todas essas lições que envolvem a primeira revolução industrial, que trouxe novos modelos de negócios para a sociedade da época, demonstram que é preciso pensar em desenvolvimento tecnológico aliado ao desenvolvimento humano, sob pena de aumentar a tensão social, bem como a exploração e degradação do capital humano. Entender todo o contexto social do passado é essencial para que os protagonistas da quarta revolução industrial busquem conciliar as novas tecnologias com o desenvolvimento humano.

2.3 SEGUNDA REVOLUÇÃO INDUSTRIAL

Passando ao contexto da segunda revolução industrial, para Klaus Schwab(54), esta tem início no final do século XIX, adentra ao século XX e é marcada pelo advento da eletricidade e da linha de montagem que possibilitou a produção em massa. No mesmo sentido, Ricardo Dathein(55) destaca que a partir da última metade do século XIX houve uma segunda revolução industrial, pois, enquanto a primeira se baseou na energia a vapor do carvão e no ferro, a segunda baseou-se na eletricidade e no aço, ocorrendo importantes desenvolvimentos na química, nas comunicações e com o uso do petróleo. O autor destaca que estas inovações, de início, não substituíram as antigas, mas já tiveram uma iniciação bastante destacada, tendo sua plena realização ocorrido logo em seguida, no século XX.

Fazendo uma diferenciação entre a segunda revolução industrial e a primeira, Ricardo Dathein(56) leciona que a segunda revolução possui características peculiares, destacando o papel assumido pela ciência e pelos laboratórios de pesquisa, com desenvolvimentos aplicados à indústria elétrica e química, por exemplo. Além disso, o autor ressalta o surgimento da produção em massa de bens padronizados, a organização ou administração científica do trabalho, com processos automatizados e com utilização da correia transportadora. O autor finaliza informando que de forma concomitante, primeiramente e principalmente nos EUA, criou-se um mercado de massas, com ganhos de produtividade sendo repassados aos salários.

---

(54) SCHWAB, Klaus. *A quarta revolução industrial*. Tradução: Daniel Moreira Miranda. São Paulo: Edipro, 2016. p. 15.

(55) DATHEIN, Ricardo. *Inovação e revoluções industriais:* uma apresentação das mudanças tecnológicas determinantes nos séculos XVIII e XIX. Porto Alegre: DECON/UFRGS, 2003.

(56) *Ibid.*

Trazendo mais elementos históricos sobre o período posterior à primeira revolução industrial, Eric Hobsbawm[(57)] destaca que houve um grande acúmulo de capital e também um grande desperdício financeiro com empreendimentos insanos. Destaca que na Inglaterra, embora num custo muito maior do que em outros países, como a então Prússia, EUA ou Suécia, os gastos com construção de novas linhas de ferro para trens eram exorbitantes, mas, pelo romantismo tecnológico que a estrada de ferro simbolizava, continuavam a avançar. Como destaque positivo, o autor informa que, não obstante o desperdício financeiro, houve a criação de algo mais vantajoso, que foi a implementação de um novo sistema de transportes, um novo meio de mobilizar a acumulação de capital de todos os tipos para fins industriais e, acima de tudo, uma nova e vasta fonte de emprego, que serviu como duradouro estímulo às atividades nacionais de bens de capital.

Eric Hobsbawm[(58)] destaca que, na década de 1890, o Congresso dos Sindicatos subscreveu o *slogan* socialista da nacionalização da indústria e isso se deve, em especial, pela grande colaboração e pressão dos mineiros, que estavam insatisfeitos pela irresponsabilidade dos donos das minas com a segurança e saúde destes trabalhadores. O autor destaca que cerca de 1.000 mineiros morriam por ano em decorrência de acidentes, no período de 1856 a 1886, havendo ocasionalmente o registro de grandes desastres, como os de High Blantyre (200 mortos, em 1877), Haydock (189 mortos, em 1878), Ebbw Vale (268 mortos, em 1878), Risca (120 mortos, em 1880), Seaham (164 mortos, em 1880) e Pen-y-Graig (101 mortos, em 1880).

Eric Hobsbawm[(59)] destaca que a produção de aço foi revolucionada pela invenção do conversor Bessemer em 1850, pela fornalha tipo Siemens--Martin na década de 1860 e pelo processo básico da década de 1870. Essa nova possibilidade da produção de aço em massa fez aumentar o impulso geral dado pelos transportes à indústria de bens de capital, pois, tão logo o aço começou a ser produzido em grande quantidade, começou um processo generalizado de substituição do ferro, que era menos durável. Isso fez com que as estradas de ferro, os navios a vapor e outros instrumentos de locomoção recebessem, na verdade, dois insumos, de ferro e, posteriormente, do aço, em pouco mais de uma geração. O autor reforça que, como a produtividade por homem nessas atividades crescia acentuadamente, e de qualquer forma elas não exigiam um grande volume de mão de obra, o

(57) HOBSBAWM, Eric. *Da revolução industrial inglesa ao imperialismo*. Tradução: Donaldson Magalhães Garschagen. Revisão técnica: Francisco Rego Chaves Fernandes. 5. ed. Rio de Janeiro: Forense Universitária, 2000. p. 105.

(58) *Ibid*. p. 108.

(59) *Ibid*. p. 108.

efeito no emprego não foi muito grande. Todavia, com a vasta expansão dos transportes, que acompanhou a expansão do ferro, do carvão e do aço, ela proporcionou empregos para gente que até então tinha dificuldade de conseguir trabalho, que eram os trabalhadores sem qualificação, mobilizados entre a população agrícola excedente (britânica e irlandesa).

Em seguida, Eric Hobsbawm(60) informa que a expansão dessas atividades teve utilidade dúplice, pois proporcionou à mão de obra desqualificada trabalho com melhor remuneração e, reduzindo o excedente agrícola, melhorou a situação dos restantes trabalhadores rurais, que começou a melhorar nitidamente na década de 1850. O autor destaca também que a ascensão do setor de bens de capital proporcionou estímulo semelhante para o emprego de mão de obra qualificada no enorme incremento da indústria mecânica, construção de máquinas, navios etc. O número de trabalhadores desse setor dobrou entre 1851 e 1881. Em 1914, os metalúrgicos constituíam a maior categoria isolada de trabalhadores (homens) da Grã-Bretanha, sendo consideravelmente mais numerosos do que todos os trabalhadores (homens e mulheres) na têxtil. Assim, estes trabalhadores se consideravam como uma aristocracia da mão de obra, pois tinham condições muito melhores do que o grosso da classe trabalhadora.(61)

Eric Hobsbawm(62) informa que uma segunda consequência dessa nova era foi uma sensível melhoria do nível de emprego em geral e uma transferência em grande escala de mão de obra para ocupações mais bem remuneradas. Segundo o autor, este fato explicaria a ideia geral de uma melhoria no padrão de vida e a redução da tensão social durante os anos áureos de meados do reinado da Rainha Vitória, na Inglaterra, pois o salário real de muitas categorias de trabalhadores não melhorou substancialmente, enquanto as condições de habitação e serviços urbanos continuavam chocantemente ruins.

A terceira consequência foi o notável aumento de capital britânico para o exterior. Em 1870, cerca de 700 milhões de libras estavam investidas em países estrangeiros e mais de 25% desse valor estava aplicado na crescente economia industrial dos EUA(63).

---

(60) HOBSBAWM, Eric. *Da revolução industrial inglesa ao imperialismo.* Tradução: Donaldson Magalhães Garschagen. Revisão técnica: Francisco Rego Chaves Fernandes. 5. ed. Rio de Janeiro: Forense Universitária, 2000. p. 109.

(61) *Ibid.* p. 109.

(62) *Ibid.* p. 109.

(63) *Ibid.* p. 109.

Um ponto que merece destaque, segundo Eric Hobsbawm[(64)], é que uma economia industrial, plenamente industrializada, demanda a permanência de mais industrialização e um dos reflexos mais curiosos no estado de coisas novas, na teoria econômica, na vida social e na política, foi a disposição dos britânicos de aceitar o seu estilo de vida revolucionário como natural, ou pelo menos irreversível, e de se adaptar a ele. O autor discorre então sobre a assimilação, por parte de empregadores e empregados, das novas tecnologias e da busca dos primeiros direitos pelos trabalhadores.

Eric Hobsbawm[(65)] destaca que pode parecer grotesco, mas economistas, como Nassau Senior, eram capazes de argumentar criticando a lei das dez horas de trabalho, de 1847, alegando que o lucro dos empregadores estava apenas na última hora de trabalho e, portanto, uma redução de jornada seria fatal. No outro lado, havia homens "sisudos" que acreditavam que a única maneira de obter lucros estava em pagar salários mais ínfimos em troca do maior número possível de horas de trabalho. O autor informa então que a própria classe dos empregadores não estava inteiramente familiarizada com as regras do jogo industrial, ou não estava tendente a segui-las. Tais regras estabeleciam que as transações econômicas eram governadas essencialmente pela livre atuação das forças do mercado, pela busca competitiva e sem restrições de vantagens econômicas por parte de todos os homens, o que acabava por trazer melhores resultados para todos. O problema é que os empregadores relutavam em competir quando a competição não lhes convinha e não julgavam tais considerações aplicáveis aos trabalhadores.

Com relação aos empregados, nesse mesmo período, Eric Hobsbawm[(66)] destaca que esses se achavam presos por contratos longos e inflexíveis, como a "servidão anual" dos mineiros de carvão do nordeste da Inglaterra, que com mais frequência eram forçados a render lucros suplementares por meio da compulsão não econômica do *truck* (pagamento em espécie ou compras forçadas em armazéns da companhia), ou por meio de multas, e de maneira geral eram dominados mediante contrato, legalizado em 1823, que os tornava passíveis de prisão por abandono de emprego, enquanto os patrões eram no máximo multados pelas infrações que cometessem. O autor destaca ainda que incentivos econômicos, como o pagamento segundo os resultados, eram pouco comuns e, embora já se soubesse que salários maiores e jornadas menores aumentasse a produtividade, os empregado-

(64) HOBSBAWM, Eric. *Da revolução industrial inglesa ao imperialismo.* Tradução: Donaldson Magalhães Garschagen. Revisão técnica: Francisco Rego Chaves Fernandes. 5. ed. Rio de Janeiro: Forense Universitária, 2000. p. 111.

(65) *Ibid.* p. 112.

(66) *Ibid.* p. 113.

res continuavam a não confiar nessa teoria, preferindo baixar os salários e aumentar a jornada de trabalho.

Não pode deixar de ser mencionado o importante papel do empresário Robert Owen. Arnaldo Süssekind(67) destaca que Owen teve a primazia de defender amplas reformas sociais e aplicar algumas de suas inovadoras ideias em sua fábrica de tecidos, situada na aldeia escocesa de New Lamark. O autor destaca que Owen é considerado o pai das cooperativas e da legislação do trabalho, mesmo não tendo, na época, o apoio da intelectualidade inglesa ou dos governantes europeus e dos Estados Unidos da América, a quem dirigiu memoriais em prol da classe trabalhadora, sustentando as ideias difundidas, em 1813, na sua obra *"A new view of society"*. Em 1820, em virtude da falência, ele passou a se dedicar à criação de colônias de trabalho coletivo, nas quais procurava elevar o nível físico, cultural e material do operariado. Süssekind destaca ainda duas sementes que foram plantadas por Owen, que se tornaram marcantes para o advento da legislação de proteção ao trabalho e da internacionalização das respectivas normas: primeiro, o ressurgimento, sob várias formas, das *trade unions* inglesas e das batalhas que travaram para a obtenção de leis imperativas de proteção ao trabalho e; segundo, a proposta feita por Owen, em 1818, ao Congresso de Aix-la-Chapelle, convidando governos da Europa a estabelecerem um limite legal internacional da jornada de trabalho, sendo esta a primeira manifestação que se conhece no sentido do estabelecimento de uma legislação internacional que, instituindo direitos irrenunciáveis em favor dos trabalhadores, tivesse também por escopo equilibrar o ônus da proteção social entre países industrializados e concorrentes no comércio mundial. A sugestão não foi acolhida, mas germinou frutos nos anos seguintes.

Eric Hobsbawm(68) leciona que em algum momento da década de 1840 essa posição que oprimia em demasia os trabalhadores começou a mudar rapidamente, ainda que mediante ação local e não oficial, e não por meio de uma ampla legislação ou organização nacional. Os empregadores começaram a abandonar os métodos extensivos de exploração, como o aumento de horas de trabalho e a redução de salários, preferindo métodos intensivos, que significavam o oposto. A Lei das Dez Horas obrigou a isso à indústria algodoeira, mas, sem qualquer pressão legislativa, propagou-se a mesma tendência às indústrias do norte. Aquilo que os europeus do continente viriam a chamar de "semana inglesa", um fim de semana livre, pelo menos a partir do meio-dia de sábado, começou a se generalizar em Lancashire na década

---

(67) SÜSSEKIND, Arnaldo. *Direito internacional do trabalho. 2. ed. amp. e atual. São Paulo: LTr, 1987. p. 83-85.*

(68) *Ibid.* p. 114.

de 1840 e em Londres na década seguinte. Os pagamentos por resultados (pagamentos de incentivos aos trabalhadores) tornaram-se mais comuns, enquanto os contratos tendiam a tornar-se mais curtos e mais flexíveis. Houve, portanto, uma diminuição da coerção extraeconômica e aumentou a anuência em possibilitar a supervisão legal das condições de trabalho, como, por exemplo, por meio da figura dos inspetores fabris. Essas mudanças se devem em especial ao fato dos industriais britânicos sentirem-se suficientemente ricos, sem medo de eventual bancarrota por fazer concessões à classe trabalhadora.

Ao final da década de 1860, Eric Hobsbawm(69) informa que essas mudanças se tornaram mais visíveis, porque mais formais e oficiais. Em 1867, a legislação fabril foi pela primeira vez levada seriamente para além do setor têxtil e começou a deixar de lado a falácia de que seu único propósito era proteger as crianças, pois os adultos, teoricamente, poderiam proteger a si próprios. Mesmo no setor têxtil, no qual os empresários julgavam de maneira geral que as leis de 1833 (que limitou o horário de funcionamento) e 1847 (Lei das Dez Horas) haviam sido interferências opressivas e ruinosas na iniciativa privada, foram mudanças aceitas.

Nas minas o progresso foi mais lento, embora a servidão anual no nordeste fosse abolida em 1872, sendo teoricamente reconhecido o direito dos mineiros a conferir a honestidade de seus pagamentos pelos resultados das empresas por meio de um inspetor eleito. Além disso, um dos mais importantes avanços para os trabalhadores foi a concessão aos sindicatos daquilo que equivalia ao seu moderno estatuto legal. Daí em diante passaram a ser aceitos como permanentes e não como componentes necessariamente nocivos do cenário industrial. As leis de 1871 (legalidade das associações) e de 1875 (igualdade jurídica nas relações de trabalho com a revogação do Código de Servo e Senhor) deram aos sindicatos um grande grau de liberdade jurídica.

Em síntese, pode-se afirmar que o excedente de capital produzido pela primeira revolução industrial produziu um grande investimento em novas tecnologias, que permitiu uma modernização dos parques fabris, uma evolução das redes de transporte, o que gerou novos ganhos de capital, possibilitando que aos poucos fosse iniciado um processo de ganhos jurídicos para a classe trabalhadora, o que demonstra que a proteção estatal, pós período de grandes evoluções nos ganhos de capital, é sempre importante para garantir uma necessária distribuição de renda.

---

(69) SÜSSEKIND, Arnaldo. *Direito internacional do trabalho. 2. ed. amp. e atual. São Paulo: LTr, 1987.* p. 115.

Ainda com relação à segunda revolução industrial, Klaus Schwab(70) chama a atenção para o fato de que, nos tempos atuais, ela precisa ser plenamente vivida por 17% da população mundial, pois quase 1,3 bilhões de pessoas ainda não possuem acesso à eletricidade.

A principal inspiração que o período da segunda revolução industrial carrega para que seja feito um paralelo com o atual período da quarta revolução industrial é que o Estado da época, mesmo sob a bandeira liberal, percebeu a necessidade de regulamentar minimamente as relações de trabalho havidas. Um dos grandes problemas da revolução industrial atual, como será demonstrado em tópicos posteriores, é que o rápido avanço tecnológico tem gerado inúmeros modelos de novos negócios, que em regra não são alcançados pela legislação protetiva construída ao longo de décadas de lutas sociais, isso no Brasil e em vários outros países.

Assim, o legado maior do período da segunda revolução industrial é compreender que é necessário estabelecer parâmetros mínimos, no sentido de tutelar contingências sociais de curto, médio e longo prazos, como estabelecer regras sobre jornada de trabalho, remuneração e previdência social.

2.4 TERCEIRA REVOLUÇÃO INDUSTRIAL

Francisco de Assis Barbosa Júnior(71) leciona que a terceira revolução industrial teve início após o fim da Segunda Guerra Mundial, sendo impulsionada pela globalização e pelo avanço tecnológico, destacando-se o desenvolvimento das comunicações, o que facilitou a vida em sociedade, assim como uma maior relação entre os países, além da ampliação da concorrência entre as empresas.

Por sua vez, André Gonçalves Zipperer(72) destaca que a terceira revolução industrial teve como marca central a rede de energia e internet. O autor informa que ela teria ocorrido no começo da década de 1960 e costuma ser chamada de "revolução digital" ou do computador, pois fora impulsionada pelo desenvolvimento dos semicondutores, da computação e do *mainframe*

---

(70) SCHWAB, Klaus. *A quarta revolução industrial*. Tradução: Daniel Moreira Miranda. São Paulo: Edipro, 2016. p. 17.

(71) BARBOSA JÚNIOR, Francisco de Assis. *Gig economy e contrato de emprego:* aplicabilidade da legislação trabalhista aos vínculos de trabalho da nova economia. São Paulo: LTr, 2019. p. 18.

(72) ZIPPERER, André Gonçalves. *A intermediação de trabalho via plataformas digitais:* repesando o direito do trabalho a partir das novas realidades do século XXI. São Paulo: LTr, 2019. p. 35.

(na década de 60), da computação pessoal (década de 70) e da internet (década de 90). Segundo o autor, a terceira revolução industrial coincide com o que passou a se chamar de sociedade "pós-industrial", que é caracterizada pelo declínio do trabalho na indústria e substituição pelo trabalho no setor de serviços.

Natália Marques Abramides Brasil(73) chama a atenção para o fato de que o período entre a segunda e a terceira revolução industrial é bem menor que aquele compreendido entre a primeira e a segunda, o que demonstra que o avanço tecnológico possui efeito exponencial, capaz não apenas de introduzir novos sistemas produtivos, mas de acelerar cada vez mais os processos de ruptura entre estes. A autora finaliza defendendo que, apenas algumas décadas após o marco inicial da terceira revolução, fala-se já na quarta revolução industrial, forjada na estrutura produtiva do início do século XXI.

Para Sérgio Prieb(74), no último quartel do século XX, as inovações técnico-científicas no capitalismo moderno amplificaram-se a passos rápidos, destacando o desenvolvimento das forças produtivas com a introdução da robótica, da microeletrônica, da automação, entre outras formas de organização produtiva e empresarial, implicando em sensíveis alterações nos planos produtivos, nos transportes, na comunicação, na cultura etc. O autor argumenta que este processo de inovação técnico-científica, bem como as formas de organização produtiva e empresarial surgidas, desaguou em nefastas consequências para a maioria dos trabalhadores, pois terminaram aprofundando problemas inerentes ao modo de produção capitalista, como o desemprego estrutural.

Interessante ainda destacar que, assim como ocorre com a segunda revolução industrial, que não foi 100% vivenciada pela população mundial, a terceira revolução industrial também não foi plenamente realizada, já que mais da metade da população mundial, 4 bilhões de pessoas, vive em países em desenvolvimento sem acesso à internet. O tear mecanizado (a marca da primeira revolução industrial) levou quase 120 anos para se espalhar fora da Europa. Em contraste, a internet espalhou-se pelo globo em menos de uma década, o que demonstra que, a partir da terceira revolução industrial, as novas tecnologias disruptivas podem surgir em questão de décadas ou até mesmo anos.(75)

---

(73) BRASIL, Natália Marques Abramides. *Relações de trabalho em plataformas digitais*: desafios ao modelo tradicional do direito do trabalho. Rio de Janeiro: Lumen Juris. p. 51.

(74) PRIEB, Sérgio. *A classe trabalhadora diante da terceira revolução industrial. In:* V Congresso Brasileiro de estudos Marxistas, 2007. p. 1-2.

(75) SCHWAB, Klaus. *A quarta revolução industrial.* Tradução: Daniel Moreira Miranda. São Paulo: Edipro, 2016. p. 17.

Os dois principais disruptores da terceira revolução industrial talvez sejam os computadores e a internet, que vão ter significativos avanços e se tornar vetores para a criação de novas tecnologias e novos modelos de negócio que vão, mais à frente, desencadear a quarta revolução industrial, que será abordada a partir do tópico seguinte, inclusive com a explanação de porque se trata de uma nova revolução e não apenas uma continuidade da terceira revolução.

3. QUARTA REVOLUÇÃO INDUSTRIAL

Alguns autores consideram que as inovações ligadas à quarta revolução industrial são na verdade evoluções da terceira revolução industrial e que, portanto, não se poderia falar em uma nova revolução, mas apenas em continuidade dos avanços da anterior. Klaus Schwab(76), contudo, sustenta que há três razões decisivas para acreditar que há uma quarta revolução industrial, são elas:

> **Velocidade:** ao contrário das revoluções industriais anteriores, esta evolui em um ritmo exponencial e não linear. Esse é o resultado do mundo multifacetado e profundamente interconectado em que vivemos; além disso, as novas tecnologias geram outras mais novas e cada vez mais qualificadas.
>
> **Amplitude e profundidade:** ela tem a revolução digital como base e combina várias tecnologias, levando a mudanças de paradigma sem precedentes da economia, dos negócios, da sociedade e dos indivíduos. A revolução não está modificando apenas "o que" e o "como" fazemos as coisas, mas também "quem" somos.
>
> **Impacto sistêmico:** ela envolve a transformação de sistemas inteiros entre países e dentro deles, em empresas, indústrias e em toda sociedade (grifos autorais).

De fato, os pequenos avanços iniciados com os computadores no início da década de 1970 até o surgimento da internet na década de 1990 em nada se comparam com os avanços tecnológicos vivenciados nos últimos anos, com saltos tecnológicos exponenciais, que diminuem os custos das

---

(76) SCHWAB, Klaus. *A quarta revolução industrial*. Tradução: Daniel Moreira Miranda. São Paulo: Edipro, 2016. p. 13.

novas tecnologias e consequentemente aumentam seu acesso por uma gama maior de pessoas, além de causar profundas mudanças no campo econômico e social.

Nessa mesma linha, Roberta Pappen da Silva e Wilson Engelmann[(77)] defendem que as transformações digitais, físicas e biológicas existentes fazem com que o conhecimento integre novas dimensões e aduzem que "a velocidade, a amplitude, a profundidade e o impacto tornam a Quarta Revolução Industrial um movimento singular, agregando inovações de vários segmentos, em processos de fabricação e de serviços".

André Gonçalves Zipperer[(78)], tratando sobre a quarta revolução industrial, destaca que vivencia-se um período de poderosas mudanças, com complexidades até então não experimentadas. O autor narra que é assombrosa a profusão de novidades tecnológicas que afetarão a nossa vida, tais como inteligência artificial, robótica, internet das coisas, veículos autônomos, impressão 3D, nanotecnologia, biotecnologia, ciências materiais, armazenamento de energia, computação quântica, entre outras. Para o autor, estas tecnologias são testemunhas de mudanças profundas, pelo surgimento de novos modelos de negócios, pela reformulação da produção, da maneira como se consome, do modo como se trabalha e se comunicam atualmente as pessoas, remodelando os contextos econômico, social, cultural e humano vividos.

Dessa forma, embora tenham elementos básicos que surgiram ainda durante a terceira revolução industrial, o nível de disrupção atual, com o super desenvolvimento desses elementos iniciais e com a sistematização e integração das diversas tecnologias, fez surgir novos paradigmas tecnológicos aptos a configurar uma nova revolução, razão pela qual é possível se falar em quarta revolução industrial.

Natália Marques Abramides Brasil[(79)] defende que o conceito de quarta revolução industrial é compatível com a teoria desenvolvida por Gordon Moore, cofundador da Intel, denominada de Lei de Moore, segundo a qual a capacidade dos *microchips,* elemento básico do desenvolvimento dos sistemas de informação computadorizados, duplica, aproximadamente, de 18 em 18 meses. Segundo a autora, a Lei de Moore serve para demonstrar que o

---

(77) SILVA, Roberta Pappen da; ENGELMANN, Wilson. *A quarta revolução industrial:* (des) emprego. Curitiba: Appris, 2020. p. 52.

(78) ZIPPERER, André Gonçalves. *A intermediação de trabalho via plataformas digitais*: repesando o direito do trabalho a partir das novas realidades do século XXI. São Paulo: LTr, 2019. p. 34.

(79) BRASIL, Natália Marques Abramides. *Relações de trabalho em plataformas digitais:* desafios ao modelo tradicional do direito do trabalho. Rio de Janeiro: Lumen Juris, 2019. p. 51.

desenvolvimento tecnológico apresenta um crescimento exponencial, e não linear, razão pela qual é palpável defender uma quarta revolução industrial em espaço de tempo bem menor do que entre as revoluções anteriores.

Klaus Schwab[(80)] defende, então, que a quarta revolução industrial teve início na virada do século XXI e baseia-se na revolução digital, sendo caracterizada por uma internet mais ubíqua e móvel, por sensores menores e mais poderosos que se tornaram mais baratos. Destaca ainda que é marcada pelo desenvolvimento da inteligência artificial e da aprendizagem automática (ou aprendizado de máquina). O autor leciona que as tecnologias digitais, fundamentadas no computador, software e redes, não são novas, mas estão causando rupturas à terceira revolução industrial, se tornando mais sofisticadas e integradas e, consequentemente, transformando a sociedade e a economia global.

Klaus Schwab[(81)] destaca que na Alemanha há discussões sobre a "indústria 4.0", termo que foi formulado em 2011, na feira de Hannover, para descrever como isso irá revolucionar a organização das cadeias globais de valor, permitindo o desenvolvimento de fábricas inteligentes, criando um mundo onde os sistemas físicos e virtuais de fabricação cooperam de forma global e flexível.

Sobre a aplicação prática do conceito de indústria 4.0, José Benedito Sacomano e Walter Cardoso Sátyro[(82)] trazem o seguinte exemplo:

> O ponto inicial é o pedido online feito por um cliente. O pedido entra no Planejamento e Controle de Produção, o sistema verifica se o pedido é realmente de um cliente idôneo, assim, a lista de materiais para a confecção do pedido é gerada automaticamente e o sistema verifica se os materiais necessários para a produção do pedido constam em estoque.
>
> Em caso negativo, o próprio sistema verifica com o sistema de fornecedores os prazos de entrega e os compara com o do pedido.
>
> Caso não seja possível atender ao pedido original, pois os fornecedores não conseguiriam suprir os insumos para a data necessária, dependendo de como o sistema estiver configurado, este pode abrir a consulta para fornecedores do mundo todo, checando preços e prazos de entrega.

---

(80) SCHWAB, Klaus. *A quarta revolução industrial*. Tradução: Daniel Moreira Miranda. São Paulo: Edipro, 2016. p. 16.

(81) *Ibid*. p. 16.

(82) SACOMANO, José Benedito; SÁTIRO, Walter Cardoso. Indústria 4.0: conceitos e elementos formadores. *In:* SACOMANO, José Benedito *et al*. (Org.). *Indústria 4.0:* conceitos e fundamentos. São Paulo: Blucher, 2018. p. 29-30.

Não sendo possível atender, o sistema entra em contato com o cliente informando não ser possível atender ao prazo solicitado, dando outras alternativas.

O sistema informa o prazo possível de atendimento e abre negociação com o cliente, informando que poderia atender no prazo solicitado, desde que o cliente fizesse esta ou aquela concessão, por exemplo, receber na cor azul e não na amarela conforme o pedido original.

Uma vez fechado o pedido com o cliente, o sistema confirma as encomendas com os fornecedores e aloca o pedido na linha de produção.

(...)

Na linha de produção, atuadores e sensores vão controlando a linha de produção, ao mesmo tempo em que passam informações sobre o processamento do pedido e/ou dados de máquinas para uma central, que retransmite estas informações pela internet ou Intranet para sistemas supervisores, que vão atuando nos equipamentos.

Vale destacar que o conceito e o exemplo acima já são aplicados no cotidiano atual. Você que está realizando a presente leitura, provavelmente já efetuou compras no site da Amazon ou mesmo do Magazine Luiza e percebeu que há diferentes locais de onde partem os produtos. Algumas vezes, num mesmo pedido, há prazos distintos para entrega dos produtos, justamente porque partem de fornecedores diferentes, a partir da evolução desse conceito de produção e distribuição da indústria 4.0. Da mesma forma, e-mails e mensagens de WhatsApp (inclusive com inteligência artificial interativa) são utilizados para informar ao consumidor sobre cada ponto da cadeia, desde a compra até a entrega efetiva.

Não obstante os pontos suscitados até aqui, Klaus Schwab[(83)] destaca que a quarta revolução industrial não diz respeito apenas a sistemas e a máquinas inteligentes e conectadas, tendo um escopo muito mais amplo. Assim, defende que ondas de novas descobertas ocorrem simultaneamente em áreas que vão desde o sequenciamento genético até a nanotecnologia, das energias renováveis à computação quântica. Contudo, destaca que o que torna a quarta revolução industrial fundamentalmente diferente das anteriores é a fusão dessas tecnologias e a interação entre os domínios físicos, digitais e biológicos.

---

(83) SACOMANO, José Benedito; SÁTIRO, Walter Cardoso. Indústria 4.0: conceitos e elementos formadores. *In:* SACOMANO, José Benedito *et al.* (Org.). *Indústria 4.0:* conceitos e fundamentos. São Paulo: Blucher, 2018. p. 16.

As tecnologias desenvolvidas no âmbito da quarta revolução industrial têm repercussão direta no cotidiano das pessoas e têm estimulado o surgimento de novas formas de negócios, assim como novas formas de contratação de trabalhadores. Mas o que irá acontecer? A máquina vai tomar o lugar do homem? A economia do compartilhamento vai afetar os contratos de emprego formais? Como as revoluções anteriores podem trazer aprendizados que irão repercutir na sociedade atual? Como essas questões afetam o pacto constitucional brasileiro de 1988? Esses são alguns dos questionamentos que passam a ser enfrentados a partir dos tópicos seguintes.

3.1 A REPERCUSSÃO DA QUARTA REVOLUÇÃO INDUSTRIAL NA VIDA DAS PESSOAS

Demonstrando que a atual revolução industrial avança em proporções nunca vistas, Klaus Schwab(84) cita alguns dos atuais disruptores, empresas como Airbnb, Uber, Alibaba e afins, que hoje são nomes bem conhecidos e há poucos anos não eram, o que demonstra o rápido avanço das empresas que se utilizam dessas novas tecnologias. O autor traz ainda o exemplo do primeiro iPhone, que foi lançado em 2007 e no final de 2015 já haviam mais de 2 bilhões de smartphones vendidos. Cita que, em 2010, a Google anunciou o seu primeiro carro totalmente autônomo e que essa realidade está cada vez mais próxima de se efetivar nas ruas.

Outro ponto interessante, exemplificado pelo autor, mas desta vez já demonstrando as consequências que podem haver para as relações de trabalho, é o paralelo entre a economia da cidade de Detroid nos EUA em 1990 e o Vale do Silício em 2014, duas áreas consideradas de alto desenvolvimento tecnológico em suas respectivas épocas. Klaus Schwab(85) explica que a Detroid de 1990 era um grande centro de indústrias tradicionais e as três maiores empresas de Detroid possuíam uma capitalização de mercado combinada de US$ 36 bilhões, faturamento de US$ 250 bilhões e 1,2 milhões de empregados. Por sua vez, no Vale do Silício em 2014, as três maiores empresas tinham uma capitalização de mercado bem maior, de US$ 1,09 trilhões, gerando quase as mesmas receitas, de US$ 247 bilhões, mas com cerca de 10 (dez) vezes menos empregados, apenas 137 mil.

Como se percebe, as grandes empresas do passado também eram grandes empregadores, fazendo assim parte de uma forte cadeia de distribuição

(84) SCHWAB, Klaus. *A quarta revolução industrial*. Tradução: Daniel Moreira Miranda. São Paulo: Edipro, 2016. p. 18.

(85) *Ibid*. p. 18.

de renda, ao garantir os contratos de emprego e, por consequência, proteção social aos empregados. Ao revés, presencia-se uma era onde o grande capital tem se acumulado cada vez mais nas mãos de poucas empresas, com menos empregados, havendo menos distribuição de renda, sendo priorizado o acúmulo de capitais em detrimento da mão de obra assalariada.

Erik Brynjolfsson e Andrew McAfee(86) alertam que as tecnologias digitais mudam depressa, mas as organizações e as habilidades não estão acompanhando o ritmo, deixando milhões de pessoas para trás. Em resumo, os autores defendem que as rendas e os empregos de trabalhadores estão sendo destruídos, deixando-os com menos poder de compra do que antes da revolução digital.

Buscando inspiração nos cenários do passado, sobre a primeira revolução industrial, é pertinente trazer o alerta de Karl Marx de que as máquinas estavam transformando parte da classe trabalhadora em população supérflua, que sucumbia na luta desigual entre a velha produção artesanal e manufaturada contra a indústria mecanizada, que estava inundando todos os ramos industriais mais acessíveis, abarrotando o mercado de trabalho, reduzindo assim o preço da força de trabalho humana.(87) O autor continua sua narrativa aduzindo trecho que merece destaque:

> No sistema automático, o talento do trabalhador é progressivamente suprimido. O aperfeiçoamento da maquinaria não só exige a diminuição do número de trabalhadores adultos ocupados para obter um resultado determinado, como substitui uma classe de indivíduos por outra classe, uma classe mais qualificada por uma menos qualificada, adultos por crianças, homens por mulheres. Todas essas alterações causam flutuações constantes no nível do salário. A maquinaria expulsa incessantemente trabalhadores adultos da fábrica.(88)

Ou seja, desde a primeira revolução industrial já há uma grande preocupação com o avanço das máquinas em detrimento dos tradicionais empregos. Não é demais lembrar que o ganho acumulado de capital da primeira revolução industrial foi um grande propulsor para o desenvolvimento de novas

---

(86) BRYNJOLFSSON, Erik; MCAFEE, Andrew. *Novas tecnologias versus empregabilidade:* como a revolução digital acelera a inovação, desenvolve produtividade e transforma de modo irreversível os empregos e a economia. São Paulo: M. Books do Brasil Editora Ltda., 2014. p. 38-39.

(87) MARX, Karl. *O capital*: crítica da economia política. Livro 1 — O processo de produção do capital. Tradução: Rubens Enderle. São Paulo: Boitempo, 2015. p. 570. Versão Kindle.

(88) *Ibid.* p. 572.

tecnologias, investimento na rede de transporte, em especial nas ferrovias, que possibilitou o surgimento da segunda revolução industrial, que trouxe junto com ela uma grande gama de empregos, como visto no tópico referente a este período. Mas será que isso está acontecendo no contexto atual?

No trecho a seguir, Klaus Schwab demonstra preocupação com a evolução tecnológica, que irá trazer grandes benefícios, mas também poderá trazer a desigualdade exacerbada:

> A quarta revolução industrial irá gerar grandes benefícios e, em igual medida, grandes desafios. Uma preocupação particular é a desigualdade exacerbada. Os desafios colocados pelo aumento da desigualdade são difíceis de quantificar, pois, em grande maioria, somos consumidores e produtores; dessa forma, a inovação e a ruptura afetarão nossos padrões de vida e bem-estar tanto de forma positiva quanto negativa(89).

A grande resposta que a quarta revolução industrial precisa construir é, portanto, para o seguinte questionamento: como conciliar o desenvolvimento tecnológico com o desenvolvimento humano? Será possível construir um modelo que vise essa união? Mais uma vez fazendo um paralelo com a primeira revolução industrial, é preciso lembrar que o crescimento econômico dissociado do desenvolvimento humano ocasionou literalmente uma revolução social, com a destruição de fábricas por trabalhadores que reclamavam das altas jornadas de trabalho, baixos salários e ausência de proteção contra acidentes. Alfredo Ruprech(90), sobre esse período, destaca o seguinte:

> A máquina aumentou a sobrecarga de trabalho. O trabalho tornou-se mais intenso nas manufaturas em que foi aplicado o sistema da divisão do trabalho. Nesses estabelecimentos, os regulamentos eram rígidos, severos e, geralmente, os operários eram alojados, alimentados e tratados como soldados: era o regime do trabalho forçado. A máquina agravou esse estado de coisas. A ampliação indefinida da jornada de trabalho introduz a ganância do material humano. A máquina aumentou a sobrecarga de trabalho e matou o interesse pelo trabalho. O operário ia se convertendo numa simples peça da máquina, condenado ao trabalho de um autômato, esgotante por sua monotonia.

---

(89) SCHWAB, Klaus. *A quarta revolução industrial.* Tradução: Daniel Moreira Miranda. São Paulo: Edipro, 2016. p. 21.

(90) RUPRECH. Alfredo J. *Relações coletivas de trabalho.* Tradução: Edilson Alkmin Cunha. São Paulo: LTr, 1995. p. 52.

Pela leitura acima, percebe-se que, antes da revolução social acontecer, a revolução das máquinas não teve a preocupação em lidar com o capital humano, e como ocorrera no passado, mais cedo ou mais tarde, a conta sempre chegará. É preciso então, dentro da grande revolução tecnológica presente, pensar modelos que garantam o necessário desenvolvimento humano e, para que isso ocorra, uma das medidas que serão abordadas mais à frente é a construção de normas protetivas mínimas, mesmo para trabalhadores fora do tradicional contrato de emprego, como parece ser a realidade em expansão. Também preocupado com a necessidade de estabelecer uma balança equitativa entre o desenvolvimento tecnológico e o desenvolvimento humano, Klaus Schwab[(91)] adverte:

> Os riscos sociais também são evidentes. Ao evitar a concentração de poder e valor nas mãos de poucos, precisamos encontrar formas de equilibrar os benefícios e os riscos das plataformas digitais (incluindo as plataformas industriais) que garantam abertura e oportunidades às inovações colaborativas.

Domenico De Masi[(92)] aponta que o entrelaçamento entre inovação tecnológica e trabalho humano para produzir aquilo que o mercado vez por outra reclama evolui historicamente de modo que é necessário cada vez menos trabalho humano para construir mais objetos e fornecer mais serviços. Outro ponto de destaque é que, para De Masi, no passado, eram as empresas em crise que reduziam o seu pessoal, mas atualmente as empresas de sucesso também demitem para que se possa adotar novas tecnologias, que substituem a mão de obra humana.

Dessa forma, se a revolução tecnológica continuar a caminhar a largos passos, enquanto o desenvolvimento humano for decaindo, essas vias opostas podem ocasionar conflitos sociais nos mesmos moldes ao que sucederam a primeira revolução industrial. No tópico seguinte, será discorrido sobre os reflexos que já estão sendo sentidos da atual revolução industrial nos contratos de emprego.

3.2 OS REFLEXOS DA QUARTA REVOLUÇÃO TECNOLÓGICA NOS CONTRATOS DE EMPREGO

Uma preocupação crescente com a rápida evolução tecnológica é com a extinção de profissões e postos de trabalho, o que, por corolário, poderá

---

(91) SCHWAB, Klaus. *A quarta revolução industrial*. Tradução: Daniel Moreira Miranda. São Paulo: Edipro, 2016. p. 22.

(92) DE MASI, Domenico. *O futuro do trabalho*: fadiga e ócio na sociedade pós-industrial. Tradução: Yadyr A. Figueiredo. 10. ed. Rio de Janeiro: José Olympio, 2010. p. 293-294.

acabar aumentando o número de desempregados. John Maynard Keynes[93], em texto de 1930, já alertava para o surgimento de uma nova doença, que muitos de seus leitores ainda não ouviram falar, mas que passariam a saber do que se tratava nos próximos anos, qual seja: o desemprego tecnológico.

Klaus Schwab[94], fazendo referência às preocupações trazidas por Keynes, afirma que ele manifestava o alerta de que a descoberta dos meios de economizar o uso do trabalho ultrapassava o ritmo em que seria possível encontrar novos usos para o trabalho.

O autor alemão defende que Keynes acabou não acertando com precisão em sua previsão, pois o que se viu nos anos seguintes foi uma readaptação da força de trabalho. Porém, o autor faz a seguinte reflexão: mas se a previsão de Keynes ocorrer agora? Nunca se saberá, a não ser com o passar dos anos. Contudo, é fato consumado que as evoluções tecnológicas podem trazer prejuízos ao capital humano, no âmbito das relações de trabalho, seja diminuindo as ofertas do trabalho em si, seja por meio da desconstrução da proteção que os contratos de emprego tradicionais possuem[95]. Sobre os efeitos da tecnologia nos contratos de emprego, pertinente o seguinte trecho da obra de Klaus Schwab[96]:

> Para começarmos a compreender isso, precisamos entender os dois efeitos concorrentes que a tecnologia exerce sobre os empregos.
>
> Primeiro, há um efeito destrutivo que ocorre quando as rupturas alimentadas pela tecnologia e a automação substituem o trabalho por capital, forçando os trabalhadores a ficaram desempregados ou realocar suas habilidades em outros lugares. Em segundo lugar, o efeito destrutivo vem acompanhado por um efeito capitalizador, em que a demanda por novos bens e serviços aumenta e leva à criação de novas profissões, empresas e até mesmo indústrias.

Outro marco importante a ser lembrando é o memorando *The Triple Revolution* — A Tripla Revolução, que foi elaborado em 1964 por um grupo de acadêmicos, jornalistas e tecnólogos, que se intitulavam Comitê Ad Hoc sobre a Tripla Revolução. O grupo contava com o químico ganhador do prêmio Nobel Linus Pauling e também com o economista Gunnar Myrdal, que

---

(93) KEYNES, John Maynard. *Economic possibilities for our grandchildren*. 1930. Disponível em: http://www.econ.yale.edu/smith/econ116a/keynes1.pdf. Acesso em: 3 set. 2022.

(94) SCHWAB, Klaus. *A quarta revolução industrial*. Tradução: Daniel Moreira Miranda. São Paulo: Edipro, 2016. *p*. 41.

(95) *Ibid*. p. 41.

(96) *Ibid*. p. 42.

viria a receber o prêmio Nobel de Economia, junto com Friedrich Hayek, em 1974.[(97)]

O memorando falava de uma proeminente revolução cibernética, uma revolução de armamentos e uma revolução dos direitos humanos, daí porque se chamava *A Tripla Revolução.* Sobre a revolução cibernética, objeto de estudo deste trabalho, destacava que uma nova era de produção havia iniciado, aduzindo que seus princípios organizacionais eram diferentes da era industrial, que por sua vez foi diferente da era da agricultura. Os autores destacaram que a revolução cibernética combinava o uso de computadores e máquinas automatizadas que se autorregulam. Nesse contexto, manifestavam preocupação porque essa revolução cibernética resultava em um sistema quase ilimitado de capacidade produtiva, que progressivamente ia requerendo menos trabalho humano[(98)].

Martin Ford[(99)] destaca que a Tripla Revolução marcou o que talvez tenha sido a crista de uma onda de preocupação a respeito da automação que havia surgido depois da Segunda Guerra Mundial. O autor menciona que o espectro do desemprego em massa, quando as máquinas desalojassem os trabalhadores, havia incitado o medo muitas vezes no passado, destacando o movimento ludita na Grã-Bretanha em 1812, mas informa que, nas décadas de 1950 e 1960, a preocupação era especialmente aguda e articulada por algumas das pessoas mais proeminentes e intelectualmente capazes dos Estados Unidos, como o matemático de renome internacional Nobert Wiener, do Massachusetts Institute of Technology, que escreveu um artigo descrevendo sua visão para o futuro dos computadores e da automação.

A título ilustrativo, Nobert Wiener *apud Martin Ford*[(100)], em artigo escrito apenas três anos após a criação do primeiro computador eletrônico de uso geral, argumentou que "se pudermos fazer qualquer coisa de maneira clara e inteligível, poderemos fazê-la com uma máquina", tendo advertido que isso poderia conduzir a uma "revolução industrial de absoluta crueldade" acionada por máquinas capazes de "reduzir o valor econômico do operário de fábrica a ponto de não valer a pena contratá-lo por nenhum preço".

---

(97) FORD, Martin. *Os robôs e o futuro do emprego.* Tradução: Cláudia Gerpe Duarte. Rio de Janeiro: Best Business, 2019. p. 54.

(98) THE AD HOC COMMITTEE ON THE TRIPLE REVOLUTION. *The Triple Revolution.* Santa Barbara, Califórnia, 1964.

(99) FORD, Martin. *Os robôs e o futuro do emprego.* Tradução: Cláudia Gerpe Duarte. Rio de Janeiro: Best Business, 2019. p. 55-56.

(100) *Ibid.* p. 56.

Voltando ao memorando, sintetizando as sugestões do Comitê da Tripla Revolução para a resolução dos problemas dos avanços tecnológicos nos empregos, Jouberto de Quadros Pessoa Cavalcante[(101)] destaca os seguintes encaminhamentos que deveriam ser implementados pelo Estado por meio de políticas públicas:

a) Um grande programa de sistema educacional, focado no jovem e nas áreas de ensino e pesquisa de desenvolvimento;

b) Obras públicas maciças, como construções de represas, reservatórios de água, portos etc., com a criação de empregos;

c) Desenvolvimento de um sistema de distribuição de renda para amparar os que sofrem pela transição em alguns setores da economia com avanços tecnológicos;

d) Incentivo e ampliação do sistema de negociação coletiva não só para aqueles que se encontram empregados, mas 'também para aqueles jogados fora do trabalho pela mudança tecnológica'.

Ao que parece, pelo menos parte das preocupações manifestadas no documento da Tripla Revolução norte-americana acabou por cruzar a América e trouxe essas reflexões para o Constituinte de 1988, que estabeleceu ser direito dos trabalhadores urbanos e rurais a proteção em face da automação, conforme previsão do art. 7º, XXVII da CF/1988, ponto que será aprofundado mais à frente nesta obra.

Da mesma forma que outros autores já mencionados até aqui, Martin Ford[(102)] destaca que boa parte das preocupações da Tripla Revolução acabou arrefecendo, pois o pior cenário não foi concretizado. Todavia, destaca que décadas ficaram para trás e o momento agora é de uma reavaliação com o espírito aberto do impacto da tecnologia sobre a economia. Aduz que as informações mostram que, enquanto as preocupações com o impacto da tecnologia que economiza mão de obra retrocediam para a periferia do pensamento econômico, algo que fora fundamental para a prosperidade da era pós-guerra começou gradualmente a mudar. Tratando dos EUA, o autor destaca que a quase perfeita correlação histórica entre o aumento de produtividade e o aumento de renda entrou em colapso, trazendo sete tendências

(101) CAVALCANTE, Jouberto de Quadros Pessoa. *Sociedade, tecnologia e a luta pelo emprego*. São Paulo: LTr, 2018. p. 67.

(102) FORD, Martin. *Os robôs e o futuro do emprego*. Tradução: Cláudia Gerpe Duarte. Rio de Janeiro: Best Business, 2019. p. 58-59.

fatais futuras que vão desde a estagnação dos salários até a tendência de trabalhos em regime de tempo parcial ser uma realidade cada vez maior.

Com a economia mundial globalizada, não é preciso grande esforço cognitivo para aplicar as mesmas preocupações ao cenário econômico brasileiro. A título ilustrativo, muitas marcas multinacionais acabam fazendo estudos de *off shoring e* produzindo até mesmo no Brasil, como são exemplos várias indústrias de calçados existentes no interior do Ceará, que fabricam para marcas como Nike, New Balance, Olympikus, Puma etc.

Como já destacado acima, um segundo efeito destrutivo das tecnologias no contrato de emprego é que há um efeito capitalizador. As empresas, para acumular o máximo de capital possível, diminuem gastos com empregados, investindo em tecnologias que façam o trabalho dos empregados desligados. Além disso, essa mesma inspiração faz surgir novas profissões e novas empresas com novos paradigmas de relação contratual trabalhista, que trazem oportunidades de trabalho, contudo, com uma diminuição dos tradicionais direitos do contrato de emprego.

Em se falando de proteção dos empregos, países como o Brasil adotam uma legislação trabalhista que, regra geral, trazem uma gama de direitos constitucionalmente protegidos, mas deixa a desejar no quesito proteção do emprego em si. Por outro lado, há países que não têm uma legislação imposta pelo Estado, mas têm uma forte tradição de proteção negocial estabelecida ao longo de anos pelos sindicatos de trabalhadores por meio de suas normas coletivas. Mas o que acontece com as empresas com novas categorias de trabalhadores? Em termos práticos, surgirão novas profissões e novas empresas que não pertencem a nenhuma categoria sindical, não tendo, assim, seus trabalhadores, qualquer proteção de normas coletivas, pelo menos no momento inicial de transição.

Ana Virginia Porto de Freitas(103) destaca que a conjunção de políticas neoliberais, da globalização e do avanço tecnológico fez surgir um formato de trabalho digital que impacta diretamente nos sindicatos de trabalhadores, gerando uma profunda crise nas organizações. A autora destaca que, embora as discussões tenham se internacionalizado via OIT, em termos práticos, com os novos modelos, que afastam os trabalhadores da base, sem estarem reunidos numa fábrica, acaba gerando uma fragmentação que diminui a capacidade das entidades de lutar contra a constante flexibilização dos direitos das respectivas categorias.

---

(103) FREITAS, Ana Virginia Porto de. *O conceito de categoria profissional no sistema sindical brasileiro:* uma reflexão sobre autonomia privada coletiva frente ao trabalho pós industrial. Dissertação (Mestrado em Direito Constitucional) — Centro Universitário 7 de Setembro (UNI7), Fortaleza, 2021. p. 110.

Ademais, as empresas disruptivas estão criando novos paradigmas de contratação, defendendo uma maior liberdade para o trabalhador por meio do discurso da não subordinação e estabelecendo contratos diversos dos contratos de emprego, também sem qualquer proteção da legislação trabalhista. É o caso, por exemplo, de empresas como a Uber.

Klaus Schwab(104) defende que esse novo paradigma irá separar as atividades profissionais em atribuições e projetos distintos; em seguida, elas serão lançadas no que denominou de "nuvem virtual de potenciais trabalhadores, localizados em qualquer lugar do mundo"(105). Na sequência, o autor arremata dizendo: "Essa é a nova economia sob demanda, em que os prestadores de serviço não são mais empregados no sentido tradicional, mas são trabalhadores bastante independentes que realizam tarefas específicas".

Ainda nas reflexões de Klaus Schwab, o autor faz perguntas retóricas no seguinte sentido: será que esse é o começo de uma revolução do novo trabalho flexível que irá empoderar qualquer indivíduo que tenha uma conexão de internet e que irá eliminar a escassez de competências? Ou será que irá desencadear o início de uma inexorável corrida para o fundo do poço em um mundo de fábricas virtuais não regulamentadas?(106)

Se a resposta for a segunda opção, e parece ser esse o caminho mais provável onde não se pensar em proteção à classe trabalhadora, em especial em países com grau de desenvolvimento ainda comprometido, como é o exemplo do Brasil, Klaus Schwab(107) defende que se chegará ao mundo do "precariado", uma classe social de trabalhadores que se desloca de tarefa em tarefa para conseguir se sustentar enquanto perde seus direitos trabalhistas, perde os ganhos das negociações coletivas e a segurança no trabalho, e finaliza ainda questionando se o preço disso não será a médio prazo a criação de uma fonte de agitação social e instabilidade política.

Trazendo uma perspectiva ao mesmo tempo otimista e cautelosa, Erik Brynjolfsson e Andrew McAfee(108) destacam que a tecnologia tem avançado rapidamente, tendo como boa notícia o fato de que isso aumenta de forma

---

(104) FREITAS, Ana Virginia Porto de. *O conceito de categoria profissional no sistema sindical brasileiro:* uma reflexão sobre autonomia privada coletiva frente ao trabalho pós industrial. Dissertação (Mestrado em Direito Constitucional) — Centro Universitário 7 de Setembro (UNI7), Fortaleza, 2021. p. 53.

(105) *Ibid.* p. 53.

(106) *Ibid.* p. 54.

(107) *Ibid.* p. 54-55.

(108) BRYNJOLFSSON, Erik; MCAFEE, Andrew. *Novas tecnologias versus empregabilidade*: como a revolução digital acelera a inovação, desenvolve produtividade e transforma de modo irreversível os empregos e a economia. São Paulo: M. Books do Brasil Editora Ltda, 2014. p. 65.

radical a capacidade produtiva da economia. Contudo, alertam que o progresso tecnológico não beneficia automaticamente a toda sociedade, frisando que rendas têm se tornado ainda mais desiguais, bem como as oportunidades de emprego.

Fazendo um paralelo com o passado, os autores destacam que, no século XXI, a mudança tecnológica se tornou mais rápida e mais difundida; apesar do motor a vapor, o motor elétrico e o motor de combustão interna serem tecnologias impressionantes, não eram sujeitas a um nível constante de melhoria contínua no mesmo passo visto nas tecnologias digitais. Finalizam informando que os computadores já são milhares de vezes mais potentes do que há 30 anos e todas as evidências sugerem que esse ritmo continuará crescendo. Além disso, os computadores são máquinas universais, que podem ser usadas em quase todas as indústrias e tarefas, desempenhando atividades mentais que antes eram de domínio exclusivo dos seres humanos. Assim, conforme a tecnologia avança, o aumento sucessivo de força tecnológica fará crescer o número de possibilidades que podem afetar o trabalho e o emprego[(109)].

Manifestando preocupações com o avanço tecnológico, Raimundo Bezerra Falcão[(110)] aduz que a crescente e indesviável automação do trabalho iniciou um definitivo processo de desocupação da mão de obra, tornando crescente o desemprego de trabalhadores, a ponto de aviltar muitos indivíduos a níveis absolutos de indigência, ameaçando-lhes as condições mínimas indispensáveis para sobreviverem à falta da aferição de quaisquer rendas ou receitas, destacando que, até mesmo o direito ao trabalho, os computadores começavam a substituir. E conclui o autor afirmando: "A humanidade, ao que parece, chegará ao momento, que se avizinha, no qual, não obstante disponha de meios para a produção em grande massa, estará empobrecida pelo desemprego de mão de obra decorrente da automação."

Jouberto de Quadros Pessoa Cavalcante[(111)] aduz que, com as novas tecnologias, tem-se a reorganização dos meios de produção, com aumento de produtividade e a redução do número de trabalhadores, pela simples necessidade de diminuição da mão de obra, o que causa desemprego setorial e às vezes o rebaixamento dos níveis de ocupação. O autor ainda destaca que, diferentemente do processo de mecanização, a informatização

---

(109) BRYNJOLFSSON, Erik; MCAFEE, Andrew. *Novas tecnologias versus empregabilidade*: como a revolução digital acelera a inovação, desenvolve produtividade e transforma de modo irreversível os empregos e a economia. São Paulo: M. Books do Brasil Editora Ltda, 2014. p. 66.

(110) FALCÃO, Raimundo Bezerra. *Hermenêutica.* São Paulo: Malheiros, 1997. p. 232.

(111) CAVALCANTE, Jouberto de Quadros Pessoa. *Sociedade, tecnologia e a luta pelo emprego.* São Paulo: LTr, 2018. p. 35-36.

torna a máquina independente do homem, de modo que cada vez menos se necessite da intervenção humana no processo de produção.

Destarte, neste primeiro momento, vislumbra-se duas principais preocupações com os avanços tecnológicos da quarta revolução industrial no que tange aos tradicionais contratos de emprego. A primeira tem relação com as novas tecnologias, a exemplo da Indústria 4.0, que visa substituir os empregados atuais por máquinas que possam desempenhar suas atividades, em especial por meio do desenvolvimento da inteligência artificial, robotização e automação; e a segunda tem relação com o crescimento de empresas no que se denomina de economia do compartilhamento, em que há novas formas de contratação, que vão substituindo os tradicionais contratos de emprego, sem que haja as mesmas garantias que eram feitas aos empregados.

Esse segundo fenômeno tem sido tratado no Brasil como "uberização", em referência à empresa Uber, que é um dos maiores símbolos mundiais da ideia da economia do compartilhamento ou economia sob demanda, como será visto em tópicos mais à frente.

Feito esse breve levantamento de preocupações sociais e econômicas mais recentes, a perspectiva que se pretende estudar a seguir é em qual patamar estão as evoluções tecnológicas e por que o art. 7º, XXVII ainda não foi regulamentado desde 1988, e o que isso pode acarretar num cenário não muito distante. Na sequência, para além do problema da automação, inteligência artificial e robótica, será trazido o cenário do desenvolvimento de novos modelos de negócios, que de forma muito perigosa, do ponto de vista social, usam as novas tecnologias para traçar novos formatos de contratação, que avançam na desconstrução da proteção social garantida pelo contrato de emprego, que conta com o extenso rol protetivo do art. 7º da Constituição Federal. Como se dá a desconstrução dessa proteção social é um dos temas macros que serão trazidos mais à frente.

A partir do próximo tópico, serão abordados os efeitos dessas novas tecnologias no mercado de trabalho atual e trazidas algumas perspectivas futuras.

3.3 INTELIGÊNCIA ARTIFICIAL, ROBOTIZAÇÃO E AUTOMAÇÃO: REFLEXOS NAS ATIVIDADES ECONÔMICAS TRADICIONAIS

Hugo de Brito Machado Segundo[112] explica que a principal dificuldade para compreensão do que se deve entender por inteligência artificial não

(112) CAVALCANTE, Jouberto de Quadros Pessoa. *Sociedade, tecnologia e a luta pelo emprego*. São Paulo: LTr, 2018. p. 6.

está no adjetivo "artificial", mas no substantivo "inteligência". O autor discorre então que há incontáveis habilidades, de diversos seres, que podem ser definidas como manifestações de inteligência e todas estão invariavelmente associadas à habilidade de atingir objetivos, adaptando-se as dificuldades e alterações havidas no ambiente em que tais objetivos deverão ser alcançados. Após discorrer sobre os vários sentidos de inteligência, Hugo Segundo[113] conclui que, em suma, caso se entenda por inteligência a capacidade de resolver problemas, de se adaptar a dificuldades, contornando-as para atingir objetivos predeterminados, tem-se que a inteligência artificial consiste na habilidade de máquinas ou sistemas não vivos desempenharem essa capacidade. E complementa o autor:

> Não é preciso, como dito, que a máquina tenha consciência de sua própria existência e da realidade ao seu redor, ou mesmo que possa realizar vários objetivos diferentes, mas apenas que consiga desempenhar satisfatoriamente tarefas até então tidas como exclusivamente humanas, como dirigir um carro, jogar xadrez ou dama, selecionar contribuintes para serem fiscalizados mais profundamente etc.[114]

Exemplo maior da evolução desse conceito de inteligência artificial tem sido o Chat GPT. Para os poucos que ainda não tiveram a curiosidade de utilizar esta ferramenta, aberta e disponível para qualquer pessoa, você pode introduzir perguntas ou pedidos, simples ou complexos, que uma inteligência artificial vai buscar rapidamente as respostas nos dados disponíveis na internet. Em frações de segundos, respostas coerentes são construídas e repassadas aos usuários. Todos que utilizam a ferramenta pela primeira vez, sem exceção, ficam chocados com a escrita correta, o texto coerente e as respostas precisas aos questionamentos apresentados. Já há notícias que advogados estão utilizando o sistema para fazer petições iniciais e vários profissionais podem o utilizar e adaptar para várias áreas. Em uma palestra, um professor levou uma poesia que misturava direito do trabalho e inteligência artificial criada pelo Chat GPT, a interação entre as palavras e rimas bem colocadas impressionaram. Imagine a utilização dessa ferramenta no mercado de compositores de músicas de sucesso, quando a inspiração não bater, poderá ser solicitado auxílio à inteligência artificial. Ainda não se sabe quais repercussões esse sistema e os similares que estão por vir irão causar no mundo do trabalho, mas com certeza causarão.

---

(113) MACHADO SEGUNDO, Hugo de Brito. *Direito e inteligência artificial:* o que os algoritmos têm a ensinar sobre interpretação, valores e justiça. Indaiatuba, SP: Foco, 2023. p. 3.

(114) *Ibid.* p. 6.

Com relação à robotização e à automação, Roberta Pappen da Silva e Wilson Engelmann(115) explicam que podem ser consideradas como a aplicação de técnicas computadorizadas ou mecânicas para diminuir o uso de mão de obra em qualquer processo e ambas são projetadas para melhorar a eficiência, aumentar a produtividade e reduzir os custos. Destacam que a automação é mais ligada a sistemas, enquanto a robotização normalmente melhora as operações. Com a implementação de tecnologias, em contrapartida, a atuação humana acaba por reduzir em muitos setores.

Neste tópico, serão abordados alguns dos problemas que são relatados desde a primeira revolução industrial e que podem ser resumidos nos seguintes questionamentos: a máquina vai tomar o lugar do homem? Ou seja, as novas tecnologias poderão diminuir as ofertas do tradicional contrato de emprego? Como já destacado anteriormente, a preocupação acerca destes questionamentos parece ter passado pela mente dos constituintes de 1988, pois o art. 7º, XXVII da Constituição Federal, prevê que são direitos dos trabalhadores urbanos e rurais: “XXVII — proteção em face da automação, na forma da lei”(116).

De logo, registre-se que até hoje o inciso XXVII, do art. 7º, da CF de 1988 não foi regulamentado, não havendo no Brasil norma vigente que busque proteger a classe trabalhadora em face das inovações tecnológicas que repercutem no mercado de trabalho e nos contratos de emprego. Em tópicos seguintes, este estudo abordará alguns projetos de lei nesse sentido, mas, com o passar dos anos, a falta de regulamentação nesse campo poderá acarretar prejuízos de difícil reparação social, pois cada vez mais economistas e cientistas da tecnologia têm demonstrado preocupações com o avanço tecnológico dissociado de proteção social.

Yuval Noah Harari(117) aduz não ter ideia de como será o mercado de trabalho em 2050. Todavia, defende que o aprendizado das máquinas e a robótica vão mudar quase todas as formas de trabalho, desde a produção de iogurte até o ensino de ioga. Com relação ao ensino de ioga, a pandemia da Covid-19 já acelerou, por exemplo, o ensino na modalidade por meio de aulas telepresenciais. O autor destaca que há visões conflitantes quanto à natureza dessa mudança e sua iminência, destacando que alguns creem

(115) SILVA, Roberta Pappen da; ENGELMANN, Wilson. *A quarta revolução industrial:* (des) emprego? Curitiba: Appris, 2020. p. 74-75.

(116) BRASIL. *Constituição da República Federativa do Brasil de 1988*. Brasília, DF: Presidência da República, 2022. Disponível em: http://www.planalto.gov.br/ccivil_03/Constituicao/Constituicao.htm. Acesso em: 14 out. 2022.

(117) HARARI, Yuval Noah. *21 lições para o século 21*. Tradução: Paulo Geiser. São Paulo: Companhia das Letras, 2018. p. 40.

que, dentro de uma ou duas décadas, bilhões de pessoas serão economicamente redundantes, ou seja, desnecessárias para exercer algum tipo de labor. Outros sustentam que mesmo a longo prazo a automação continuará a gerar novos empregos e maior prosperidade para todos.

Kai-Fu Lee[(118)], um dos líderes globais do mercado de investimentos na área de tecnologia, pesquisador dedicado aos estudos da inteligência artificial, adverte que a ameaça aos empregos está chegando com muito mais rapidez do que a maioria dos especialistas previa e atingirá tanto os profissionais altamente treinados quanto aqueles com baixa escolaridade.

Yuval Noah Harari[(119)] questiona se a sociedade está à beira de uma convulsão social assustadora, ou se essas previsões são mais um exemplo de uma histeria ludista infundada. Ainda destaca que os temores de que a automação causará desemprego massivo remonta ao século XIX e até agora nunca se materializou. O autor aduz que, desde o início da Revolução Industrial, para cada emprego perdido para uma máquina, pelo menos um novo emprego foi criado, e o padrão de vida médio subiu consideravelmente. Todavia, o autor faz um alerta que dessa vez há boas razões para acreditar que poderá ser diferente e que o aprendizado de máquina será um fator real que mudará o jogo.

Segundo Harari[(120)], os humanos têm dois tipos de habilidade: física e cognitiva. No passado, as máquinas competiram com humanos principalmente em habilidades físicas, enquanto estes estiveram à frente das máquinas na capacidade cognitiva. Em razão disso, quando trabalhos manuais na agricultura e na indústria foram automatizados, surgiram novos postos de trabalho no setor de serviços que requeriam o tipo de habilidade cognitiva que apenas os humanos possuíam: aprender, analisar, comunicar e, acima de tudo, compreender emoções humanas. Entretanto, a inteligência artificial — IA está começando agora a superar os humanos em um número cada vez maior nessas habilidades, inclusive a compreender as emoções.

Sobre essas preocupações, Martin Ford[(121)] aduz que os economistas em geral rejeitam a ideia de que as máquinas poderão um dia fazer com que grande parcela da força de trabalho humana não consiga um emprego,

---

(118) LEE, Kai-Fu. *Inteligência artificial:* como os robôs estão mudando o mundo, a forma como amamos, nos comunicamos e vivemos. Tradução: Marcelo Brandão. Rio de Janeiro: Globo Livros, 2019. p. 18.

(119) *Ibid.* p. 40.

(120) *Ibid.* p. 41.

(121) FORD, Martin. *Os robôs e o futuro do emprego.* Tradução: Cláudia Gerpe Duarte. Rio de Janeiro: Best Business, 2019. p. 108-109.

embasando seu argumento em uma análise do passado, bem como na teoria da vantagem comparativa. Em síntese, essa teoria pode ser exemplificada da seguinte forma: se uma pessoa tem duas habilidades muito boas (realizar cirurgias no cérebro e cozinhar) e outra pessoa tem apenas uma habilidade (cozinhar), e ainda assim a habilidade desta de cozinhar é inferior à habilidade daquela, pela teoria da vantagem comparativa a pessoa mais habilidosa deveria contratar a pessoa com menos habilidade e assim ter mais tempo para se dedicar à atividade que provavelmente lhe remuneraria melhor, garantido o emprego daquele com menos habilidade. O autor, portanto, aduz que a principal ideia por trás da vantagem comparativa é que se deve sempre conseguir um emprego, desde que haja uma especialização naquilo em que se tem mais habilidade do que outras pessoas.

Todavia, Martin Ford[(122)] alerta que as novas máquinas, especialmente aplicativos de software, podem ser reproduzidas com facilidade. Em muitos casos, podem ser clonadas por um baixo custo, se comparado à contratação de uma pessoa. O autor defende que, quando a inteligência pode ser reproduzida, o conceito de custo de oportunidade sofre uma reviravolta e a vantagem comparativa na era das máquinas inteligentes poderá exigir certa reconsideração.

Teresa Coelho Moreira[(123)] sustenta que, numa primeira análise, estas mudanças parecem não ser novidade, já que o mundo assistiu às anteriores revoluções industriais. Contudo, a autora portuguesa destaca que em uma análise mais aprofundada pode ser visto que esta revolução é diferente, já que se atravessa um período de uma evolução sistêmica, excepcional e raramente comparada a qualquer outra do passado. Alerta que não se trata de uma crise, mas de uma verdadeira metamorfose, não de passagem entre dois estados, mas de um salto para o desconhecido, razão pela qual serão necessárias políticas proativas que auxiliem na inclusão neste "novo mundo do trabalho".

Essas são reais e crescentes preocupações que colocam sob holofote o art. 7º, XXVII da Constituição Federal, que, passadas décadas desde sua promulgação, ainda não foi regulamentado, deixando um cenário de insegurança social para uma gama de trabalhadores que poderão ter os empregos sufragados pelo exponencial avanço tecnológico trazido pela quarta revolução industrial.

---

(122) FORD, Martin. *Os robôs e o futuro do emprego*. Tradução: Cláudia Gerpe Duarte. Rio de Janeiro: Best Business, 2019. p. 110.

(123) MOREIRA, Teresa Coelho. *Direito do trabalho na era digital*. Coimbra: Almedina, 2021. p. 46.

Para situar esse cenário de avanços tecnológicos, esta obra focará tanto na inteligência artificial, quanto nos novos modelos de negócios digitais, demonstrando que a falta de regulamentação nessa seara poderá afetar os empregos tradicionais. No subtópico a seguir, será abordada a evolução e as preocupações decorrentes do desenvolvimento da inteligência artificial, para nos tópicos seguintes fazer uma análise jurídica e sociológica do art. 7º, XXVII da Constituição Federal. Escolheu-se aprofundar na inteligência artificial, em especial porque, a partir dela, tudo é aplicado à automação, robótica e afins.

3.4 A EVOLUÇÃO DA INTELIGÊNCIA ARTIFICIAL E SUAS REPERCUSSÕES POSITIVAS E NEGATIVAS PARA OS CONTRATOS DE EMPREGO

Em outubro de 1950, o matemático inglês Alan Turing(124) publicou o texto que é considerado como o início da inteligência artificial — IA. No texto, o autor inicia com o questionamento em forma de provocação: *Can machines think?* Ou seja, podem as máquinas pensar? A partir da provocação inicial, ele discorre suas ideias sobre a inteligência artificial, em que defende que computadores poderiam vir a pensar como seres humanos.

Kai-Fu Lee(125) leciona que, desde sua criação, a inteligência artificial passou por vários ciclos de expansão e retrocesso, com períodos de grandes promessas que foram seguidos por longos invernos, quando uma decepcionante falta de resultados práticos levava a grandes cortes de financiamento na área.

No mesmo sentido, Martin Ford(126) destaca que, quando as expectativas causavam desapontamento, o investimento e a atividade de pesquisa se contraíam, o que resultava em longos períodos de estagnação, que vieram a ser chamados de "invernos da IA". Todavia, o autor alerta que a primavera chegou novamente com o extraordinário poder dos computadores atuais, aliado aos avanços em áreas específicas de pesquisa da IA e em conhecimento acerca do cérebro humano, o que está gerando um otimismo considerável.

---

(124) TURING, A. M. *Computing Machinery and Intelligence.* Mind: Oxford University Press (OUP), 1950. p. 433-460.

(125) LEE, Kai-Fu. *Inteligência artificial:* como os robôs estão mudando o mundo, a forma como amamos, nos comunicamos e vivemos. Tradução: Marcelo Brandão. Rio de Janeiro: Globo Livros, 2019. p. 19.

(126) FORD, Martin. *Os robôs e o futuro do emprego.* Tradução: Cláudia Gerpe Duarte. Rio de Janeiro: Best Business, 2019. p. 309.

Sobre a nova primavera da inteligência artificial, Hugo Segundo[(127)] faz um destaque especial para o surgimento do *Big Data,* ou Grandes Dados, em que há uma quantidade absurda de informações, cujo crescimento é exponencial, e que podem ser processadas e trabalhadas por computadores de uma maneira impossível aos humanos. O autor conclui então que, desse processamento, podem-se retirar conclusões de maior utilidade ou relevância, dando novo fôlego à inteligência artificial, que a partir de então pôde experimentar um renascimento.

Tratando da evolução da inteligência artificial e da aproximação cada vez maior com os seres humanos, é interessante destacar dois exemplos abordados por Dora Kaufman. No primeiro, a autora destaca que em 2018, pela primeira vez, uma arte final produzida por IA foi vendida em um leilão na Christie's de New York pelo valor de US$ 433 mil. O valor da obra *Edmond de Belamy,* ligeiramente borrada, foi inicialmente estimado entre US$ 7 mil a US$ 10 mil. Esse primeiro exemplo é curioso porque muitos consideram que produzir arte requer criatividade e emoção, e este seria um dos fatores que mais caracteriza os seres humanos. No segundo exemplo, um engenheiro chinês especialista em IA, Zheng Jiajia, construiu em 2017 uma mulher-robô e, em seguida, casou-se com ela numa cerimônia típica, na presença da mãe e amigos. A autora destaca que o casamento não teve valor legal porque a legislação chinesa não prevê núpcias entre humanos e humanoides. Yingying, a esposa robô, usa linguagem natural, reconhece imagens e objetos, mas ainda não tem mobilidade. Dora Kaufman então faz o seguinte questionamento: em que momento serão aceitas como "normal" as relações entre humanos e robôs? E responde afirmando que alguns especialistas apontam que nos próximos 20 a 40 anos. Esse segundo exemplo também é interessante de ser destacado porque uma relação marital pressupõe a existência de sentimentos e emoções, e demonstra até que ponto a IA poderá evoluir[(128)].

Outro ponto que merece destaque, já mencionado acima, é a ferramenta Chat GPT, que faz uma impressionante interação com os humanos, por meio dos questionamentos ou ordens que são apresentados, trazendo respostas precisas e bem fundamentadas, sem mencionar a escrita impecável. Já começaram as discussões sobre direitos autorais em textos que podem ser criados pelo Chat GPT. Se o diferenciador humano são emoções e sentimentos, experimente solicitar que a ferramenta faça uma poesia e verá que o resultado é surpreende, é coerente, é bonito, é arte. O Chat GPT está sendo

---

(127) MACHADO SEGUNDO, Hugo de Brito. *Direito e inteligência artificial*: o que os algoritmos têm a ensinar sobre interpretação, valores e justiça. Indaiatuba, SP: Foco, 2023. p. 8.

(128) KAUFMAN, Dora. *A inteligência artificial irá suplantar a inteligência humana?* Barueri: Estação das Letras, 2018, l. 792-795. Versão Kindle.

adaptado para várias atividades, sendo utilizado como a máquina a vapor de James Watt, passando a integrar vários ecossistemas, de empresas, de escritórios, de todos que estão se beneficiando com o seu uso.

Será que o Chat GPT passará no teste de Turing? Esse teste foi desenvolvido por Alan Turing e se trata de um jogo simples entre um humano e uma máquina, sendo que o objetivo do jogo é fazer com que a máquina se passe por um humano, fazendo o humano acreditar que está conversando com outro humano. Durante muitos anos isso parecia impossível, mas o dia chegou. Na verdade, o Chat GPT foi o segundo *chatbot* a passar no teste de Turing, em dezembro de 2022. O primeiro foi a IA LaMDA do Google, que conseguiu o feito alguns meses antes.[(129)]

Klaus Schwab e Nicholas Davis[(130)] destacam que a inteligência artificial já está reinventando a economia digital e, em breve, reconfigurará a economia física. Os autores destacam que os objetivos do início do século XXI para a IA incluem ajudar as máquinas autônomas a navegarem pelo mundo físico e ajudar os seres humanos e os computadores a se inter-relacionarem. Aduzem que, no futuro, os sistemas de IA poderão gerenciar os desafios sistêmicos, como emissões globais de gás carbônico, as funções de tráfego aéreo global, abordando assim questões complexas que vão além da capacidade humana. Aduzem ainda que os cientistas preveem que até mesmo aqueles cenários de ficção científica em que há sistemas operacionais inteligentes ou assistentes digitais empáticos podem se tornar realidade.

Recentemente, por curiosidade, logo após escrever este ponto, o autor deste livro pegou seu iPhone e fez um teste para saber se a assistente virtual do aparelho, a "Siri", seria capaz de agendar uma tarefa na agenda eletrônica do aparelho a partir de um comando de voz. Para surpresa, ela pergunta o dia, a hora e agenda tudo direitinho. A partir de então, ao invés de digitar, o autor desta obra apenas fala o dia, a hora e o nome da tarefa, e automaticamente a "Siri" insere na agenda eletrônica do iPhone.

Apesar das mudanças positivas, Klaus Schwab e Nicholas Davis[(131)] alertam que elas trazem certos riscos. Por exemplo, robôs controlados por IA terão dificuldade para prever o impacto da reorganização de competências e empregos, criando tensões pesadas na sociedade. Além disso, destacam que o funcionamento dos algoritmos do aprendizado automático ainda é

(129) Informação disponível em: https://mpost.io/pt/chatgpt-passa-no-teste-de-turing/.

(130) SCHWAB, Klaus; DAVIS, Nicholas. *Aplicando a quarta revolução industrial*. Tradução: Daniel Moreira Miranda. São Paulo: Edipro, 2018. p. 177.

(131) *Ibid*. p. 177.

obscuro para a maioria das pessoas e esses mecanismos podem refletir preconceitos socialmente indesejáveis que precisarão ser corrigidos.

Falando sobre aplicação no campo laboral, José Benedito Sacomano e Walter Cardoso Sátyro[(132)] destacam que o objetivo da inteligência artificial é utilizar dispositivos ou métodos computacionais de forma similar à capacidade de raciocínio do ser humano, resolvendo problemas da maneira mais eficiente possível. Na indústria, essa IA passaria a controlar não só o processo de produção como também a fornecer sugestões às mais diversas necessidades de decisões. Entretanto, os autores destacam que quem comanda a máquina é o ser humano e não o contrário, a máquina fornece o apoio, mas não o comando.

Mauro Gonsales[(133)] destaca que empresas como Amazon Mechanical Turk, Microworkes, Clickworker, Rapid Workers, Jobboy, The Smart Crowd, Minijobz, Appen e Lionbrigde permitem o cadastramento de qualquer pessoa com acesso à internet para fazer parte de uma linha de produção digital global, realizando microtrabalhos remunerados, subproduto da "informação", em grande parte voltados para a produção de inteligência artificial. O autor defende que os microtrabalhos ofertados por essas empresas para a produção de IA evidenciam que, no capitalismo, a automação nunca será completa e sempre necessitará do trabalho das pessoas.

Yuval Noah Harari[(134)] aduz que é crucial entender que a revolução da IA não envolve apenas tornar os computadores mais rápidos e mais inteligentes, pois ela se abastece de avanços nas ciências da vida e nas ciências sociais também. Então, quanto mais se compreendem os mecanismos bioquímicos que sustentam as emoções, os desejos e as escolhas humanas, melhores podem se tornar os computadores na análise do comportamento humano, na previsão de decisões humanas, e, portanto, na substituição de motoristas, profissionais de finanças, advogados humanos etc.

Ainda segundo Yuval Noah Harari[(135)], nas últimas décadas, a pesquisa em áreas como a neurociência e a economia comportamental permitiu que cientistas "hackeassem" humanos e adquirissem uma compreensão muito

(132) SACOMANO, José Benedito; SÁTIRO, Walter Cardoso. Indústria 4.0: conceitos e elementos formadores. *In:* SACOMANO, José Benedito *et al.* (Org.). *Indústria 4.0:* conceitos e fundamentos. São Paulo: Blucher, 2018. p. 37.

(133) GONSALES, Marco. Indústria 4.0: empresas plataformas, consentimento e resistência. *In:* ANTUNES, Ricardo (Org.). *Uberização, trabalho digital e indústria 4.0.* São Paulo: Boitempo, 2020. p. 129-130.

(134) *Ibid.* p. 41.

(135) *Ibid.* p. 42.

melhor de como os humanos tomam decisões. Constatou-se que todas as escolhas humanas, desde a comida até parceiros sexuais, resultam não de um misterioso livre-arbítrio, mas sim de bilhões de neurônios que calculam probabilidades numa fração de segundo. O autor aduz que a tão prolatada "intuição humana" é na realidade a capacidade de reconhecer padrões. Assim, bons motoristas, profissionais de finanças e advogados não têm intuições mágicas sobre trânsito, investimento ou negociação, mas, sim, ao reconhecer padrões recorrentes, eles localizam e tentam evitar pedestres desatentos, tomadores de empréstimo ineptos e trapaceiros.

Em resumo, Yuval Noah Harari(136) explica que a IA pode superar o desempenho humano até mesmo em tarefas que supostamente exigem "intuição". Para tanto, o autor sugere uma mudança de perspectiva de análise. Assim, onde antes se pensava que a IA teria de competir com os pressentimentos místicos da alma humana, o que poderia parecer impossível, hoje se percebe que na verdade a IA tem de competir com redes neurais para calcular probabilidades e reconhecer padrões, o que acaba soando muito menos assustador. O autor explica que a IA pode ser melhor em tarefas que demandem intuições sobre outras pessoas. Muitas modalidades de trabalho, como dirigir um veículo numa rua cheia de pedestres, emprestar dinheiro a estranhos e negociar um acordo, requerem capacidade de avaliar corretamente as emoções e os desejos de outra pessoa. Se essas emoções e os desejos são na realidade algoritmos bioquímicos, não há razão para que os computadores não decifrem esses algoritmos e, até certo ponto, melhor do que qualquer *homo sapiens.*

Para entender essa evolução, Kai-Fu Lee(137) explica que no início dos estudos sobre IA havia duas abordagens, uma baseada em regras e outra em redes neurais. Os pesquisadores do campo baseado em regras tentavam ensinar os computadores a pensar codificando uma série de regras lógicas. Essa abordagem funcionava para jogos simples e bem definidos, mas demorava quando o universo de escolhas ou movimentos possíveis se expandia. Para aplicar o software ao mundo real, o campo baseado em regras procurava entrevistar especialistas nas questões que estavam sendo abordadas e, em seguida, codificava sua sabedoria na tomada de decisões do programa.

---

(136) GONSALES, Marco. Indústria 4.0: empresas plataformas, consentimento e resistência. *In*: ANTUNES, Ricardo (Org.). *Uberização, trabalho digital e indústria 4.0.* São Paulo: Boitempo, 2020. p. 42.

(137) LEE, Kai-Fu. *Inteligência artificial:* como os robôs estão mudando o mundo, a forma como amamos, nos comunicamos e vivemos. Tradução: Marcelo Brandão. Rio de Janeiro: Globo Livros, 2019. p. 20.

Já o campo das redes neurais adotou uma abordagem diferente, ao invés de tentar ensinar ao computador as regras que tinham sido dominadas por um cérebro humano, esses pesquisadores tentaram reconstruir o próprio cérebro humano. Essa abordagem imita a arquitetura do cérebro, construindo camadas de neurônios artificiais que podem receber e transmitir informações em uma estrutura semelhante às redes de neurônios biológicos dos humanos. Ao contrário da abordagem baseada em regras, os construtores das redes neurais em geral não fornecem às redes regras a serem seguidas na tomada de decisões. Eles apenas inserem muitos exemplos de um determinado fenômeno e permitem que as próprias redes neurais identifiquem padrões dentro dos dados, com a menor interferência humana possível.[(138)]

Para Kai-Fu Lee,[(139)] o que desencadeou a evolução da IA para os parâmetros atuais, com base nas redes neurais, foram mudanças em duas matérias-primas que alimentam essas redes: poder de computação e dados. Os dados treinam o programa para reconhecer padrões, fornecendo muitos exemplos, e o poder computacional permite que o programa analise esses exemplos em alta velocidade. O autor explica que a internet levou a uma explosão de todos os tipos de dados digitais: textos, imagens, vídeos, cliques, compras, tuítes etc. Em conjunto, tudo isso deu aos pesquisadores quantidades abundantes de dados ricos para treinar suas redes, bem como bastante poder computacional barato para esse treinamento.

Todavia, o autor explica que as redes ainda eram limitadas e o grande avanço técnico de aprendizado profundo apenas chegou em meados dos anos 2000, quando o pesquisador Geoffrey Hinton descobriu um modo de treinar as novas camadas em redes neurais de forma eficiente. Kai-Fu Lee[(140)] defende que o resultado "foi como dar esteroides às velhas redes neurais, multiplicando o seu poder para executar tarefas como o reconhecimento de fala e de objetos".

Agora, essas redes neurais energizadas, que foram renomeadas de "aprendizado profundo" ou *deep learning,* poderiam superar os modelos mais antigos em uma variedade de tarefas. O ponto de virada final veio em 2012, quando uma rede neural construída pela equipe de Hinton acabou com a competição em um concurso internacional de visão computacional. Pesquisadores, futuristas e CEOs de tecnologia começaram então a falar

(138) LEE, Kai-Fu. *Inteligência artificial:* como os robôs estão mudando o mundo, a forma como amamos, nos comunicamos e vivemos. Tradução: Marcelo Brandão. Rio de Janeiro: Globo Livros, 2019. p. 20-21.

(139) *Ibid.* p. 22.

(140) *Ibid.* p. 22.

sobre o enorme potencial do campo para decifrar a fala humana, traduzir documentos, reconhecer imagens, prever o comportamento de consumidores, identificar fraudes, tomar decisões sobre empréstimos, ajudar robôs a "ver" e até mesmo a dirigir um carro(141).

Kai-Fu Lee(142) sintetiza que se a inteligência artificial é a nova eletricidade, o *big data* (referente à análise de dados) é o novo petróleo. Isso significa dizer, em termos práticos, que quanto mais dados, dos mais diversos tipos, estiverem disponíveis, maior vai ser a precisão e a evolução da inteligência artificial. Nesse mesmo sentido, destacou-se acima o pensamento de Hugo Segundo(143), que considera o *big data* como o renascimento da inteligência artificial.

Sobre a aplicação ao nosso cotidiano, Yuval Noah Harari(144) exemplifica que o motorista que prevê as intenções de um pedestre, o profissional que avalia a credibilidade de um tomador potencial de crédito e o advogado que é sensível ao humor reinante na mesa de negociação não se valem de feitiçaria. Sem que eles saibam, o cérebro deles está reconhecendo padrões bioquímicos ao analisar expressões faciais, tons de voz, movimentos das mãos e até mesmo odores corporais. Uma IA equipada com os sensores certos poderia fazer tudo isso com muito mais precisão e confiabilidade do que um humano. Por isso, o autor destaca que a ameaça de perda de emprego não resulta apenas da ascensão da tecnologia da informação, mas de sua confluência com a biotecnologia.

O autor ainda destaca que a IA não só está em posição de hackear humanos e superá-los no que eram, até agora, habilidades exclusivamente humanas, mas também usufrui de habilidades exclusivas não humanas, o que torna a diferença entre a IA e um trabalhador humano uma questão qualitativa e não apenas quantitativa. Duas habilidades não humanas especialmente importantes da IA são a conectividade e a capacidade de atualização(145).

---

(141) LEE, Kai-Fu. *Inteligência artificial:* como os robôs estão mudando o mundo, a forma como amamos, nos comunicamos e vivemos. Tradução: Marcelo Brandão. Rio de Janeiro: Globo Livros, 2019. p. 21-22.

(142) *Ibid.* p. 67.

(143) MACHADO SEGUNDO, Hugo de Brito. *Direito e inteligência artificial:* o que os algoritmos têm a ensinar sobre interpretação, valores e justiça. Indaiatuba, SP: Foco, 2023. p. 8.

(144) HARARI, Yuval Noah. *21 lições para o século 21.* Tradução: Paulo Geiser. São Paulo: Companhia das Letras, 2018. p. 43.

(145) *Ibid.* p. 43.

Harari[146] ainda esclarece que, como humanos são seres individuais, é difícil conectar um ao outro e se certificar de que estão todos atualizados. Vale ressaltar que a conexão entre os humanos se dá por processos de comunicação e interação social. Em contraste, computadores não são indivíduos e é fácil integrá-los numa rede flexível. Por isso estamos diante não da substituição de milhões de trabalhadores humanos individuais por milhões de robôs e computadores individuais, mas da substituição de humanos individuais por uma rede integrada. No que diz respeito à automação, aduz o autor que seria errado comparar as habilidades de um único motorista humano com as de um único carro autodirigido, ou as de um único médico humano com as de um único médico de IA. Em vez disso, deveriam ser comparadas as habilidades de uma coleção de indivíduos humanos com as habilidades de uma rede integrada.

O autor prossegue fornecendo exemplos de como a IA pode ser melhor do que os seres humanos, por exemplo, na direção de carros e em várias searas da medicina, poupando vidas de acidentes e trazendo diagnósticos mais precisos para as enfermidades. Em razão disso, faz a seguinte reflexão: "Por isso seria loucura bloquear a automação em campos como o do transporte ou da saúde só para proteger empregos humanos. Afinal, o que deveríamos proteger são os humanos — não os empregos"[147].

Nesse mesmo sentido, Kai-Fu Lee[148] aduz que, paralelamente às vidas salvas e à produtividade obtida, haverá casos em que empregos e vidas serão perdidos em decorrência da IA. Para começar, destaca que os motoristas de táxi, caminhão e ônibus, além de entregadores em geral, terão pouca utilidade em um mundo de direção autônoma. Em uma discussão mais ampla, que foge de nosso objeto de estudo, mas por sua importância vale o registro, destaca também que será inevitável o mau funcionamento de veículos autônomos que causarão colisões. Frisa que haverá circunstâncias que forçarão esses veículos a tomarem decisões éticas angustiantes, como virar para a direita, com 55% de chance de matar duas pessoas, ou virar para a esquerda, com 100% de chances de matar uma pessoa. Hugo Segundo[149] denomina estas de escolhas dramáticas, nas quais todas as

(146) HARARI, Yuval Noah. *21 lições para o século 21*. Tradução: Paulo Geiser. São Paulo: Companhia das Letras, 2018. p. 43-44.

(147) *Ibid*. p. 46.

(148) LEE, Kai-Fu. *Inteligência artificial:* como os robôs estão mudando o mundo, a forma como amamos, nos comunicamos e vivemos. Tradução: Marcelo Brandão. Rio de Janeiro: Globo Livros, 2019. p. 125.

(149) MACHADO SEGUNDO, Hugo de Brito. *Direito e inteligência artificial*: o que os algoritmos têm a ensinar sobre interpretação, valores e justiça. Indaiatuba, SP: Foco, 2023. p. 10.

alternativas factualmente viáveis envolvem prejuízos, danos ou sacrifícios a bens ou valores passíveis de proteção, sendo o *trolley dilemma* de que "tanto falam os manuais de filosofia moral o principal exemplo disso".

Esses mesmos impactos éticos trarão outras dúvidas importantes, por exemplo: quais seriam então os impactos dessas novas tecnologias, em especial ligadas à IA e à automação nos contratos de emprego tradicionais? Harari(150) aduz que a perda de muitos trabalhos tradicionais, da arte aos serviços de saúde, será parcialmente compensada pela criação de novos trabalhos humanos. Um clínico geral que diagnostica doenças conhecidas e administra tratamentos de rotina provavelmente será substituído pela IA médica. Mas, em razão disso, o autor defende que haverá muito mais dinheiro para pagar médicos e assistentes de laboratório humanos que façam pesquisas inovadoras e desenvolvam novos medicamentos ou procedimentos cirúrgicos.

O autor destaca que a IA poderia ajudar a criar novos empregos humanos de outra maneira. Ao invés dos humanos competirem com a IA, poderiam se concentrar nos serviços à IA e na sua alavancagem. A título ilustrativo, o autor menciona que a substituição de pilotos humanos por drones eliminou alguns empregos, mas criou muitas oportunidades em manutenção, controle remoto, análise de dados e segurança cibernética. Para se ter uma noção, as Forças Armadas dos Estados Unidos precisam de trinta pessoas para operar cada drone Predator ou Reaper sobrevoando a Síria, enquanto a análise das informações coletadas por ele ocupa pelo menos mais oitenta pessoas, o que chegou a gerar em 2015 um déficit de profissionais para "tripular" as aeronaves não tripuladas(151).

É possível então que o mercado de trabalho em 2050 se caracterize pela cooperação, e não pela competição, entre humanos e IA. Em campos que vão desde o policiamento à atividade bancária, equipes formadas por humanos e IA poderiam superar o desempenho tanto de humanos quanto de computadores. Todavia, o autor aduz que o problema de todos esses novos empregos é que eles provavelmente exigirão altos níveis de especialização e não resolverão os problemas dos trabalhadores não qualificados que estiverem desempregados. A criação de novos empregos humanos poderá se mostrar mais fácil do que retreinar humanos para preencher esses novos empregos. Harari(152) ainda destaca que, em ciclos de automação anteriores,

(150) MACHADO SEGUNDO, Hugo de Brito. *Direito e inteligência artificial*: o que os algoritmos têm a ensinar sobre interpretação, valores e justiça. Indaiatuba, SP: Foco, 2023. p. 51.

(151) *Ibid.* p. 52.

(152) *Ibid.* p. 52-53.

as pessoas podiam passar de um trabalho padronizado de baixa qualificação a outro com facilidade, e exemplifica que, em 1920, um trabalhador agrícola dispensado devido à mecanização da agricultura era capaz de achar um novo emprego numa fábrica de tratores. Em 1980, um operário de fábrica desempregado poderia trabalhar como caixa num supermercado. Essas mudanças de ocupação eram possíveis porque a mudança do campo para a fábrica e da fábrica para o supermercado só exigiam um treinamento limitado.

Mas como seria em 2050? Harari(153) aduz que em 2050 um caixa ou um operário da indústria têxtil, que perder o emprego para um robô, dificilmente estará apto a começar a trabalhar como oncologista, como operador de drone ou como parte de uma equipe humanos-IA num banco, pois não terão as habilidades necessárias. Como consequência, o autor informa que, apesar do aparecimento de muitos novos empregos humanos, pode-se testemunhar o surgimento de uma nova classe de "inúteis". Pode-se chegar ao pior dos dois mundos, sofrendo ao mesmo tempo com altos níveis de desemprego e de escassez de trabalho especializado.

Ainda na visão do autor, além disso, nenhum dos empregos humanos que sobrarem estará livre da ameaça da automação, porque o aprendizado de máquina e a robótica continuarão a se aprimorar. Exemplificando, Harari(154) aduz que um caixa do Walmart de quarenta anos de idade, desempregado, graças a esforços sobre-humanos consegue se reinventar como piloto de drone, poderá ter que se reinventar novamente dez anos depois, quando a pilotagem de drones poderá também ter sido automatizada. Na visão de Harari(155), toda essa volatilidade também dificultará a organização de sindicatos e a garantia de direitos trabalhistas, valendo ser feito o seguinte destaque: "Se hoje muitos novos empregos em economias avançadas já envolvem trabalho temporário sem proteção, trabalho de *freelancer e tarefas isoladas realizadas só uma vez, como sindicalizar uma profissão que prolifera e desaparece em uma década?".*

Outra problemática suscitada por Harari(156) é que, mesmo se fosse possível inventar novos empregos e retreinar a força de trabalho constantemente, será que um humano teria a energia e a resistência necessárias para uma vida de tantas mudanças? O autor destaca que as mudanças são estressantes e o mundo frenético do início do século XXI gerou uma epidemia

---

(153) MACHADO SEGUNDO, Hugo de Brito. *Direito e inteligência artificial*: o que os algoritmos têm a ensinar sobre interpretação, valores e justiça. Indaiatuba, SP: Foco, 2023. p. 52-53.

(154) *Ibid.* p. 54.

(155) *Ibid.* p. 54.

(156) *Ibid.* p. 56.

global de estresse, o que provavelmente suscitará a utilização de técnicas de redução de estresse ainda mais eficazes, desde medicamentos, passando por psicoterapia e meditação, para evitar que a mente humana entre em colapso. Assim, o autor defende que uma classe "inútil" pode surgir em 2050 devido não apenas à falta absoluta de emprego ou de educação adequada, mas também devido à falta de energia mental.

Harari[(157)] alerta que no século XIX a Revolução Industrial criou novas condições e problemas com os quais nenhum dos modelos sociais, econômicos e políticos existentes era capaz de lidar. O feudalismo, o monarquismo e as religiões tradicionais não estavam adaptados para administrar metrópoles industriais, o êxodo de milhões de trabalhadores ou a natureza instável da economia moderna. A razão disso, o autor aduz que o gênero humano teve de desenvolver modelos totalmente novos, democracias liberais, ditaduras comunistas e regimes fascistas, e foi preciso mais de um século de guerras e revoluções terríveis para pôr esses modelos à prova, separar o joio do trigo e implementar as melhores soluções.

Harari[(158)] ainda defende que, no século XXI, o desafio apresentado ao gênero humano pela tecnologia da informação e pela biotecnologia é muito maior do que o desafio que representavam, em épocas anteriores, os motores a vapor, as ferrovias e a eletricidade. O autor alerta que hoje não se pode mais dar ao luxo de haver modelos fracassados, pois o alto poder destrutivo mundial poderia gerar guerras e revoluções sangrentas. Desta vez, os modelos fracassados podem resultar em guerras nucleares, monstruosidades geradas pela engenharia genética e um colapso completo da biosfera, portanto, tem-se que fazer melhor do que fora feito para enfrentar a primeira revolução industrial.

Essas reflexões demonstram os impactos que as novas tecnologias já estão tendo e ainda podem ter nos contratos de emprego. As soluções, as saídas, do ponto de vista econômico e social, serão objeto dos próximos tópicos deste trabalho, que trará uma abordagem da proteção constitucional dos trabalhadores.

---

(157) MACHADO SEGUNDO, Hugo de Brito. *Direito e inteligência artificial*: o que os algoritmos têm a ensinar sobre interpretação, valores e justiça. Indaiatuba, SP: Foco, 2023. p. 57.

(158) *Ibid.* p. 58.

4. A NECESSIDADE DE REGULAMENTAÇÃO DO ART. 7º, XXVII DA CONSTITUIÇÃO FEDERAL COMO FORMA DE ENFRENTAMENTO DOS PROBLEMAS SOCIAIS GERADOS PELO PROCESSO DE AUTOMAÇÃO DOS EMPREGOS — ANÁLISE DA EFICÁCIA DA NORMA

Como já mencionado anteriormente, passadas décadas após a promulgação da Constituição Federal de 1988, até hoje ainda não houve regulamentação do art. 7º, XXVII, que estabelece ser direito dos trabalhadores urbanos e rurais: "XXVII — proteção em face da automação, na forma da lei"(159).

A bem da verdade, Francisco Meton Marques de Lima e Francisco Péricles Rodrigues Marques de Lima(160) destacam que apenas uma lei traz alguma efetividade a este dispositivo constitucional, sendo a Lei n. 9.956/00, que proibiu a substituição dos frentistas por bombas eletrônicas. Na justificativa do projeto, de autoria do então Deputado Federal Aldo Rebelo (PC do B/SP), há dois principais argumentos: o primeiro no sentido de que seria perigoso que os consumidores fizessem manuseio das bombas de combustível, sendo ideal um trabalhador com treinamento para tanto; e o segundo visando justamente combater os índices de desemprego(161). Embora não haja qual-

(159) BRASIL. *Constituição da República Federativa do Brasil de 1988. Brasília, DF: Presidência da República, 2022. Disponível em: http://www.planalto.gov.br/ccivil_03/Constituicao/Constituicao.htm. Acesso em: 14 out. 2022.*

(160) LIMA, Francisco Meton Marques de; LIMA, Francisco Péricles Rodrigues Marques de. *Elementos de direito do trabalho e processo trabalhista.* 17. ed. São Paulo: LTr, 2019. p. 50.

(161) BRASIL. *Projeto de Lei n. 4.224/1998.* Proíbe a instalação de bombas de auto-serviço nos postos de abastecimento de combustíveis e dá outras providências. Brasília, DF: Câmara

quer referência ao art. 7º, XXVII da CF, de certa forma a lei incorpora o espírito protetivo do dispositivo constitucional, mas nem de longe pode ser considerada a regulamentação delegada do texto constitucional.

Refletindo sobre o dispositivo constitucional (art. 7º, XXVII da CF), Alexandre Belmonte(162) destaca que a automatização do processo produtivo envolve, principalmente, a robotização, a informática e a telecomunicação, que são potencialmente capazes de eliminar postos de trabalho. Ressalta o autor que as novas máquinas e as novas formas de processamento de dados e de comunicação podem eliminar boa parte da presença humana, do tempo e do custo no processo produtivo, que hoje é globalizado.

O autor então assevera que um dos desafios do jurista contemporâneo é resolver conflitos envolvendo novas formas de trabalho, que eram inexistentes em 1943, ao tempo da CLT. Belmonte destaca que é preciso refletir sobre os efeitos das novas tecnologias nas relações de trabalho e sua repercussão social, considerando que a automação, num país carente de investimento na área educacional, é potencialmente geradora da eliminação de postos de trabalho e, consequentemente, de desemprego. Finaliza dizendo que pensar em propostas que possam conciliar a livre-iniciativa, os custos do crescimento econômico diante da competição externa, com a proteção aos direitos fundamentais do trabalhador, significa utilizar, de forma responsável, as conquistas tecnológicas para melhorar as condições de trabalho.(163)

Assim como já destacado acima, Belmonte(164) afirma que inúmeros projetos de lei foram propostos, contudo, ainda não houve regulamentação desse dispositivo constitucional, trazendo a reflexão que caberia aos sindicatos de trabalhadores buscar as normas de proteção dentro das negociações coletivas, pelo menos enquanto não houver a necessária proteção legal. Em tópico mais à frente será feita uma análise dos principais projetos que já foram apresentados.

José Afonso da Silva(165), também fazendo reflexões sobre o então novo dispositivo constitucional, asseverava que, embora dependa de lei, essa

---

dos Deputados, 1998. Disponível em: https://www.camara.leg.br/proposicoesWeb/fichadetramitacao?idProposicao=38127. Acesso em: 8 jan. 2023.

(162) BELMONTE, Alexandre. Artigo 7º ao 11. *In:* BONAVIDES, Paulo; MIRANDA, Jorge; AGRA, Walber de Moura (Coord.). *Comentários à Constituição Federal de 1988.* Rio de Janeiro: Forense, 2009. p. 429.

(163) *Ibid.* p. 429.

(164) *Ibid.* p. 429.

(165) SILVA, José Afonso da. *Comentário contextual à Constituição.* 6. ed. São Paulo: Malheiros, 2009. p. 192.

norma cria condições de defesa do trabalhador diante do grande avanço da tecnologia que o ameaça pela substituição da mão de obra humana pela de robôs, com vantagens para empresários e desvantagens para a classe trabalhadora. Esboçando um positivo sentimento utilitarista, o autor finaliza dizendo que o texto possibilitará a repartição das vantagens entre o capital e o trabalho.

Do ponto de vista prático constitucional, é preciso situar o status da norma em questão, dentro das classificações acolhidas pela doutrina. Apesar dos vários conceitos que podem ser abordados, tratamos na presente obra acerca da eficácia da norma, se plena, contida ou limitada, a partir da classificação de José Afonso da Silva e se o dispositivo em estudo pode ou não ser considerado um direito fundamental, e a partir daí discorrer se a norma já pode ser aplicada no dia a dia do operador do direito do trabalho para proteger os trabalhadores em face da automação, ou se há uma necessidade de legislação complementar para garantir essa proteção. Ou seja, em termos práticos, questiona-se: a norma já tem alguma aplicação?

De início, destaque-se que para José Afonso da Silva(166) todas as normas constitucionais gozam de algum grau de eficácia, fazendo uma divisão entre normas de eficácia plena, normas de eficácia contida e normas de eficácia limitada. Em síntese, normas de eficácia plena produzem todos os seus efeitos essenciais, ou tem a possibilidade de produzi-los, podendo implementar todos os objetivos visados pelo legislador constituinte, porque este criou, desde logo, uma normatividade suficiente para isso, incidindo direta e imediatamente sobre a matéria que lhes constitui objeto. Normas de eficácia contida também incidem imediatamente e produzem, ou podem produzir, todos os efeitos pretendidos, mas preveem meios ou conceitos que permitem manter sua eficácia contida em certos limites, dadas certas circunstâncias. Por fim, normas de eficácia limitada não produzem, com a simples entrada em vigor, todos os seus efeitos essenciais, porque o legislador constituinte, por qualquer motivo, não estabeleceu, sobre a matéria, uma normatividade para isso bastante, deixando essa tarefa ao legislador ordinário ou a outro órgão do Estado.

Dentro da conceituação acima, percebe-se que o art. 7º, XXVII da CF de 1988 não possui eficácia plena, tendo em vista que o próprio dispositivo remete para a necessidade da proteção do trabalhador em face da automação ser feita por meio de uma lei específica. É difícil se posicionar sobre o fato da norma ter eficácia contida ou ter eficácia limitada. Até mesmo na

(166) SILVA, José Afonso da. *Aplicabilidade das normas constitucionais*. 6. ed. São Paulo: Malheiros, 2004. p. 81-83.

jurisprudência do STF, há decisões que fundamentam num sentido, mas utilizam a classificação do outro[(167)].

Ademais, é conhecida a crítica feita por Virgílio Afonso da Silva[(168)] à classificação feita pelo pai, defendendo que o conceito acima não seria compatível com as normas de direitos fundamentais, apontando que existiriam falhas terminológicas, pois, por exemplo, toda regulação é ao mesmo tempo uma restrição e toda restrição é ao mesmo tempo uma regulação, o que acabaria por entrelaçar o conceito de normas de eficácia contida e normas de eficácia limitada. Todavia, neste momento, não iremos aprofundar na análise das críticas, mas apenas apontar que existem, considerando que, mesmo elaborada na década de 1960 e mesmo após décadas de críticas pontuais, a teoria desenvolvida pelo autor ainda é a predominante no âmbito dos tribunais brasileiros.

Assim, é fácil dizer o que a norma não é, e não há dúvidas que não tem eficácia plena. Se pensarmos que ela necessita de uma lei para regulamentar e assim produzir todos os seus efeitos, pode-se dizer que o dispositivo em questão tende a ser classificado como de eficácia limitada. Mas, então, não teria eficácia alguma? Como destacado acima, o próprio José Afonso da Silva estabelece que todas as normas constitucionais, em sua teoria, gozam de algum grau, ainda que mínimo, de eficácia.

Francisco Gérson Marques de Lima[(169)], versando sobre a sociologia constitucional, aduz que toda norma tem um pouco de hipocrisia, especialmente quando traça programas ou ideais a ser conquistados, mas destaca que isto não a torna completamente impraticável nem retira, por inteiro, o seu valor nem a sua vinculatividade.

Assim, apesar de necessitar de lei para produzir todos os efeitos desejados pelo legislador constituinte, o dispositivo em questão tem certa eficácia, podendo, por exemplo, e em especial, ser utilizado como *ratio decidendi* pelo Poder Judiciário, para fundamentar suas decisões em matéria de automação. Há, inclusive, precedentes neste sentido, conforme decisões a seguir, do Tribunal Superior do Trabalho.

---

(167) SILVA, Virgílio Afonso da. *Direitos fundamentais:* conteúdo essencial, restrições e eficácia. 2. ed. São Paulo: Malheiros, 2010. p. 214.

(168) SILVA, Virgílio Afonso da. *Direitos fundamentais:* conteúdo essencial, restrições e eficácia. 2. ed. São Paulo: Malheiros, 2010. p. 209.

(169) LIMA, Francisco Gérson Marques de. A sociologia constitucional como instrumento investigativo de desvelo das maquiagens da jurisdição constitucional. *NOMOS: Revista do Programa de Pós-Graduação em Direito da UFC*, Fortaleza, v. 28, n. 1, 2008. p. 63.

AGRAVO DE INSTRUMENTO EM RECURSO DE REVISTA. ACORDO COLETIVO. EXCLUSÃO DA REQUISIÇÃO DE AVULSOS NA FUNÇÃO DE CONTRAMESTRE GERAL. PROTEÇÃO EM FACE DA AUTOMAÇÃO. VALIDADE. 1. De acordo com o contexto fático delineado pelo Tribunal de origem, insuscetível de reexame por esta Instância revisora, a teor da Súmula 126 do TST, as normas coletivas que excluíram a função de contramestre geral da requisição de avulsos tiveram como "finalidade precípua de promover a necessária transição com a maior redução possível dos impactos sociais decorrentes da readequação das equipes de trabalho para as operações mecanizadas", **atendendo, portanto, ao disposto no art. 7º, inciso XXVII, da CF/88, que prevê como direito dos trabalhadores a "proteção em face da automação".** Restou, consignado, ainda, que o quantitativo geral dos ternos de estiva não sofreu redução. 2. Não diviso afronta ao art. 7º, XXXIV, da CF, na medida em que não evidenciado que a norma coletiva tivesse intuito discriminatório entre os trabalhadores avulsos portuários e aqueles com vínculo empregatício. 3. Inexiste ofensa, ainda, ao art. 468 da CLT, eis que o presente caso não trata de alteração unilateral de contrato de trabalho. Agravo de instrumento a que se nega provimento. (TST — AIRR: 6799320135020444, Relator: Andre Genn de Assuncao Barros, Data de Julgamento: 11/02/2015, 7ª Turma, Data de Publicação: 20/02/2015) (Grifos acrescidos)[170].

RECURSO DE EMBARGOS INTERPOSTO NA VIGÊNCIA DA LEI N. 11.496/2007. GRATIFICAÇÃO DE FUNÇÃO. PAGAMENTO POR MAIS DE DEZ ANOS ININTERRUPTOS. EXTINÇÃO DA FUNÇÃO EM FACE DA AUTOMAÇÃO. "JUSTO MOTIVO". APLICAÇÃO DA SÚMULA 372 DO TRIBUNAL SUPERIOR DO TRABALHO. ARGUMENTAÇÃO PATRONAL INCONSISTENTE. A despeito de o Reclamado reiterar no presente Recurso que a reversão ao cargo ocorreu em face da extinção da função, derivada dos avanços tecnológicos, não envidou esforços para enfrentar os motivos que levaram a Turma aplicar, de todo modo, a diretriz da Súmula 372 deste Tribunal Superior. Registre-se que a Turma, além de apoiar-se na estabilidade econômico-financeiro do empregado (art. 7º, VI, da Constituição Federal), **invocou a proteção constitucional do trabalhador em face de automação, respaldada no item XXVII do art. 7º da Carta.** A merecer melhor análise do tema, seria dado ao Reclamado, ao invés de investir em premissa fática que não se extrai do acórdão prolatado pelo Tribunal Regional (exercício ininterrupto da função em período inferior a 10 anos), enfrentar o que de mais substancial moldou a decisão recorrida. Embargos não conhecidos. (TST — E: 53000420075080016, Relator: Maria de Assis Calsing, Data de Julgamento: 27/05/2010, Subseção I Especializada em Dissídios Individuais, Data de Publicação: 04/06/2010) (grifos acrescidos)[171].

---

(170) BRASIL. Tribunal Superior do Trabalho. *AIRR n. 6799320135020444.* Agravo de instrumento em recurso de revista. Acordo coletivo. Exclusão da requisição de avulsos na função de contramestre geral. Proteção em face da automação. Validade. Relator: Andre Genn de Assunção Barros, Data de Julgamento: 11 fev. 2015. Disponível em: https://www.tst.jus.br/documents/10157/2374827/SUSPENSA%CC%83O.pdf/dbcc48c8-2a5a-ad86-e6b5-c49a01989fef?t=1653402255541. Acesso em: 8 jan. 2023.

(171) BRASIL. Tribunal Superior do Trabalho. *E n. 53000420075080016.* Recurso de embargos interposto na vigência da Lei n. 11.496/2007. Gratificação de função. Pagamento por mais de dez anos ininterruptos. Extinção da função em face da automação. "Justo motivo". Aplicação da Súmula 372 do Tribunal Superior do Trabalho. Argumentação patronal inconsistente. Relator: Maria de Assis Calsing, Data de Julgamento: 27 de maio de 2010. Disponível em: https://www.tst.jus.br/documents/10157/2374827/SUSPENSA%CC%83O.pdf/dbcc48c8-2a5a-ad86-e6b5-c49a01989fef?t=1653402255541. Acesso em: 8 jan. 2023.

Desta forma, embora ainda não tenha a ampla eficácia que a norma constitucional deseja projetar, por ausência de lei, há clara eficácia para aplicação, em especial para servir de alicerce na fundamentação de decisões sobre a temática.

Nessa mesma linha, George Marmeslteín[(172)] defende que todas as normas constitucionais produzem alguns efeitos que independem de regulação normativa, mas, quando existir alguns efeitos que somente podem ser produzidos ou mais bem produzidos se houvesse essa regulamentação normativa, pode-se falar em omissão inconstitucional, independente da classificação da norma ser de eficácia plena, contida ou limitada.

Destarte, é pertinente destacar que existem ainda mecanismos constitucionais que poderiam ampliar o alcance da norma em questão, como o mandado de injunção e a ação direta de inconstitucionalidade por omissão, que serão abordados a seguir. Além disso, quanto mais tempo passa, outros problemas de ordem constitucional vão surgindo, como por exemplo: será que o conceito de automação de 1988 ainda é o mesmo conceito em tempos atuais? Mais à frente, será trazida a possibilidade de mutação constitucional para resolver também essa problemática.

4.1 A POSSIBILIDADE DE MANDADO DE INJUNÇÃO PARA REGULAMENTAR O ART. 7º, XXVII DA CF. A ADO 73 DA PGR

O art. 5º, LXXI da Constituição Federal prevê o Mandado de Injunção, dentre outros, para hipóteses em que a falta de norma regulamentadora tornar inviável o exercício de direitos constitucionais. Paralelo a este dispositivo, há ainda o art. 103, § 2º da CF, que reforça um controle abstrato da omissão legislativa *lato senso, podendo assim ser adotadas medidas em face de omissões do Poder Legislativo ou do Poder Executivo. Gilmar Ferreira Mendes*[(173)] esclarece que, reconhecida a procedência da ação, deve o órgão legislativo competente ser informado da decisão para que tome as providências cabíveis.

Francisco Gérson Marques de Lima[(174)] leciona que, no mandado de injunção, o sujeito ativo é quem tiver seus direitos cerceados pela ausência

---

(172) MARMESLTEIN, George. A eficácia incompleta das normas constitucionais: desfazendo um mal-entendido sobre o parâmetro normativo das omissões inconstitucionais. *RJurFA7*, Fortaleza, v. 12, n. 1. p. 10-28, jan./jun. 2015.

(173) MENDES, Gilmar Ferreira. *Mandado de Injunção*. DPU n. 19 — jan.-fev./2008 — Doutrina. p. 126-147.

(174) LIMA, Francisco Gérson Marques de. Mandado de Injunção e Dissídio Coletivo Trabalhista: comparações, distinções e vantagens. *Revista Opinião Jurídica,* Fortaleza, v. 3, n. 5, 2005. p. 83.

de norma regulamentadora; o sujeito passivo é a autoridade do órgão competente para a expedição da referida norma; mas destaca que quem tiver que suportar o ônus da sentença, apta a deferir o pleito do impetrante, terá, necessariamente, que integrar o polo passivo da demanda, desde o início, na condição de litisconsorte necessário. O autor destaca ainda que incumbirá ao Judiciário interpretar diretamente a Constituição, haja vista a ausência de norma infraconstitucional, e estabelecer norma *in concreto*, suprindo a lacuna da legislação, ocasionada pela inércia do legislador.

Apesar da previsão constitucional e de sua potencial força para obrigar o legislador a cumprir os mandamentos constitucionais, ainda no ano de 2005, Francisco Gérson Marques de Lima(175) expressava sua irresignação pelo fato do Supremo Tribunal Federal dar um tratamento minimizador ao instituto do mandado de injunção, "a ponto de se tornar imprestável e sem sentido no ordenamento brasileiro". Não obstante as críticas consistentes, ainda que a lentos passos, percebe-se que vez ou outra, em passos que podem ser contados em décadas, o STF tem trazido alguma luz por meio de julgamentos de mandados de injunção.

Na seara trabalhista, por exemplo, apenas após ser notificado para adotar medidas para regulamentar o "aviso prévio", previsto no art. 7º, XXI da Constituição Federal, é que o Congresso votou e aprovou a Lei Federal n. 12.506/2011, que após 23 anos regulamentou o dispositivo correspondente. Na oportunidade, tramitavam vários mandados de injunção perante o Supremo Tribunal Federal, como os MI 943, MI 1.010, MI 1.074 e MI 1.090. Os julgamentos dos mandados de injunção foram posteriores à edição da lei, mesmo assim foram julgados procedentes, para garantir a aplicação da nova legislação aos casos em que haviam sido ajuizados. Ou seja, em termos práticos, os trabalhadores que ajuizaram tiveram seus pleitos atendidos, com o deferimento do aviso prévio proporcional ao seu tempo de serviço, deferidos nos termos da legislação posterior, que regulamentou a matéria.

Assim, no que tange à proteção em face da automação, a primeira questão a ser enfrentada é se, pelo menos em tese, a falta da norma a que se refere o art. 7º, XXVII da CF está tornando inviável o exercício de um direito constitucional. Não obstante o dispositivo gozar de eficácia mínima, sendo utilizado em algumas fundamentações de decisões judiciais, é notório que a falta de regulamentação inviabiliza sua aplicação plena, tornando inacessível ao trabalhador prejudicado pela automação o acesso ao direito fundamental

---

(175) LIMA, Francisco Gérson Marques de. Mandado de Injunção e Dissídio Coletivo Trabalhista: comparações, distinções e vantagens. *Revista Opinião Jurídica,* Fortaleza, v. 3, n. 5, 2005. p. 93.

protetivo, razão pela qual é viável o manejo de mandado de injunção para que o Poder Judiciário obrigue o Poder Legislativo a suprir a lacuna ou até mesmo o Poder Judiciário defina, ainda que de forma temporária, quais seriam os critérios em que se daria essa proteção.

Roberta Pappen e Wilson Engelmann[(176)] lembram do Mandado de Injunção n. 618, que foi indeferido a partir de uma diferenciação conceitual entre automação e inovação tecnológica. No caso concreto, o impetrante se sentiu injustiçado com sua demissão em decorrência das inovações tecnológicas advindas em seu ambiente de trabalho, mas no julgado o STF entendeu que a substituição do homem por máquina teria que ser total para caber o mandado de injunção, ou seja, as mudanças tecnológicas, para comportarem o mandado de injunção, necessitariam extinguir a função exercida por completo. Segue abaixo trecho do julgado, relatado pela Ministra Carmen Lúcia[(177)], que traz essa fundamentação:

> O art. 7º, inc. XXVII, da Constituição não estipula como direito do trabalhador proteção contra "inovação tecnológicas", mas sim "em face da automação", conceitos diferentes. Na automação substitui-se o trabalho humano pelo de máquinas. A inovação tecnológica está relacionada a mudanças na tecnologia, não havendo necessariamente a substituição do homem por máquina.

Destaque-se que, colocando no site do STF, na busca de jurisprudência, os termos "mandado de injunção" combinado com "proteção em face da automação", há apenas referência ao MI 618, não havendo assim notícias de que outros trabalhadores tenham adotado a presente solução.

Essa diferenciação conceitual, entre automação e inovações tecnológicas, será melhor abordada em tópico mais à frente, quando passaremos a buscar a conceituação atual do termo posto na Constituição Federal ainda em 1988, ou seja: passadas mais de três décadas, o termo automação ainda possui o mesmo significado?

Por outro lado, outro importante remédio jurídico que poderia trazer resolução para o problema de regulamentação seria o ajuizamento de uma Ação Direta de Inconstitucionalidade por Omissão — ADO. Destaque-se que a ADO foi regulamentada pela Lei n. 12.063/2009, que produziu alterações na Lei n. 9.868/1999, incluindo os arts. 12-A a 12-H, tratando especificamente

---

(176) SILVA, Roberta Pappen da; ENGELMANN, Wilson. *A quarta revolução industrial:* (des) emprego? Curitiba: Appris, 2020. p. 135-136.

(177) BRASIL. Supremo Tribunal Federal. *Mandado de Injunção n. 618 MG.* Mandado de injunção constitucional e trabalhista. Alegada ausência de norma reguladora. Proteção contra a automação. Relatora: Ministra Cármem Lúcia. Data de julgamento: 29 de setembro de 2014. Disponível em: https://www.jusbrasil.com.br/jurisprudencia/stf/25285678. Acesso em: 8 jan. 2023.

sobre essa matéria. Conforme dispõe o art. 12-H, declarada a inconstitucionalidade por omissão, será dada ciência ao Poder competente para a adoção das providências necessárias. André Rufino do Vale(178) destaca que persistem no ordenamento jurídico brasileiro injustificáveis lacunas decorrentes da omissão legislativa absoluta, bem como de omissões parciais, sendo estas, naturalmente, a ampla maioria. O autor ainda assevera que a seção III da lei da ADO praticamente repete a fórmula do art. 103, § 2º, da Constituição Federal, prescrevendo que, declarada a inconstitucionalidade por omissão, será dada ciência ao Poder competente para adoção das medidas necessárias, como já destacado acima.

Desta forma, assim como o mandado de injunção, a ADO pode ser uma alternativa para dar efetividade ao art. 7º, XXVII da Constituição Federal. Neste prisma, pertinente destacar que, em julho de 2022, a Procuradoria Geral da República, por meio do Procurador Geral Augusto Aras, ajuizou uma Ação Direta de Inconstitucionalidade por Omissão, a ADO 73, justamente questionando a omissão do Poder Legislativo que, passados 33 anos, ainda não regulamentou o art. 7º, XXVII da CF, trazendo assim sérios prejuízos à classe trabalhadora.

O processo foi distribuído ao Ministro Luís Roberto Barroso. Na ação, a PGR citou um estudo realizado em 2017 pela Consultoria McKinsey, que estimou a perda de até 50% dos postos de trabalho no Brasil em função da automação, bem como em decorrência da utilização da tecnologia da informação e da inteligência artificial. A PGR reforçou ainda que a Covid-19 intensificou a automação dos postos de trabalho, destacando que o Fórum Econômico Mundial reportou em 2020 a aceleração de 68% da automação de tarefas no Brasil, como resposta à crise sanitária.(179)

Com o ajuizamento desta demanda, pode ser que agora haja uma efetiva movimentação do Poder Legislativo no sentido de buscar dar uma maior eficácia ao dispositivo constitucional, trazendo a regulamentação pendente há décadas. Destarte, no tópico a seguir, serão destacados alguns dos projetos de lei que até o momento tentaram regulamentar a matéria, servindo de norte para este estudo.

---

(178) VALE, André Rufino do. *A Ação Direta de Inconstitucionalidade por Omissão na nova Lei n. 12.063/2009.* Brasília: Observatório da Jurisdição Constitucional, 2009.

(179) BRASIL. Supremo Tribunal Federal. PGR aponta omissão do Legislativo em regulamentar proteção de trabalhadores frente à automação. *Portal STF,* 15 de julho de 2022. Disponível em: https://portal.stf.jus.br/noticias/verNoticiaDetalhe.asp?idConteudo=490582&ori=1. Acesso em: 23 out. 2022.

4.2 ANÁLISE DOS PROJETOS DE LEI QUE DESDE 1988 BUSCARAM REGULAMENTAR O ART. 7º, XXVII DA CONSTITUIÇÃO FEDERAL

Como já destacado até aqui, ainda não houve uma regulamentação do art. 7º, XXVII da CF, todavia, já existiram várias proposições que visaram regulamentar a norma em questão. Jouberto de Quadros Pessoa Cavalcante(180) faz um relevante levantamento de alguns dos principais Projetos de Lei — PL que tentaram trazer eficácia ao dispositivo constitucional. Aduz o autor que o primeiro foi do Deputado Federal Daso Coimbra (PMDP/RJ), de 1988, o qual previa uma indenização compensatória aos trabalhadores que fossem dispensados em virtude da automação. Mencionado projeto estabelecia o seguinte: "Art. 1º Os trabalhadores dispensados em virtude da automação de setores da empresa farão jus à percepção, em dobro, de indenização trabalhista respectiva".

Posteriormente, veio o PL 2.010/1989, de autoria do Deputado Federal José Camargo (PFL/SP), que no mesmo sentido visava trazer uma compensação financeira:

> Art. 1º Ao empregado despedido como decorrência de qualquer processo de automação aplicado pela empresa onde trabalha vencerá, além do seguro-desemprego, uma complementação que restaure seu poder aquisitivo da sua paga salarial, financiada, em partes iguais, pelo Governo da União, pelo Instituto da Previdência e pelo empregador.

Além desses dois primeiros projetos, Jouberto de Quadros Pessoa Cavalcante(181) elenca várias outras propostas legislativas, que podem ser sintetizadas a seguir: a) o PL 2.151/1989, da Deputada Federal Cristina Tavares (PSDB/PE), prevendo um ano de carência para dispensa de empregados a partir do anúncio de reestruturações decorrentes da automação, um programa de reciclagem profissional e a redução de jornada; b) o PL 2.867/1989, do Deputado Costa Ferreira (PFL/MA), estipulando uma multa para a empresa pelo descumprimento de indenizar em dobro o trabalhador despedido em face da automação; c) o PL 4.195/1989, do Deputado Nelton Friedrich (PSDB/PR), que criava a obrigatoriedade de acordo homologado pela Justiça do Trabalho entre entidades de empregadores para implementação de mudanças administrativas decorrentes da automação, limitada a 20% da capacidade produtiva da empresa e reaproveitamento de pessoas em outros setores da empresa; e d) o PL 4.691/1999, do Deputado Gandhi Jamil (PFL/MT), o qual proibia a demissão, com a realocação de trabalha-

---

(180) CAVALCANTE, Jouberto de Quadros Pessoa. *Sociedade, tecnologia e a luta pelo emprego.* São Paulo: LTr, 2018. p. 84-85.

(181) *Ibid.* p. 86.

dores em outros setores da empresa mediante treinamento de 90 dias e, na impossibilidade, aposentadoria proporcional ao tempo de serviço do trabalhador.

Jouberto de Quadros Pessoa Cavalcante[182] destaca ainda que dois projetos tiveram maior amplitude e destaque, sendo eles o PL 2.902/1992, do então Senador Fernando Henrique Cardoso (PSDB/SP), que foi proposto em maio de 1992 e arquivado em junho de 2009, e o PL 208/2004, do Deputado Federal Eduardo Valverde (PT/RO), este apresentado em julho de 2004 e arquivado em janeiro de 2011. Seguem a seguir as redações:

PL 2.902/1992, do então Senador Fernando Henrique Cardoso (PSDB/SP):

Art. 1º A empresa que adotar programa de automação de sua produção fica obrigada a criar uma Comissão Paritária com o objetivo da negociar medidas que visem a redução dos efeitos negativos que poderá acarretar ao emprego.

§ 1º As medidas negociadas visam ao reaproveitamento dos empregados envolvidos, através de processos de readaptação, capacitação para as novas funções e treinamento.

§ 2º Na hipótese de somente parte dos empregados ser reaproveitada na empresa, os remanescentes devem ser encaminhados aos Centros criados nos termos do art. 2º desta Lei.

§ 3º Os empregados mais idosos terão sempre precedência no processo de reaproveitamento e realocação.

Art. 2º Os sindicatos das categorias econômica e profissiona1, mediante convenção coletiva de trabalho em comum acordo, manterão Centrais Coletivas de Reciclagem e Realocação de Mão de Obra, com vistas a acelerar os mecanismos de emprego compensatório e facilitar a reabsorção da mão de obra dispensada pela empresa que automatizar-se, criando serviços próprios de realocação da mão de obra ou utilizando o Sistema Nacional de Emprego do Ministério do Trabalho e da Administração Federal.

Art. 3º O Governo Federal, através do Ministério do Trabalho e da Administração Federal e da secretaria de Ciência e Tecnologia da Presidência da República, deverá incentivar a criação de centros de pesquisas e comissões interdisciplinares de estudos, a fim de orientar os processos de reciclagem de mão de obra, decorrentes da modernização, informatização e automação das empresas.

Art. 4º O Governo Federal e os Governos Estaduais e os Governos Municipais deverão implantar, nos currículos dos 1º e 2º graus de ensino regular, seguindo cronograma estabelecido em seus planos de educação, disciplinas que instruam os estudantes sobre os avanços da computação e informática e sua aplicação na vida produtiva do país.

Art. 5º É considerada sem justa causa, para fins trabalhistas, a dispensa do empregado decorrente de introdução de equipamentos de automação no processo produtivo.

Art. 6º Esta Lei entra em vigor na data de sua publicação.

Art. 7º Revogam-se as disposições em contrário[183].

---

(182) CAVALCANTE, Jouberto de Quadros Pessoa. *Sociedade, tecnologia e a luta pelo emprego.* São Paulo: LTr, 2018. p. 86.

(183) BRASIL. *Projeto de Lei n. 2902/1992.* Regula o inciso XXVII do artigo 7º da Constituição Federal, que trata da proteção ao trabalhador em face da automação e determina outras

PL 208/2004, do Deputado Federal Eduardo Valverde (PT/RO)

Art. 1º Compreende-se por reestruturação produtiva empresarial, qualquer processo de inovação que automatize total ou parcial do trabalho, ou modernize o modelo produtivo ou inove tecnologicamente, gerando aumento de produtividade no trabalho.

Parágrafo 1º Entende-se por automatização, qualquer alteração do método de trabalho que se vale de reduzida ou nenhuma interferência humana no controle e supervisão do processo de trabalho.

Parágrafo 2º Entende-se como novo modelo produtivo, o método de organização do trabalho que modifique o arranjo produtivo anterior, com ou sem investimento em tecnologia.

Parágrafo 3º Entende-se como inovação tecnológica, a introdução de novas máquinas e equipamentos no processo produtivo, alterando as condições de trabalho anterior.

Art. 2º Se a reestruturação produtiva provocar transformações significativas nas condições de trabalho fica obrigada a ajustar com o sindicato profissional majoritário, ou na falta deste, com comissão de empregados, medidas compensatórias e preventivas, visando sanar os possíveis efeitos negativos das medidas nas condições de trabalho, no meio ambiente de trabalho, na redução e ou na eliminação de postos de trabalho e nos salários.

Art. 3º Quando a reestruturação do trabalho indiciar potencialidade de ocasionar alterações significativas no meio ambiente de trabalho, a empresa com mais de 50 empregados se obriga a comunicar à CIPA e ao sindicato profissional, as novas condições de trabalho e a tomar as providências recomendas por elas antes de iniciar as operações. Participação das organizações de trabalhadores na formulação de políticas públicas relativas à introdução de novas tecnologias.

Art. 4º Dentre as medidas preventivas a serem ajustadas com o sindicato profissional, a empresa com mais de 50 empregados se obriga:

a — requalificar profissionalmente os empregados passíveis de serem atingidos pela reestruturação produtiva.

b — assistir psicologicamente os empregados prejudicados.

c — reaproveitar o *(sic)* empregados afetados, quando possível, nos novos cargos e funções criadas pela automatização ou pelo novo método produtivo sempre que importar em redução ou eliminação de postos de trabalho.

Art. 5º Nas empresas com mais de 100 empregados é obrigatório:

a — Manter durante 12 meses os empregados dispensados, com o equivalente a 2/3 dos salários pagos.

b — o incremento na folha salarial dos empregados remanescentes, de 1/3 dos salários economizados com a redução ou a eliminação dos postos de trabalho.

c — a proibição do uso de horas extras, ressalvando-se os casos de situações não previsíveis.

---

providências. Brasília, DF: Câmara dos Deputados, 1992. Disponível em: https://www.camara.leg.br/proposicoesWeb/fichadetramitacao?idProposicao=18794. Acesso em: 8 jan. 2023.

Art. 6º Fica proibido o uso de meios magnéticos, mecânicos ou eletrônicos e outros que venham a substituir o posto de trabalho do cobrador de passagens em ônibus coletivos urbanos nos municípios.

Art. 7º Esta Lei entrará em vigor na data de sua publicação.

Art. 8º Revogam-se as disposições em contrário.[(184)]

Acerca do projeto do Deputado Federal Eduardo Valverde, é interessante porque buscou conceituar sobre reestruturação produtiva empresarial, automatização, modelo produtivo, inovação tecnológica etc. Sobre essa questão dos conceitos, mais à frente haverá um tópico específico para analisar se a redação de 1988 ainda é atual, ou se há necessidade de ser feita uma análise a partir de eventual mutação constitucional. Além dos conceitos, o projeto de lei desenha uma roupagem que busca o diálogo com o sindicato de trabalhadores e, na falta deste, uma comissão de trabalhadores. Ademais, ainda trazia uma série de garantias, em especial nas empresas com mais de 100 empregados, que têm um potencial de trazer mais malefícios para a sociedade onde está situada, em decorrência do desemprego em massa.

Ao projeto de Fernando Henrique Cardoso, foram apensadas outras propostas, foram elas: a) o PL 325/1999, do Deputado Federal Nelson Proença (PMDB/RS), que obrigava as empresas que desejam implantar sistema de automação a comunicar o fato ao sindicato da categoria, encaminhando especificação do sistema pretendido e formando comissão paritária para estudar o remanejamento dos empregados. Estabelecia ainda que o empregado dispensado em virtude de automação faria jus ao dobro da indenização trabalhista; b) o PL 354/1991, do Deputado Federal Carlos Cardinal (PDT/SC), que vetava a demissão de trabalhadores em virtude da automação, determinando o remanejamento e treinamento destes ou sua compulsória aposentadoria proporcional; c) o PL 790/1991, do Deputado Federal José dos Santos Freire Júnior (PMDB/TO), que previa indenização em dobro aos empregados dispensados por efeito da automação; d) o PL 2.313/1991, que previa a indenização em dobro de empregados dispensados por efeito da automação; e) o PL 3.053/1997, do Deputado Federal Milton Mendes (PT/SC), que oferecia disposições similares às da proposição principal; f) o PL 34/1999, do Deputado Federal Paulo Rocha (PT/PA), que também oferecia proposições similares às disposições do principal, obrigando as empresas que pretendiam adotar programas de automação de produção a criar

(184) BRASIL. *Projeto de Lei n. 208, de 2004*. Aprova o texto do Acordo sobre Jurisdição em Matéria de Contrato de Transporte Internacional de Carga entre os Estados Partes do Mercosul, assinado em Buenos Aires, em 5 de julho de 2002. Brasília, DF: Câmara dos Deputados, 2004. Disponível em: https://www2.camara.leg.br/legin/fed/decleg/2004/decretolegislativo-208-20-maio-2004-532386-norma-pl.html. Acesso em: 8 jan. 2023.

comissões paritárias; g) o PL 1.366/1999, do Deputado Federal Paulo Paim (PT/RS), que oferecia incentivo fiscal de depreciação acelerada de ativos para as empresas que implantassem sistemas de automação sem incorrer em demissões; e h) o PL 2.611/2000, do Deputado Federal José dos Santos Freire Júnior (PMDB/TO), que determinava a negociação com o sindicato nos casos em que as demissões por motivo de automação ultrapassassem 10% do total de empregados da empresa[(185)].

Em síntese, pode-se estabelecer que os projetos de lei carregavam as seguintes diretrizes, na tentativa de regulamentar o art. 7º, XXVII da Constituição Federal de 1988: a) indenização das verbas trabalhistas em dobro, em caso de demissão decorrente de automação; b) negociação coletiva com o sindicato de trabalhadores, para tentar mitigar os efeitos negativos para os trabalhadores; c) treinamento e realocação dos trabalhadores para novas funções ou aposentadoria proporcional dos que não se adaptarem ou não tiverem vagas; e d) incentivos fiscais para as empresas que mantiverem os empregados, mesmo após a implementação de automação.

Essa regulamentação se torna essencial em face do cenário proporcionado pela quarta revolução industrial, já destacado nos tópicos anteriores, onde as novas tecnologias têm avançado em largos passos, sem que haja uma proteção específica para a classe trabalhadora. Nesse sentido, relevante as preocupações de Jouberto de Quadros Pessoa Cavalcante[(186)], que aduz que a implementação tecnológica pode ocasionar a dispensa não apenas de alguns trabalhadores, mas a extinção de vários postos de trabalho, com o desligamento de dezenas ou centenas de trabalhadores, configurando até mesmo uma dispensa coletiva.

Até a finalização deste livro, o último projeto de lei sobre a matéria, que atualmente ainda está em tramitação, é o projeto de lei do Deputado Federal Wolney Queiroz, que tem a seguinte redação:

Seção I
Das Normas Gerais em Matéria de Automação

Art. 1º Esta lei estabelece as condições necessárias para que seja assegurada a proteção do trabalhador urbano e rural em face de sistemas de automação, adotados ou em vias de serem adotados, implantados e desenvolvidos pelos empregadores, tomadores de serviços e outras pessoas a eles equiparados, regulando o disposto no inciso XXVII, do art. 7º, da Constituição.

---

(185) CAVALCANTE, Jouberto de Quadros Pessoa. *Sociedade, tecnologia e a luta pelo emprego*. São Paulo: LTr, 2018. p. 86-87.

(186) CAVALCANTE, Jouberto de Quadros Pessoa. *Sociedade, tecnologia e a luta pelo emprego*. São Paulo: LTr, 2018. p. 49.

§ 1º Para os efeitos desta lei, considera-se automação o método pelo qual se utilizem quaisquer equipamentos, mecanismos, processos ou tecnologias para realização de trabalho, ou para seu controle, com reduzida ou nenhuma interferência humana.

§ 2º O Ministro do Trabalho editará portaria discriminando, em rol exauriente, todos os métodos considerados de automação, nos termos do parágrafo anterior, e a atualizará anualmente.

Art. 2º A adoção ou implantação da automação, conforme definida nesta Lei, será obrigatoriamente precedida de negociação coletiva com o sindicato representativo da categoria profissional.

§ 1º Em caso de inexistência de negociação coletiva prévia serão nulos, de pleno direito, os atos jurídicos tendentes à automação, cabendo reparação por perdas e danos, no que couber, aos trabalhadores prejudicados.

§ 2º Inexistindo entidade sindical representativa da categoria profissional, formar-se-á comissão eleita pelos trabalhadores do estabelecimento para a específica finalidade da negociação versada no *caput* deste artigo.

Seção II
Da Proteção Trabalhista

Art. 3º Para fins de discussão, consulta, implementação e fiscalização, como também para os fins do art. 2º, o empregador ou tomador de serviços é obrigado a comunicar ao sindicato da respectiva categoria laboral e à Superintendência Regional do Trabalho competente, com antecedência mínima de seis meses em relação à data de adoção ou implantação da automação, conforme definida no art. 1º desta Lei:

I — o tipo de equipamento, mecanismo, tecnologia ou processo a ser adotado, implantado ou ampliado;

II — o nível de impacto da nova tecnologia sobre as condições de trabalho;

III — a relação dos empregados atingidos com a mudança operacional;

IV — a planificação do treinamento e readaptação dos empregados, de modo a que eles possam vir a desenvolver ou desempenhar novas funções, para o mesmo empregador ou grupo econômico.

Art. 4º A comunicação de que trata o art. 3º desta Lei será acompanhada das informações e documentos pertinentes à adoção ou implantação da respectiva automação, com vista ao conhecimento prévio dos objetivos, extensão e cronograma do modelo adotado.

Art. 5º As pessoas naturais, jurídicas ou entes despersonalizados que adotarem qualquer método de automação devem garantir, aos empregados remanescentes, as mesmas ou melhores condições de trabalho.

§ 1º Caberá ao empregador ou tomador de serviços proporcionar aos empregados envolvidos, por meio de programas e processos de readaptação, capacitação para novas funções e treinamento.

§ 2º O empregador não poderá demitir sem justa causa quaisquer empregados, nos primeiros seis meses, e nenhum dos empregados readaptados para outras funções, nos primeiros dois anos, sempre contados a partir da adoção, implementação ou ampliação da automação da empresa.

§ 3º Durante os dois primeiros anos de adoção da automação, só poderá haver dispensa de trabalhadores mediante prévia negociação coletiva e adoção de medidas para reduzir os impactos negativos da implantação do programa, encaminhando-se os trabalhadores dispensados aos centros a serem criados nos termos do parágrafo 5º deste artigo.

§ 4º Os empregados do sexo feminino, os aprendizes, os idosos e aqueles com maior número de filhos ou dependentes, respeitados os percentuais dos segmentos especialmente protegidos, terão precedência, nesta ordem, no processo de reaproveitamento e realocação de mão de obra.

§ 5º As empresas, com apoio dos sindicatos das respectivas categorias econômicas, manterão centrais coletivas de capacitação e aperfeiçoamento profissional e realocação de trabalhadores, com vista a acelerar os mecanismos de emprego compensatório e facilitar a reabsorção dos dispensados pelo empregador que se automatizar, criando serviços próprios para a respectiva realocação ou utilizando cadastro nacional de emprego mantido pelo Poder Executivo da União.

Art. 6º Para a instalação dos métodos de automação, o empregador deverá proporcionar cumulativamente:

I — treinamento, capacitação e aperfeiçoamento profissional, sob sua responsabilidade, para os trabalhadores substituídos por equipamentos ou sistemas automatizados, visando ao seu reaproveitamento em outra função ou emprego;

II — treinamento intensivo para exercício da nova atividade, com orientações sobre segurança, higiene e saúde no trabalho para os empregados que forem ser aproveitados para o trabalho com as novas máquinas ou equipamentos a serem implantados;

IV — adoção de medidas e equipamentos de proteção coletiva e individual que efetivamente garantam a segurança e saúde do trabalhador no desempenho de suas atividades;

V — formação de junta médica autônoma para avaliar as condições físicas e psicológicas dos trabalhadores, especialmente daqueles que vierem a se ativar com produtos ou tecnologias capazes de gerar doenças profissionais ou do trabalho, observados os princípios da prevenção e da precaução;

VI — controle e avaliação periódica sobre o ritmo e a intensidade do trabalho e do processo de produção, de modo a zelar pela saúde e segurança dos trabalhadores.

III — estabelecimento, em conjunto com o sindicato da categoria profissional de seus empregados, de prioridades setoriais no processo de automação progressiva, iniciando pela eliminação dos postos de trabalho de maior grau de penosidade, periculosidade e/ou insalubridade.

Art. 7º Ao empregado que não se adaptar às novas condições de trabalho, em decorrência da mudança tecnológica, será garantida opção de remanejamento interno na empresa, de acordo com a sua formação ou habilidades profissionais e com as disponibilidades da empresa.

Art. 8º Ressalvados os prazos de garantia provisória no emprego (art. 5º, § 2º) e observada a negociação coletiva prévia, o empregado dispensado em decorrência da automação de setores da empresa fará jus ao pagamento de todas as verbas rescisórias dobradas, incluída a indenização sobre os depósitos de FGTS (art. 18, § 1º, da Lei n. 8.036, de 11 de maio de 1990).

Art. 9º Fica vedada a dispensa coletiva massiva de trabalhadores decorrente da adoção ou implantação de métodos de automação.

Parágrafo único. Entende-se por dispensa coletiva massiva a rescisão contratual, concomitante, de dez por cento ou mais do total de empregados de uma mesma unidade de trabalho na respectiva empresa.

Art. 10. É nula a ruptura contratual decorrente de processo de automação, quando descumprido o disposto nesta Lei.

Seção III
Da Proteção Previdenciária

Art. 11. A União instituirá, mediante lei de iniciativa do Poder Executivo, alíquotas adicionais progressivas para a contribuição social do empregador para o Programa de Integração Social, incidentes sobre o respectivo faturamento, nas hipóteses de automação determinante de demissões coletivas que impliquem índice de rotatividade da força de trabalho superior ao índice médio de rotatividade do setor, observados, em todo caso, os termos dos artigos 7º, XXVII, 195, I, "b", e 239, § 4º, da Constituição Federal.

Art. 12. As alíquotas adicionais de contribuição, instituídas por tempo determinado, incidirão sobre o faturamento mensal da pessoa jurídica ou equiparada para efeitos fiscais, progredindo escalonadamente conforme os pontos percentuais de rotatividade anual acima de média setorial aferida.

§ 1º Os níveis de desemprego e rotatividade setorial serão aferidos a partir de metodologia única, válida para todo o território nacional, desenvolvida e aplicada pelo Instituto Brasileiro de Geografia e Estatística — IBGE, observado o prazo do parágrafo 5º.

§ 2º O número de postos de trabalho eliminados em razão de automação deverá ser anualmente comunicado pela pessoa jurídica ou equiparada para efeitos fiscais, por ocasião da coleta de dados para Relatório Anual de Informações Sociais — RAIS.

§ 3º A omissão dolosa dos dados referidos no parágrafo anterior sujeitará a pessoa jurídica ou equiparada a multa em favor do Fundo de Participação do Programa de Integração Social, agravada em caso de reincidência, nos termos de lei complementar.

§ 4º As alíquotas adicionais progressivas por desemprego associado à automação não se aplicarão às microempresas e às empresas de pequeno porte submetidas ao regime do Simples Nacional.

Seção IV
Das Disposições Finais

Art. 13. A lei referida no art. 11 será editada no prazo de 180 (cento e oitenta) dias, a contar da publicação da presente Lei.

Art. 14. O Ministério do Trabalho editará a portaria prevista no art. 1º, § 2º, no prazo máximo de 60 (sessenta) dias, a contar da publicação da presente Lei.

Art. 15. Esta Lei entra em vigor após decorridos 180 (cento e oitenta) dias, a contar de sua publicação.(187)

O projeto de lei acima, dividido em quatro seções, em muitas partes incorporou o espírito dos projetos antecedentes e faz algumas evoluções. Na

(187) BRASIL. *Projeto de Lei n. 1.091/2019*. Regula o disposto no inciso XXVII, do art. 7º, da Constituição Federal, que estabelece o direito de o trabalhador urbano e rural ter "proteção em face da automação, na forma da lei". Brasília, DF: Câmara dos Deputados, 2004. Disponível em: https://www.camara.leg.br/proposicoesWeb/prop_mostrarintegra?codteor=1714381. Acesso em: 8 jan. 2023.

seção I, aborda a importante questão da conceituação do que é automação para fins de aplicação da legislação, delega ao Ministério do Trabalho o papel de estabelecer um rol exauriente do que seria automação e traz as entidades sindicais para o debate sobre a implementação das mudanças, e, na falta destas, uma comissão de trabalhadores.

Na seção II, coloca algumas formalidades necessárias para a implementação da automação nas empresas, como a necessidade de comunicação prévia ao Ministério do Trabalho, com uma série de informações relevantes sobre os impactos da implementação na empresa a passar pela automação. Além disso, mencionada seção traz artigos que asseguram a garantia provisória de emprego, em período que pode variar de 6 meses a 2 anos, a proibição de dispensa coletiva, que será caracterizada sempre que a demissão em massa atingir mais de 10% do número de empregados da empresa. Esse tratamento da demissão em massa, trazendo critérios objetivos, é importante até para se ter parâmetro para quando deverá haver negociação para dispensa coletiva, em especial após a decisão do STF no Tema 638.

Valerio De Stefano[(188)] lembra que os despedimentos coletivos são objeto de regulação internacional e de algumas legislações regionais e nacionais, havendo na base de dados da Legislação à Proteção do Emprego da OIT mais de 60 países, pertencentes a todos os continentes do mundo, que preveem deveres processuais de informação e consulta em caso de despedimentos coletivos. Destaca o autor que esses instrumentos exigem frequentemente que as empesas informem e consultem adequadamente os sindicatos e os representantes dos trabalhadores e que envolvam os organismos públicos antes de procederem à dispensa em massa. O autor lembra ainda que a Convenção n. 158 da OIT, de 1982, que trata da cessação da relação de trabalho, menciona explicitamente que os procedimentos de informação e consulta devem também ser seguidos quando se preveem despedimentos por razões "tecnológicas", com o objetivo de encontrar medidas "para evitar ou minimizar os despedimentos" e "atenuar os efeitos negativos de quaisquer despedimentos para os trabalhadores em causa, tais como encontrar um emprego alternativo".

Na seção III, dispõe sobre uma proteção previdenciária, com a obrigatoriedade de as empresas recolherem para o Programa de Integração Social — PIS, sempre que demitir em massa e a demissão representar uma variação maior do que a rotatividade média do setor, com alíquotas progressivas

(188) DE STEFANO, Valerio. Automação, inteligência artificial e proteção laboral: patrões algorítmicos e o que fazer com eles. *In:* CARELLI, Rodrigo de Lacerda; CAVALCANTI, Tiago Muniz; FONSECA, Vanessa Patriota da (Org.). *Futuro do trabalho:* os efeitos da revolução digital na sociedade. Brasília: ESMPU, 2020. p. 47.

que incidirão sobre o seu faturamento. A regra visa ao mesmo tempo inibir as demissões e trazer para o PIS um benefício que a automação gerará sobre o faturamento que deve aumentar em razão da diminuição dos custos de produção, garantindo assim que o processo de automação traga benefícios não apenas para as empresas.

Por fim, a seção IV estabelece prazos razoáveis para que o Executivo Federal mande, para o Congresso, projeto de lei que estabeleça as alíquotas e formas das contribuições previdenciárias, bem como prazo para que o Ministério do Trabalho elabore o rol com todos os métodos que serão considerados como de automação, para fins de incidência da legislação protetora. Essa delegação é importante porque os meios de automação vão sempre evoluindo, à medida que novas tecnologias vão surgindo, e norma infralegal é de mais fácil positivação, em especial no órgão responsável pelas relações de emprego.

Em termos gerais, o projeto de lei atende bem as razões protetoras que fizeram emergir o art. 7º, XXVII na Constituição Federal de 1988. Talvez agora, posteriormente ao ajuizamento da ADO 73, da PGR, que está com a relatoria do Ministro Luís Roberto Barroso, esse projeto e eventuais outros possam ter a devida atenção do Congresso Nacional, que pode finalmente colocar em votação e aprovar a regulamentação de tão importante dispositivo constitucional, em especial em tempos de concretização da quarta revolução industrial.

4.3 O CONCEITO DE AUTOMAÇÃO NA CONSTITUIÇÃO FEDERAL DE 1988. QUARTA REVOLUÇÃO INDUSTRIAL E EVENTUAL MUTAÇÃO CONSTITUCIONAL

O problema da demora na regulamentação de dispositivo constitucional tão importante, em especial em uma nação que tem como fundamentos a dignidade da pessoa humana (art. 1º, III, da CF), os valores sociais do trabalho e da livre-iniciativa (art. 1º, IV, da CF) e tem como princípios gerais da atividade econômica a busca pelo pleno emprego (art. 170, VIII, da CF) e redução das desigualdades regionais e sociais (art. 170, VII, da CF), é que, passadas mais de três décadas, o que era considerado automação para o constituinte de 1988 pode não ter o mesmo significado atualmente.

É sabido que, do ponto de vista da semântica, as palavras, ao longo do tempo, vão ganhando novos significados, novos alcances, novas interpretações, novas possibilidades, novas leituras. No âmbito da interpretação das normas constitucionais, nos últimos anos, foi crescente a construção teórica do que se denominou de "nova hermenêutica constitucional", onde cabem vários desenhos de soluções em um único dispositivo posto no papel. Fazendo uma distinção entre os cânones hermenêuticos tradicionais e a transformação filosófica operada pela redescoberta da linguagem, que deu origem à nova hermenêutica constitucional, importante as lições de Juliana Cristine Campos Diniz e Felipe Braga Albuquerque(189):

> Os cânones hermenêuticos tradicionais trabalham a norma como elemento externo ao sujeito, que precisa ser compreendido e aplicado, em geral por um processo de subsunção, o qual, uma vez metodologicamente estruturado, é capaz de garantir a certeza e a segurança do resultado. Se é, desde sempre, falar em sentido unívoco para as normas jurídicas, se trabalhava, contudo, na perspectiva da existência de uma interpretação mais correta, que caberia ao intérprete definir. Partindo dessa lógica, todo aquele que seguir as técnicas interpretativas indicadas pela dogmática chegará ao mesmo resultado, por subsunção. Com a transformação filosófica operada pela redescoberta da linguagem, os processos interpretativos tornam-se consideravelmente mais complexos e dinâmicos. Uma vez que tudo que se pode conhecer está no horizonte da linguagem, o entendimento do mundo — aí incluídas as normas jurídicas — pode ser definido como um 'processo comunicativo' permanente e inacabado. O sujeito interpreta, por já estar impregnado de história e de linguagem, ao se debruçar sobre o objeto — que lhe aparece como texto, como mensagem comunicada — já carrega um horizonte de compreensão que interfere ativamente no modo como irá decifrar a mensagem. Dito de outro modo, cada sujeito/intérprete é uma realidade única de significados e história. Essa qualidade — sua imersão na historicidade da linguagem — é determinante no processo de interpretar o direito. Cada sujeito interpreta de um modo, a partir de um horizonte de compreensão próprio e individual — ainda que a linguagem seja o resultado de uma comunhão de significados socialmente estabelecida.

Utilizando os parâmetros da hermenêutica tradicional, o termo "automação" do art. 7º, XXVII da CF, deve ser entendido com a ótica dos constituintes. Por exemplo, dificilmente o termo automação em 1988 traga consigo o espírito da proteção em face da inteligência artificial. Como visto em tópicos anteriores, a inteligência artificial passou por um "longo inverno" após a década de 1970, quando estava desacreditada, voltando a ganhar força

(189) CAMPOS, Juliana Cristine Diniz; ALBUQUERQUE, Felipe Braga. Nova hermenêutica constitucional e (in)segurança jurídica: características e crítica da virada linguística no interpretar da constituição. *Quaestio Iuris,* Rio de Janeiro, v. 8, n. 2, 2015. p. 779-780.

a partir dos anos 2000. Para os dias atuais, contudo, inteligência artificial é um termo intrínseco à automação, sendo uma das principais responsáveis pela aceleração desse processo de automação dos meios de produção, que trazem consequências para os tradicionais contratos de emprego.

Em artigo publicado em 1984, Cândido Guerra Ferreira e Rachel Fernandez Borges(190), tratando do rol de tecnologias ou grupo de inovações técnicas de ponta que iriam constituir o núcleo central da então nova base técnica, aduzem que estas seriam constituídas pelas biotecnologias, pelas inovações ligadas às novas formas de produção de energia (solar, fissão termonuclear etc.) e pela microeletrônica. De modo certeiro, já previam que as inovações ligadas ao desenvolvimento da microeletrônica já vinham apresentando os melhores resultados em suas aplicações produtivas, notadamente em termos de rentabilidade, e nessa perspectiva tinham o maior potencial no que concernia à capacidade de polarizar uma dinamização das atividades econômicas. Destaque-se que o artigo trata dos impactos da automação sobre o nível de emprego, mas não faz qualquer referência à inteligência artificial.

Outro ponto que merece destaque é que, durante o artigo, em 10 (dez) passagens é utilizada a palavra "automatizar" como sinônimo de automação, sendo um forte indício de que no período pré-constituição de 1988 não havia uma preocupação em separar os conceitos de automatização e automação, assunto que parece ser mais relevante para o momento atual.

Voltando à questão central, como então poderia a expressão "proteção em face da automação" trazer uma ampla proteção que englobe as novas tecnologias, como inteligência artificial e demais invenções que surgem ano após ano? A resposta está na transformação filosófica operada pela redescoberta da linguagem apontada acima, a partir do desenvolvimento da nova hermenêutica constitucional, que permite uma análise do ponto de vista do objeto, mas também das vivências do sujeito operador do direito, ampliando assim as possibilidades dos significados quando da aplicação das normas constitucionais.

A preocupação ora expressada não se trata de simples argumentação, mas, ao contrário, visa trazer uma real preocupação nascida a partir da demora de regulamentação do dispositivo constitucional, que pode trazer cada vez mais prejuízos em face da omissão do legislador. A título exemplificativo, como já destacado em tópico anterior, no MI 618-MG, a relatora do caso, Ministra Carmen Lúcia, fez leitura restritiva do texto constitucional defendendo que:

---

(190) FERREIRA, Cândido Guerra; BORGES, Rachel Fernandez. O impacto da automação sobre o nível do emprego — algumas considerações. *Ensaios FEE,* Porto Alegre, 1984. p. 65-81.

> O art. 7º, inc. XXVII, da Constituição não estipula como direito do trabalhador proteção contra 'inovações tecnológicas', mas sim 'em face da automação', conceitos diferentes. Na automação substitui-se o trabalho humano pelo de máquinas. A inovação tecnológica está relacionada a mudanças na tecnologia, não havendo necessariamente a substituição do homem por máquina[191].

Destarte, na visão da Ministra Carmen Lúcia do STF, em julgado de 2014, não se deve confundir inovações tecnológicas com automação. Vale lembrar que a ação era movida por um trabalhador bancário, justamente defendendo que os processos de automação, decorrentes da implementação de inovações tecnológicas, têm retirado os empregos de trabalhadores do setor. Ora, nesse setor, com a expansão de caixas eletrônicos e mais recentemente com a intensificação do uso de aplicativos em smartphones, onde todo tipo de movimentação bancária pode ser feita, desde transferências até mesmo a consecução de pequenos empréstimos, é notória a redução dos empregos humanos com a expansão dessas tecnologias. Isso não pode ser considerado um processo de automação?

Na concepção deste autor, sim. Restringir o termo automação para situações em que apenas ocorram a substituição completa do trabalho humano é retirar força de um direito fundamental, ainda não regulamentado.

Trazendo dados concretos do setor bancário, Jouberto de Quadros Pessoa Cavalcante[192] destaca que, em 1989, a categoria dos bancários possuía 811.425 trabalhadores e, em 2003, esse número reduziu em 50%, havendo 405.456 trabalhadores. Citando ainda dados da FEBRABAN, o autor traz que o número de autoatendimento dentro e fora das agências passou de 31.400 em 1994 para 97.697 ainda em 1999. No mesmo período, o número de usuários de *home office banking* passou de 107.600 para 5.920.000. Na era dos aplicativos, como já mencionado acima, não é preciso ter muita imaginação para ter convicção de que esses números hoje são bem maiores e o número de trabalhadores é proporcionalmente menor.

Destarte, é preciso refletir que as mudanças mais comuns são sempre parciais, sempre em forma de testes, e somente aos poucos os postos de trabalho vão sendo perdidos. Em um simples exercício mental, este autor convida o leitor a buscar na memória a seguinte situação: já se deparaste

---

(191) BRASIL. Supremo Tribunal Federal. *Mandado de Injunção n. 618 MG.* Mandado de injunção constitucional e trabalhista. Alegada ausência de norma reguladora. Proteção contra a automação. Relatora: Ministra Cármem Lúcia. Data de julgamento: 29 de setembro de 2014. Disponível em: https://www.jusbrasil.com.br/jurisprudencia/stf/25285678. Acesso em: 8 jan. 2023.

(192) CAVALCANTE, Jouberto de Quadros Pessoa. *Sociedade, tecnologia e a luta pelo emprego.* São Paulo: LTr, 2018. p. 51.

em um supermercado com caixas eletrônicos, em que o próprio consumidor passa os produtos e efetua o pagamento? Os caixas empregados humanos continuam laborando nesses locais, mas a ideia a longo prazo, do ponto de vista capitalista de redução de custos com mão de obra, é fazer com que o consumidor adote o padrão de utilizar os caixas eletrônicos, para depois ir retirando aos poucos os empregos, bem mais dispendiosos do que uma máquina que apenas precisa ter um sistema atualizado.

Da mesma forma que o exemplo acima, começaram a ser difundidos, verdade que ainda aos poucos, empreendimentos alimentícios sem garçons para realizar os pedidos. O próprio consumidor vai até uma máquina, faz o pedido, efetua o pagamento, recebe o comprovante, aguarda alguns minutos e quando a senha é chamada vai buscar o seu pedido, posteriormente vai para a mesa onde estava e faz sua refeição, sem o atendimento de um garçom.

Quem não lembra dos cobradores de ônibus? Durante muito tempo era difícil exigir que o motorista, além de ter atenção dirigindo, tivesse que também efetuar a cobrança, com o recebimento de valores em espécie, passando trocos. E se bastasse passar um cartão com créditos previamente colocados? Ainda haveria necessidade de um cobrador ou apenas o motorista resolveria? É difícil definir quando há uma completa substituição do homem pela máquina, em especial porque muitas máquinas visam apenas reduzir a quantidade de trabalho humano, não havendo uma substituição total. Assim, a decisão do STF que considerou situações distintas à perda do emprego por "inovações tecnológicas" da situação de perda do emprego por "automação" não reflete a proteção buscada pelo constituinte.

Além dessas profissões, a Revista Sindical In Forma, da Excola[193], elenca ainda outras atividades que atualmente já sofrem com as novas tecnologias, que atuam na substituição de mão de obra humana, algumas também de forma indireta. A publicação destaca o desenvolvimento do comércio eletrônico, que se desenrola sem o vendedor tradicional; ônibus sem motoristas, que desde 2017 já circulam na Baviera (Alemanha), em percursos pequenos e previamente programados. Em 2018 e 2019, ocorreram testes exitosos na Suíça, Inglaterra e França. Destaques ainda para o uso desta tecnologia na China, desde 2018, Portugal desde 2019 e até mesmo no Brasil, nas cidades de São Paulo (2018) e Curitiba/PR desde março de 2019; caminhões de carga, sem motoristas, que já passam por testes desde 2016 nos EUA; lojas sem caixas, em que o cliente entra, vai às prateleiras, escolhe os produtos

(193) EXCOLA, Excelência em Formação Social. Substituindo mão de obra convencional. *Revista Sindical In Forma.* Ano 1, n. 9, julho de 2019. p. 5.

que deseja e vai embora. Um sistema completo já o terá identificado, computado suas compras e debitado automaticamente no cartão do cliente.

Na concepção deste trabalho, as inovações tecnológicas, que representem automação parcial e que sejam aptas a diminuir os postos de trabalho, fazem surgir o direito dos trabalhadores a gozar da proteção constitucional do art. 7º, XXVII.

Dentro dos cânones da nova hermenêutica constitucional, contudo, é possível buscar solução interpretativa atual para palavra posta na Constituição em 1988. É interessante destacar que a palavra "automação" é extremamente ligada às novas tecnologias, mas para entender sua extensão semântica será feita uma abordagem a partir dos conceitos trazidos por dicionários e posteriormente será feita uma análise do conceito de mutação constitucional, para saber se é possível dar uma nova roupagem para a expressão não regulamentada há mais de 30 anos.

No primeiro dicionário pesquisado, aparecem dois conceitos para automação: 1. Criação de autômatos; 2. Funcionamento de uma máquina ou grupo de máquinas que, sob o controle de um programa único, permite efetuar, sem intervenção humana, uma série de operações contábeis, estatísticas ou industriais[(194)]. No segundo dicionário pesquisado, encontram-se também duas definições: 1. Criação de autômatos; 2. O mesmo que automatização[(195)]. Neste mesmo segundo dicionário, buscamos o termo automatização, que teve a seguinte definição:

> Execução automática de tarefas industriais ou científicas sem intervenção humana intermediária, desde o mais simples, como a regulação da temperatura de um forno, até aos mais complexos, como os que são geralmente assumidos por ordenadores para a gestão de um estabelecimento de crédito[(196)].

No âmbito doutrinário, Rodrigo Monteiro Pessoa[(197)] destaca que muito se encontra o emprego dos vocábulos automação e automatização, às vezes

---

(194) AUTOMAÇÃO. *In: DICIO, Dicionário Online de Português*. 2020. Disponível em: https://www.dicio.com.br/automacao/. Acesso em: 27 jul. 2020.

(195) AUTOMAÇÃO. *In: Dicionário Priberam da Língua Portuguesa*. 2008-2021. Disponível em: https://dicionario.priberam.org/automa%C3%A7%C3%A3o. Acesso em: 12 nov. 2022.

(196) AUTOMAÇÃO. *In: Dicionário Priberam da Língua Portuguesa*. 2008-2021. Disponível em: https://dicionario.priberam.org/automa%C3%A7%C3%A3o. Acesso em: 12 nov. 2022.

(197) PESSOA, Rodrigo Monteiro. *A proteção das relações trabalhistas face a automação para a concretização do desenvolvimento*. 162 f. Dissertação (Mestrado) — Faculdade de Direito, Universidade Federal da Paraíba, Paraíba, 2013. p. 43.

passando pelo prisma da sinonímia, como se tivessem o mesmo significado, outras vezes pelo prisma dos conjuntos, onde um englobaria o outro, e poucas vezes passa pelo prisma da distinção, onde cada um diz respeito a um tipo de modificação mecanizada para a modernização dos meios de produção capitalista.

Diferenciando os dois institutos, Rodrigo Monteiro Pessoa[198] defende que a automação é unicamente a substituição de movimentos mecânicos, tarefas repetitivas que não mais comporiam o trabalho humano, tendo em vista que a ciência da administração tem por premissa a produção de bens e serviços com a diminuição de desperdícios e maximização dos lucros. A mecanização de algum movimento evitaria o erro, o desperdício, otimizando o emprego de recursos materiais para alcançar as metas empresariais na concretização de sua atividade. Por outro lado, quando esta tarefa se torna mais complexa, com as próprias máquinas usando inteligência artificial comunicada com a robótica e a mecatrônica para identificar erros de produção, desperdício de materiais e outros melhoramentos nas etapas industriais sem a intervenção humana, estaríamos diante da automatização.

O autor defende que não há razão para confundir ou utilizar os termos como sinônimos, estabelecendo que ambos buscam substituir a ação humana no trabalho, e obviamente o uso da automatização demandaria tecnologia muito maior para evitar inclusive a intervenção humana durante os processos organizacionais. Defende que automatização não engloba a automação. A automação seria a substituição mecânica simples de movimentos repetitivos pela máquina, necessitando ainda do homem para que possa intervir nos processos, corrigir eventuais problemas e planejar a produção. Já a automatização faz uso da substituição mecânica com máquinas inteligentes e integradas que se articulam para evitar a presença humana nos processos.

A automatização não seria apenas a ação e o efeito de se automatizar, englobaria outro tipo de tecnologia e reengenharia empresarial, substituir o termo como gênero e a automação como espécie seria simplificar processos complexos que envolvem ciências diversas e igualmente complexas.[199] Nesse mesmo sentido, defende José Jesús Borjón Nieto *apud* Rodrigo Monteiro Pessoa[200], quando aduz que "*automación y automatización — el primer término se refiere al disenõ e implantación de sistemas en los que intervienen*

---

(198) PESSOA, Rodrigo Monteiro. *A proteção das relações trabalhistas face a automação para a concretização do desenvolvimento.* 162 f. Dissertação (Mestrado) — Faculdade de Direito, Universidade Federal da Paraíba, Paraíba, 2013. p. 43.

(199) *Ibid.* p. 44.

(200) *Ibid. p. 43.*

tanto la máquina como *el hombre; el segundo describe la construcción de máquinas que efectúan trabajos in la intervención del hombre*".

Nascem assim problemáticas na interpretação da palavra automação. Qual o significado constitucional? Qual sua extensão? Qual seu alcance mais de 35 anos após a promulgação da Constituição Federal de 1988? Parte da solução para os problemas ora apresentados podem ser, a priori, resolvidos quando da criação da lei responsável por regulamentar o art. 7º, XXVII da CF. Todavia, ações diretas de inconstitucionalidade poderão ser manejadas visando restringir a extensão escolhida pelo legislador, razão pela qual é extremamente relevante a discussão sobre o tema.

Na concepção desta obra, a questão pode ser resolvida a partir dos elementos que envolvem a nova hermenêutica constitucional, alguns já destacados acima. Vale lembrar que, no âmbito da doutrina constitucional e em reiterados julgados do Supremo Tribunal Federal, têm prevalecido a ascensão e a consolidação do que se tem denominado de mutação constitucional, em que basicamente o julgador se utiliza do texto posto em 1988 e dá outras roupagens que não apenas a interpretação literal. Com isso, seria possível vestir o termo "automação" com a roupagem de automatização, inovações tecnológicas, inteligência artificial, robotização e afins, desde que o intuito final seja garantir proteção dos trabalhadores em face das tecnologias atuais e futuras.

A referência à mutação constitucional não é tão recente, já sendo tratada por nomes do direito constitucional alemão. Neste sentido, destacam Lênio Streck, Martônio Lima e Marcelo Oliveira[(201)] que a tese foi formulada pela primeira vez em fins do século XIX e inícios do século XX, por autores como Laband e Jellinek, tendo em seguida tido importantes acréscimos de Hsü-Dau-Lin. Os autores afirmam que a tese da mutação constitucional é compreendida como uma jurisprudência corretiva desenvolvida por juízes éticos, criadores do Direito e atualizadores da constituição e dos supostos envelhecimentos e imperfeições constitucionais, ou seja, as mutações constitucionais são reformas informais e mudanças constitucionais empreendidas por uma suposta interpretação evolutiva. Ao longo do texto, os autores pregam cautela no manejo da mutação constitucional, em especial em face das atribuições de cada Poder, não devendo o Judiciário alterar as tradições que originaram a Carta Política, devendo assim ter cuidado para quando

(201) STRECK, Lênio Luiz; LIMA, Martônio Mont'Alverne Barreto; OLIVEIRA, Marcelo Andrande Cattoni de. A nova perspectiva do Supremo Tribunal Federal sobre o controle difuso: mutação constitucional e limites da legitimidade da jurisdição constitucional. *Revista do Programa de Mestrado em Ciência Jurídica da FUNDINOPI,* 2008. p. 45-68.

operacionalizar uma mutação constitucional de não fugir do espírito do texto originalmente escrito pelo legislador.

Para Ricardo Ferreira Sacco[(202)], as mutações constitucionais conferem um caráter dinâmico à Constituição, procurando conciliar o sistema constitucional originário com as transformações que ocorrem na realidade social. O autor defende que a interpretação constitucional precisa acompanhar essas mudanças e nem sempre seria necessária uma alteração formal para que esta tenha uma atualização constante e permanente, mas sempre dentro de certos limites. Assim como os autores citados anteriormente, assinala que é preciso compreender que o equilíbrio não se encontra nos extremos e a corte constitucional não possui uma "carta em branco" para produzir normas a seu bel prazer.

Em linhas parecidas, mas denominando de interpretação integradora, Raimundo Bezerra Falcão[(203)] define como aquela por cujo intermédio procura-se dar, à linguagem sob que se estampa o ordenamento jurídico, condições plenas de responder às inquietudes e necessidades do homem em cada tempo. Complementa aduzindo que a interpretação integradora é uma interpretação de estimações, de valorações, é axiológica. Em razão disso, o autor defende que, para além de plenitude lógica, o ordenamento jurídico também é dotado de plenitude axiológica, sendo uma plenitude de realização constante e de realizabilidade sempre à disposição do intérprete.

Prossegue o autor afirmando que a plenitude se dá na concreta relação sujeito-objeto, relação intérprete-norma ou linguagem normativa. De forma retórica, Raimundo Falcão[(204)] questiona: "Por que na relação intér prete-norma? E responde aduzindo que é nesse momento que o intérprete sempre pode embutir na norma o valor legítimo e consumador da justiça a se concretizar. E conclui:

Dessa forma, a interpretação integradora proporcionará a plenificação axiológica do ordenamento jurídico, conduzindo os interesses individuais em jogo a uma situação de justiça que mantenha a justeza do sistema — isto é, que mantenha o sistema ajustado — e oponha à liberdade das partes envolvidas somente os limites indispensáveis a que essas mesmas partes

(202) SACCO, Ricardo Ferreira. As aporias na nova hermenêutica constitucional brasileira delineadas pelo Supremo Tribunal Federal. *Revista Juris Poieses,* Rio de Janeiro, v. 22, n. 30, 2019. p. 117-139. p. 127.

(203) FALCÃO, Raimundo Bezerra. *Hermenêutica.* São Paulo: Malheiros, 1997. p. 224.

(204) *Ibid.* p. 225.

envolvidas se realizem na coordenação respeitadora da dignidade de cada uma delas.(205)

Levando em conta as considerações acima, é razoável que o intérprete de hoje entenda que a norma posta na Constituição em 1988 tenha um novo valor, considerando os avanços tecnológicos. Não é razoável imaginar que a proteção em face da automação restrinja-se apenas à típica automação industrial.

David Barbosa de Oliveira(206) destaca que são as novas interpretações que dão regularidade às transformações, caso contrário irromperia a marcha turbulenta das convulsões sociais. O autor defende que, se as estruturas formais (normas) não acolhem interpretativamente o novo, este lentamente vai se depositando, até que, em determinado momento, as rígidas estruturas racham e o novo irrompe e extravasa pelos antigos caminhos, só que de maneira violenta ao invés das naturais leveza e clareza.

Prossegue afirmando que a interpretação integradora dá vazão às mudanças, servindo de instrumento para o normal amadurecimento das leis. Finaliza defendendo que essa qualidade de interpretação gera segurança, estabilidade, pois permite à sociedade acompanhar o seu grau de desenvolvimento no ordenamento jurídico e destaca que a essa interpretação integradora o STF vem chamando de mutação constitucional.(207)

Tratando sobre interpretação e a construção constitucional, José Afonso da Silva(208) aponta que a interpretação, por si, não pode produzir mutação constitucional. O autor defende que cabe à interpretação mostrar que o objeto a ser conhecido se transformou, quer porque a realidade a que se refere evoluiu e requer que o objeto normativo se acomode a ela, se tiver elasticidade suficiente para tanto, ou porque as palavras ou expressões normativas sofreram mudanças semânticas que exigem que seu novo sentido seja explicitado pela interpretação. O constitucionalista afirma que, nessas hipóteses, a interpretação, em especial a judicial, exerce papel fundamental de adaptação das regras constitucionais às exigências de novos conceitos da realidade por elas pensadas. O autor ainda reconhece que os processos de interpretação integrativa, por analogia, ou por extensão normativa, podem modificar o alcance de normas constitucionais.

---

(205) FALCÃO, Raimundo Bezerra. *Hermenêutica*. São Paulo: Malheiros, 1997. p. 225.

(206) OLIVEIRA, David Barbosa de. Segurança jurídica e a interpretação integradora de Raimundo Bezerra Falcão. *Themis — Revista da Escola Superior da Magistratura do Estado do Ceará*, Fortaleza, v. 6, n. 1, 2008. p. 107-124. p. 119.

(207) *Ibid*. p. 119.

(208) SILVA, José Afonso da. *Teoria do conhecimento constitucional*. São Paulo: Malheiro, 2014. p. 303.

Destarte, feitas estas considerações, é viável defender que o termo automação, fincado na Constituição em 1988, em especial para estender um direito fundamental da ampla maioria dos brasileiros, que são os trabalhadores, é perfeitamente compatível com a ideia de mutação constitucional, para estender sua aplicação para automatização, inteligência artificial, robotização e inovações tecnológicas afins. Tratando especificamente sobre a extensão do termo automação para albergar também automatização, pertinente as lições de Canotilho(209), em comentários acerca da Constituição brasileira:

> É de se destacar que o termo automação foi cunhado no texto constitucional brasileiro na década de oitenta do século passado, época em que sequer se utilizavam processos automatizados na indústria brasileira, e por isto entende-se que tanto automação como automatização (por ser a segunda mera evolução da primeira) estariam no escopo protetivo do inciso XXVII.

Em linhas parecidas, Rodrigo Pessoa defende que a Constituição Federal de 1988 não se equivocou em abarcar a tutela defensiva em face da automação, nem tampouco poderia ser feita uma interpretação restritiva do termo para englobar apenas mecanização e reengenharia industrial. Rodrigo Pessoa(210) destaca que o uso de robôs industriais se deu por volta de 1960, juntamente com o surgimento de novas possibilidades na manufatura industrial. O autor também destaca que o uso da mecatrônica, que é uma disciplina que une a engenharia mecânica, a eletrônica, o controle e a informática, sendo uma ciência mais avançada na implementação da robótica para o processo de automatização, por ser capaz de fazer os sistemas mais inteligentes e autônomos em relação à intervenção humana, começou apenas por volta de 1969 no Japão, sendo difundida a partir de 1990 no Reino Unido.

Assim, o autor defende que o trabalho hermenêutico extensivo pode ser aplicado para deduzir que a real intenção do legislador constituinte, no que tange ao art. 7º, XXVII da CF, foi tutelar a substituição do trabalho humano pelo trabalho efetuado por máquinas, seja na modalidade automática, na simples substituição mecânica dos movimentos, ou integrada e inteligente, na modalidade automatizada.(211)

---

(209) CANOTILHO, J. J. Gomes *et al. Comentários à Constituição do Brasil.* 2. ed. São Paulo: Saraiva, 2018. p. 661.

(210) PESSOA, Rodrigo Monteiro. *A proteção das relações trabalhistas face a automação para a concretização do desenvolvimento.* 162 f. Dissertação (Mestrado) — Faculdade de Direito, Universidade Federal da Paraíba, Paraíba, 2013. p. 44.

(211) *Ibid.* p. 45.

Com base em todos estes elementos, é possível afirmar que o termo "proteção em face da automação" do art. 7º, XXVII da Constituição Federal, mesmo passados mais de 35 anos, é um termo abrangente, que engloba todo tipo de novas tecnologias que de alguma forma afetem os empregos humanos. Assim, a regulamentação desse dispositivo a cada ano que passa se torna mais essencial, considerando que as tecnologias atuais apresentam um grau de evolução cada vez maiores, já sendo sentidos os efeitos sobre os empregos em diversos setores.

Para finalizar este tópico, pertinentes as palavras de Francisco Gérson Marques de Lima que, contra os discursos pessimistas do fim dos empregos, já expressava seu entendimento acerca da necessária proteção em face da automação:

> Por diversas vezes, a sociedade surpreendeu os vaticínios pessimistas, demonstrando que a tecnologia não substituirá o trabalho humano. O que ela exigirá serão novas habilidades do trabalhador, nova formação e diferente qualificação. Alguém precisará saber fazer novas máquinas, consertá-las, manuseá-las, aperfeiçoá-las etc. Isto tudo é trabalho — humano, portanto. A transição entre tecnologias é que precisa ser muito bem administrada, a fim de evitar o caos social. É assim que se entende a proteção em face da automação, prevista no inciso XXVII do artigo 7º da Constituição Federal.[212]

Destarte, com relação a este primeiro macro desdobramento da quarta revolução industrial nos tradicionais contratos de emprego, são essas as considerações, podendo ser ratificado que há uma necessidade de urgente regulamentação do art. 7º, XXVII da CF, bem como uma leitura sob o viés da nova hermenêutica constitucional ou da interpretação integrativa de Raimundo Falcão, para que seja possível defender uma mutação constitucional que alargue o conceito de automação para albergar as novas tecnologias em geral, que de alguma forma visem substituir o trabalho humano.

No tópico a seguir, a abordagem deste livro muda de rumo e será destacado o outro macro desdobramento da quarta revolução industrial, que é a ampliação dos novos modelos de negócios gerados a partir das novas tecnologias, sendo dada maior ênfase à chamada economia do compartilhamento e quais os riscos dessas novas modalidades para a classe trabalhadora, demonstrando como podem afetar todo rol de direitos fundamentais trabalhistas previstos na Constituição Federal.

---

(212) LIMA, Francisco Gérson Marques de. Os valores sociais do trabalho: entre o interesse empresarial e os direitos fundamentais do trabalhador. A contribuição da hermenêutica constitucional. *In*: LIMA, Francisco Gérson Marques de; LIMA, Francisco Meton Marques de; MOREIRA, Sandra Helena Lima. *Repensando a doutrina trabalhista:* o neotrabalhismo em contraponto ao neoliberalismo. São Paulo: LTr, 2009. p. 88.

5. NOVOS MODELOS DE NEGÓCIOS E OS RISCOS PARA A PROTEÇÃO CONSTITUCIONAL DOS TRABALHADORES

Até o presente momento, foi feita uma abordagem da importância da regulamentação do inciso XXVII, do art. 7º, da CF, para buscar proteger os empregos em face das inovações tecnológicas que têm avançado. Ocorre que, paralelo às ameaças advindas das novas tecnologias que visam a substituição do trabalho humano por máquinas, há outro macro desdobramento da quarta revolução industrial que tem trazido uma série de riscos aos direitos trabalhistas preconizados no art. 7º da CF, e aqui não se está tratando apenas de um inciso isolado, mas de todo o rol de direitos previstos no art. 7º, como salário mínimo, férias, 13º salário, FGTS, aviso prévio, garantia provisória de emprego e todos os demais direitos do extenso rol, que é tido como de direitos fundamentais dos trabalhadores urbanos e rurais. Essa nova ameaça a esses direitos pode ser denominada de novos modelos de negócio que geram novas formas de contratação laboral.

Em síntese, pode-se dizer que estes novos modelos de negócios utilizam determinados artifícios para buscar afastar pelo menos um dos quatro requisitos da relação de emprego (arts. 2º e 3º da CLT), geralmente buscando afastar a subordinação ou a habitualidade. Para justificar tratar-se de um novo tipo de pacto de labor, são utilizados discursos do tipo "trabalhe no seu tempo", "use seu tempo extra", etc. É vendida a ideia de modernidade, de empreendedorismo, havendo desde o incentivo à constituição de pessoas jurídicas (pejotização) até o trabalho em nuvem de trabalhadores, na chamada economia do compartilhamento.

Considerando que as novas tecnologias, especialmente por meio de plataformas digitais, têm permitido o avanço da economia do compartilhamento, será dada ênfase a esta, que tem avançado nos mais diversificados seguimentos, como será demonstrado a seguir.

5.1 A ECONOMIA DO COMPARTILHAMENTO: JUSTIFICATIVAS E RISCOS PARA A CLASSE TRABALHADORA

Uma das principais projeções da quarta revolução industrial é o desenvolvimento de tecnologias executadas a partir de plataformas digitais. Essas plataformas tornam possível o que tem sido denominado de economia sob demanda ou economia compartilhada. No geral, essas plataformas podem ser usadas em um smartphone, reúnem pessoas, ativos e dados, criando formas inteiramente novas de consumir bens e serviços. Elas têm derrubado barreiras para que empresas e indivíduos criem riqueza, alterando de forma disruptiva, em muitas das vezes, os ambientes pessoais e profissionais.(213)

Natália Marques Abramides Brasil(214) aduz que o conceito de economia compartilhada surgiu por volta dos anos 1990, nos Estados Unidos, tendo como marco inicial a criação de sites como o Ebay, que permitem a venda ou troca de produtos usados diretamente entre os usuários. A autora reforça que, no final da primeira década de 2000, em meio ao contexto de crise econômica e do discurso da sustentabilidade ambiental, a ideia de compartilhamento ganhou força em outros setores, expandindo-se para outras espécies de negócios, como compartilhamento de caronas e imóveis. Atualmente, a autora enfatiza que houve o surgimento de modelos de negócio que, embora não ofereçam compartilhamento de bens ou serviços propriamente dito, utilizam *modus operandi* semelhante, oferecendo serviço por meio de plataformas digitais, com emprego de tecnologia de ponta, que permite ao usuário consumidor benefícios tanto em relação à comodidade da contratação como também em relação a seu preço, que comumente é inferior ao praticado no mercado tradicional.

Diante desse cenário, é pertinente destacar, como assevera Natália Marques Abramides Brasil(215), que o termo "economia compartilhada" passou a ser utilizado de forma indistinta, em meio ao entusiasmo com o surgimento de modelos de negócios via aplicativos, inclusive abrangendo empresas que, embora operem tecnologias informacionais de ponta, apresentam, em diversos aspectos, dinâmicas das relações de trabalho muito parecidas com as empresas tradicionais, como seria o caso da empresa Uber.

---

(213) SCHWAB, Klaus. *A quarta revolução industrial*. Tradução: Daniel Moreira Miranda. São Paulo: Edipro, 2016. p. 28.

(214) BRASIL, Natália Marques Abramides. *Relações de trabalho em plataformas digitais:* desafios ao modelo tradicional do direito do trabalho. Rio de Janeiro: Lumen Juris, 2019. p. 56.

(215) *Ibid.* p. 57.

Klaus Schwab[216] destaca que o modelo da Uber simboliza o poder de ruptura dessas plataformas tecnológicas. Esse tipo de empresa de plataforma tem se multiplicado rapidamente, oferecendo novos serviços que vão desde a lavagem de roupas até a realização de compras, de tarefas domésticas até estacionamentos, de casas para estadia até o compartilhamento de transporte de longa distância. O autor destaca que todas têm em comum a propagação da confiança, pois emparelham oferta e demanda de uma forma bastante acessível e de baixo custo, oferecendo diversas mercadorias aos consumidores e permitindo que ambas as partes interajam e façam *feedbacks.* Isso acaba permitindo o uso eficaz de ativos econômicos subutilizados. Em outras palavras, aqueles pertences que ficam em posse de apenas um único indivíduo, que não faz muito uso deles, podem agora ser compartilhados com outras pessoas, que pagam um valor menor para ter um lugar no carro, um quarto de uma casa ou uma intermediação comercial entre um varejista e um fabricante, ou do tempo e habilidade para oferecer um serviço de entrega, de reparo doméstico ou de tarefas administrativas etc.

Vale destacar que alguns autores preferem utilizar nomenclaturas diversas de economia do compartilhamento, para denominar o mesmo fenômeno digital e social em estudo. Na Itália, por exemplo, Gionata Cavallini[217] fala da atenção dada pelos juristas locais à questão da qualificação da relação jurídico trabalhista dos trabalhadores da chamada *gig economy,* que poderia ser traduzida como a "economia do bico". O autor reforça que a atenção dada é de fácil explicação, pois os modelos organizativos adotados pelas plataformas informáticas, as quais fornecem atividade de trabalho sob demanda, representam um verdadeiro desafio para o direito trabalhista e sindical, já que introduzem elementos novos no que diz respeito às noções tradicionais de empregado e empregador, trazendo a aparente possibilidade das plataformas "fugirem" do direito trabalhista (subordinado) e dos seus vínculos.

Gionata Cavallini[218] destaca ainda que a inovação tecnológica proporciona, pelo menos aparentemente, o desenvolvimento de novos modelos de organização do fator trabalho, os quais permitem evitar a aplicação da regra protetiva do trabalho subordinado, determinando o surgimento de uma multidão de pessoas sempre à disposição (*just-in-time work force),* que,

(216) SCHWAB, Klaus. *A quarta revolução industrial.* Tradução: Daniel Moreira Miranda. São Paulo: Edipro, 2016. p. 28.

(217) CAVALLINI, Gionata. Impactos das novas tecnologias nas relações de trabalho: qualificação do vínculo e subordinação. *In*: LUDOVICO, Giuseppe; ORTEGA, Fernando Fita; NAHAS, Thereza Christina. *Novas tecnologias, plataformas digitais e direito do trabalho:* uma comparação entre Itália, Espanha e Brasil. São Paulo: Thomson Reuters Brasil, 2020. p. 49-51.

(218) *Ibid.* p. 51.

contudo, encontram-se em condições de extrema dificuldade econômica e de precariedade contratual, e que precisam de, pelo menos, uma parte das tutelas previstas em lei a favor dos trabalhadores subordinados.

Na doutrina brasileira, Francisco de Assis Barbosa[(219)] destaca que os instrumentos da *gig economy* possibilitam o contato direto entre pessoas e empresas localizadas em qualquer lugar do mundo sem (supostamente) formação de vínculo formal de emprego. Destaca assim que basta o uso de plataformas online ou aplicações digitais para que ocorra esta relação, podendo esta abarcar uma enorme variedade de serviços, que vão desde uma simples faxina até os prestados por profissionais de alta qualificação, como médicos e advogados. O autor destaca ainda que a *gig economy* pode se dividir em duas macros áreas denominadas de *crowd works* e *work-on-demand.*

Trazendo a definição destas subdivisões da gig economy, Gionata Cavallini[(220)] esclarece que o *work-on-demand-via-app (trabalho sob demanda via aplicativo) identifica as prestações de serviços,* cujo objeto são atividades "tradicionais" desenvolvidas em uma determinada realidade geográfica por meio de uma plataforma de informática, a qual permite o contato do trabalhador com o usuário que quer usufruir do serviço. Nessa categoria, estão incluídas as atividades de transporte de pessoas (Uber, 99, Lyft), de entrega de mercadorias (iFood) ou de outro tipo de suporte.

Já o *crowd work* (trabalho-multidão) tem como objeto o desenvolvimento de atividade de natureza não manual, mas intelectual e, em particular, abrange o desenvolvimento das atividades que o ser humano ainda é capaz de desenvolver melhor do que a inteligência artificial, podendo ser definida pela sigla em inglês HITS *(human intelligence tasks).* O autor destaca que se incluem, entre as HITS, as atividades monótonas e repetitivas como efetuar um reconhecimento facial ou transcrever os conteúdos de um documento ou de um arquivo de áudio, mas também atividade de conteúdo profissional mais elevado, como traduções e alguns trabalhos de gráfica. Destaca ainda que os HITS podem ser desenvolvidos por pessoas em qualquer lugar do mundo, desde que conectadas à web, sem a necessidade de uma conexão

---

(219) BARBOSA JÚNIOR, Francisco de Assis. *Gig economy e contrato de emprego:* aplicabilidade da legislação trabalhista aos vínculos de trabalho da nova economia. São Paulo: LTr, 2019. p. 29.

(220) CAVALLINI, Gionata. Impactos das novas tecnologias nas relações de trabalho: qualificação do vínculo e subordinação. *In*: LUDOVICO, Giuseppe; ORTEGA, Fernando Fita; NAHAS, Thereza Christina. *Novas tecnologias, plataformas digitais e direito do trabalho:* uma comparação entre Itália, Espanha e Brasil. São Paulo: Thomson Reuters Brasil, 2020. p. 52.

física entre trabalhador e usuário, razão pela qual fala-se que o *crowd work* envolve uma força de trabalho, de certa forma, virtual.(221)

Realizando exemplo prático de *crowd work, Francisco de Assis Barbosa Junior*(222) cita que o caso mais conhecido é da Amazon Mechanical Turk (MTurk), que oferece a execução de tarefas envolvendo a inteligência humana. Aduz que, acessando o site da empresa na internet, o solicitante pode escolher entre aproximadamente 3.000 tarefas oferecidas a quem pretende ver executada. No caso, há diferenças significativas entre solicitantes e fornecedores, sendo que os primeiros estabelecem as condições de contratação, podendo recusar os serviços prestados, além de avaliarem as tarefas feitas. A nota dada é de essencial importância, pois eventual futura contratação dos serviços do fornecedor por outro solicitante está diretamente ligada à sua avaliação, podendo a Amazon encerrar unilateralmente a conta do fornecedor mal avaliado.

E complementando os exemplos do *work-on-demand-via-app,* Francisco de Assis Barbosa Júnior(223) elenca os serviços de transporte, limpeza, além de tarefas administrativas e de escritório. O oferecimento dos serviços ocorre via aplicativos, os quais estabelecem e garantem um determinado padrão de qualidade, assim como seleciona e gerencia a mão de obra. Neste caso, a oferta e a demanda do prestador de serviços e do consumidor são identificadas pelo aplicativo, sendo o labor executado ante uma necessidade apresentada e seu pagamento é realizado logo após a finalização do trabalho.

Teresa Coelho Moreira(224) faz um desenho das novas formas de prestar trabalho, destacando que atualmente há um aplicativo para quase tudo, desde atividades mais simples, como entrega de alimentação, até atividades mais complexas, como prestação de serviços jurídicos, e surgindo todos os dias novas plataformas. Assim, nessa nova sociedade digital, a autora defende que há uma transformação radical da economia, na medida em que há uma enorme redução dos custos de informação e de coordenação, surgindo, como referenciado, as plataformas digitais e uma nova economia, a economia partilhada ou colaborativa.

---

(221) CAVALLINI, Gionata. Impactos das novas tecnologias nas relações de trabalho: qualificação do vínculo e subordinação. *In*: LUDOVICO, Giuseppe; ORTEGA, Fernando Fita; NAHAS, Thereza Christina. *Novas tecnologias, plataformas digitais e direito do trabalho:* uma comparação entre Itália, Espanha e Brasil. São Paulo: Thomson Reuters Brasil, 2020. p. 52.

(222) BARBOSA JÚNIOR, Francisco de Assis. *Gig economy e contrato de emprego:* aplicabilidade da legislação trabalhista aos vínculos de trabalho da nova economia. São Paulo: LTr, 2019. p. 30.

(223) *Ibid.* p. 30.

(224) MOREIRA, Teresa Coelho. *Direito do trabalho na era digital*. Coimbra: Almedina, 2021. p. 37-38.

Reforçando as diversas nomenclaturas dadas a este fenômeno digital e social, a autora põe o trabalho como um fator-chave nessa transformação e revolução, destacando que: "Fala-se, assim, de trabalho 4.0, do trabalho na *gig economy,* que inclui o trabalho em plataformas digitais, e que pode ser o *crowd work, o work-on-demand-via-app,* ou também denominado *crowd work offline,* e que, por isso, não se resume apenas à Indústria 4.0.".

Teresa Moreira[(225)] reforça, como já antecipado acima, que não há um conceito homogêneo ou monolítico deste tipo de trabalho, já que são utilizados diferentes métodos e formas de trabalhar. É relevante para este estudo trazer estes conceitos paralelos à economia do compartilhamento, em especial para que o leitor saiba que em outros escritos podem haver referências às nomenclaturas trazidas até aqui e que do ponto de vista da análise do fenômeno social e jurídico tem absolutamente a mesma conotação, a mesma abordagem para todos. Em todas as leituras feitas para embasar o presente estudo, sempre o pano de fundo são os aplicativos digitais e a intermediação de mão de obra sem o tradicional vínculo de emprego. Por essa razão, e por encontrar um volume maior de referência na precursora economia do compartilhamento, será dada maior ênfase a esta nomenclatura.

Arun Sundararajan[(226)] descreve a economia compartilhada como um sistema econômico que engloba as cinco características a seguir:

> 1. *Amplamente voltada ao mercado*: a economia compartilhada cria mercados que dão suporte às trocas de bens e ao surgimento de novos serviços, resultando em níveis potencialmente mais altos de atividade econômica.
>
> 2. *Capital de alto impacto*: a economia compartilhada abre novas oportunidades para que tudo seja utilizado em níveis mais próximos de sua plena capacidade, desde bens e habilidades até tempo e dinheiro.
>
> 3. *Redes de multidão em vez de instituições ou hierarquias centralizadas*: a oferta de capital e mão de obra surge da multidão descentralizada de indivíduos, em vez de agregados corporativos ou estatais. As trocas futuras podem ser mediadas por mercados distribuídos de multidão, em vez de terceiros centralizados.
>
> 4. *Fronteiras pouco definidas entre o profissional e o pessoal*: a oferta de mão de obra e a prestação de serviços frequentemente comercializa

---

(225) MOREIRA, Teresa Coelho. *Direito do trabalho na era digital.* Coimbra: Almedina, 2021. p. 38.

(226) SUNDARARAJAN, Arun. *Economia compartilhada:* o fim do emprego e a ascensão do capitalismo de multidão. Tradução: André Botelho. São Paulo: Senac, 2018. p. 54-55.

e mensura atividades *peer-to-peer* (entre indivíduos), como dar uma carona ou emprestar dinheiro a alguém, atividades que eram anteriormente consideradas pessoais.

5. Fronteiras pouco definidas entre emprego pleno e casual, entre relação de trabalho com ou sem dependência, entre trabalho e lazer: muitos dos empregos de tempo integral estão sendo substituídos por contratos de prestação de serviços com variação nos níveis de carga horária, granularidade, dependência econômica e empreendedorismo (grifos autorais).

O autor resume bem os conceitos que envolvem a economia do compartilhamento, mas no que tange ao presente estudo, vale destacar em especial a característica número 5, quando este aduz a dificuldade de estabelecer uma fronteira nítida entre o pleno emprego e o casual, entre relação de trabalho com ou sem dependência. Está é a maior discussão que envolve os reflexos deste tipo de negócio nos tradicionais contratos de emprego.

Em termos práticos, e como será destacado mais à frente neste trabalho, o que está em jogo para a classe trabalhadora é se o rol de direitos fundamentais previstos no art. 7º da Constituição Federal se aplica ou não a este grupo de pessoas. Neste ponto, os novos modelos de negócios, surgidos a partir da quarta revolução industrial, especialmente no que tange ao trabalho prestado via intermediação por plataformas digitais, trazem uma grande ameaça aos empregos formais, pois a estes trabalhadores não estão sendo garantidos os direitos fundamentais dispostos no art. 7º da Constituição Federal. Uma solução, conforme tópico mais adiante, seria uma visão literal do texto constitucional, que ampliaria a proteção aos trabalhadores em geral, o que incluiria os uberizados. Mas há vontade jurídica para isso? Será abordado mais adiante.

Ainda no campo das conceituações, Tom Slee[(227)] define a economia do compartilhamento como "uma onda de novos negócios que usam a internet para conectar consumidores com provedores de serviço para trocas no mundo físico, como aluguéis imobiliários de curta duração, viagens de carro ou tarefas domésticas". O autor destaca que na crista da onda estariam as empresas Uber e Airbnb, cada uma mostrando um crescimento exponencial para sustentar a alegação de que estão desbancando as indústrias tradicionais de transporte e hotelaria.

(227) SLEE, Tom. *Uberização:* a nova onda do trabalho precarizado. Tradução: João Peres. Notas da edição: Tadeu Breda, João Peres. São Paulo: Elefante, 2017. p. 33.

Tom Slee[228] destaca que alguns autores definem a economia compartilhada como um novo tipo de negócio, outros como um movimento social. Seria uma espécie de mistura afetiva entre comércio e causa no mundo digital. O autor destaca que a internet está promovendo um mundo mais promissor, capaz de remodelar a sociedade inteira. A tecnologia atual teria a capacidade para resolver os problemas que assolaram a humanidade por séculos, tornando obsoletas as velhas instituições e regras, que são cada vez mais substituídas pela computação.

O discurso que fez crescer a economia do compartilhamento é pautado na promessa de ganhos para todos que estiverem dispostos a fazer trocas informais, como dando carona a um amigo, emprestando uma furadeira, executando tarefas para os vizinhos, podendo haver o escalonamento da prestação de serviços com a utilização das tecnologias de conexão entre as pessoas, fornecidas por meio da internet. A ideia originária era interessante e convincente: indivíduos comuns ajudam pessoas comuns, e estas crescem, sem ter ganho para as grandes corporações, ajudando assim a comunidade[229].

No mesmo sentido, destaca Natália Marques Abramides Brasil[230] que, em termos gerais, a economia compartilhada privilegia a noção de acesso em detrimento da posse de bens, motivada por questões econômicas, ambientais e sociais. A autora reforça que o discurso da sustentabilidade e do esgotamento da capacidade de reabilitação do planeta em face do consumo desenfreado de recursos e matérias-primas, bem como crises econômicas, desencadearam um processo de modificação do paradigma de consumo típico da economia capitalista, passando a ser orientado por princípios como a responsabilidade, reaproveitamento dos bens e colaboração mútua entre os indivíduos de uma comunidade.

Complementando as ideias que embasaram a construção inicial desse modelo de negócios, Geraldo Magela Melo[231] aduz que a visão da economia compartilhada se aproxima do conceito de empoderamento do trabalhador, de solidariedade social, para facilitar a utilização de recursos por todos os

---

(228) SLEE, Tom. *Uberização:* a nova onda do trabalho precarizado. Tradução: João Peres. Notas da edição: Tadeu Breda, João Peres. São Paulo: Elefante, 2017. p. 33.

(229) *Ibid.* p. 34.

(230) ABRAMIDES BRASIL, Natália Marques. *Relações de trabalho em plataformas digitais:* desafios ao modelo tradicional do direito do trabalho. Rio de Janeiro: Lumen Juris, 2019. p. 55.

(231) MELO, Geraldo Magela. A uberização do trabalho doméstico. Limites e tensões. *In:* LEME, Ana Carolina Reis Paes *et al. Tecnologias disruptivas e a exploração do trabalho humano:* a intermediação de mão de obra a partir de plataformas eletrônicas e seus efeitos jurídicos e sociais. São Paulo: LTr. p. 220-226.

envolvidos. Leciona ainda o autor que a promoção do acesso de quem precisa a quem pode prestar o serviço ou fornecer o produto se refere a algum mecanismo que os intermedia, mas com intuito maior de estimular e contribuir para o crescimento do contratante e do contratado, em ajuda mútua e não apenas com mero foco econômico na retribuição financeira pela intermediação realizada.

Todavia, Tom Slee[(232)] adverte que algo completamente diferente vem acontecendo e a economia do compartilhamento está propagando um livre mercado inóspito e desregulado em áreas da vida das pessoas que antes estavam protegidas. As empresas dominantes do setor se tornaram gigantes e, para ganhar dinheiro e para manter suas marcas, estão desempenhando um papel cada vez mais invasivo nas trocas que intermediam. O autor destaca que, em vez de trazer uma nova fase de abertura e confiança pessoal às interações, as empresas estão criando uma nova forma de fiscalização, em que os prestadores de serviços devem viver com medo de ser deletados pelos clientes.

Na mesma linha de pensamento, Eliete Tavelli Alves[(233)] aduz que, em termos práticos, há um desvirtuamento dos verdadeiros objetivos da economia compartilhada, defendendo que algumas empresas vêm aproveitando desse discurso para exploração de mão de obra às margens da legislação trabalhista. Reforça que, longe dos objetivos solidários e da obtenção de vantagens recíprocas, o que se constata é a obtenção de lucros vultosos pelas empresas desenvolvedoras de tais plataformas, exemplificando com a Uber e Airbnb.

Ainda sobre o cenário formado, que destoa do discurso inicialmente traçado, Tom Slee[(234)] destaca que as empresas da economia compartilhada estão dando fortuna a seus investidores e executivos e criando bons empregos para seus engenheiros de programação e marqueteiros, exatamente graças à remoção de proteções e garantias conquistadas após décadas de luta social, e graças à criação de formas de subemprego mais arriscadas e precárias para aqueles que de fato "suam a camisa".

E em que isso tudo tem impactado nos contratos de emprego? Bem, como já destacado em trechos anteriores, é fato notório que não há um

---

(232) SLEE, Tom. *Uberização:* a nova onda do trabalho precarizado. Tradução: João Peres. São Paulo: Elefante, 2017. p. 35.

(233) ALVES, Eliete Tavelli. *Parassubordinação e uberização do trabalho:* algumas reflexões. Rio de Janeiro: Lumen Juris, 2019. p. 96.

(234) SLEE, Tom. *Uberização:* a nova onda do trabalho precarizado. Tradução: João Peres. São Paulo: Elefante, 2017. p. 36.

consenso de que os trabalhadores contratados via plataformas de economia compartilhada possuem os requisitos de um vínculo de emprego. Em razão disso, estes novos negócios têm atraído milhares de prestadores de serviço, que têm deixado sua mão de obra à disposição sem ter as garantias protetivas mínimas dos tradicionais contratos de emprego, como previdência social, férias, FGTS, décimo terceiro salário, aviso prévio etc.

Em termos práticos, pode-se dizer que esses novos modelos de negócios, sem uma legislação específica, e sem aplicação da legislação até então existente, têm criado uma onda de fortes empresas com alta lucratividade e com pouco retorno aos trabalhadores que estão na base da execução dos serviços, criando assim postos de trabalho precarizados. Ricardo Antunes pontua que a tentativa de greve mundial dos motoristas da Uber em maio de 2019 demonstrou que aquilo que parecia o paraíso do trabalho precarizado começou a desvanecer, de modo que os caminhos da confrontação tendem a se ampliar nos próximos anos.(235)

Rodrigo de Lacerda Carelli(236) reforça que o discurso dessas empresas se sustenta basicamente em dois argumentos; primeiro, que realizariam apenas intermediação eletrônica entre oferta e procura, sendo apenas empresas de tecnologia que otimizam o mercado; segundo, que seus trabalhadores seriam autônomos, pois não seriam submetidos à subordinação, já que não teriam horário para cumprir e poderiam inclusive recusar trabalho. O autor defende, todavia, que ambos os argumentos não são convincentes, seja pela falta de respaldo na realidade, seja por não encontrarem guarida no próprio Direito do Trabalho e nos conceitos de empregado, empregador e trabalhador autônomo.

Os contornos jurídicos que envolvem a matéria fazem emergir discussões acerca do alcance do art. 7º da Constituição Federal, bem como sobre qual é o melhor caminho na busca de proteção desses trabalhadores, se seria aplicar as regras da CLT ou buscar um estatuto específico. Esses assuntos passam a ser abordados a partir do próximo tópico.

---

(235) ANTUNES, Ricardo. Trabalho intermitente e uberização do trabalho no limiar da indústria 4.0. *In:* ANTUNES, Ricardo (Org.). *Uberização, trabalho digital e indústria 4.0.* São Paulo: Boitempo, 2020. p. 13.

(236) CARELLI, Rodrigo de Lacerda. O trabalho em plataformas e o vínculo de emprego: desfazendo mitos e mostrando a nudez do rei. *In: CARELLI, Rodrigo de Lacerda; CAVALCANTI, Tiago Muniz; FONSECA, Vanessa Patriota da (Org.). Futuro do trabalho: os efeitos da revolução digital na sociedade. Brasília: ESMPU, 2020. p. 66.*

5.2 A PROTEÇÃO DO ART. 7º DA CONSTITUIÇÃO FEDERAL PODERIA ALCANÇAR OS TRABALHADORES UBERIZADOS?

Como visto em tópicos precedentes, a hermenêutica constitucional pode ser uma forte aliada da classe trabalhadora na busca da efetivação de direitos fundamentais inerentes a esta classe social. Ocorre que nem sempre a hermenêutica constitucional tem sido favorável à classe obreira, seja por falta de vontade jurídica, mas principalmente por falta de vontade política das classes legislativas e do próprio poder judiciário, que têm fugido dos grandes debates derredor das novas tecnologias e repercussões nos contratos de emprego, dando rasa interpretação em oceano que merece mergulhos mais profundos. Prova disso tem sido o embate travado no âmbito do Tribunal Superior do Trabalho acerca da existência ou não de vínculo de emprego entre a empresa Uber e seus "prestadores de serviços".

Em sendo qualquer outro tipo de negócio tradicional (imagine-se uma pequena mercearia de bairro), a tendência era a análise da existência de vínculo de emprego, ou não, a partir do caso concreto, sendo observados na essência os seguintes pontos, tão comuns em qualquer instrução processual de primeira instância: 1. O reclamante prestava os serviços de forma pessoal ou poderia enviar alguém em seu lugar? 2. Quantos dias na semana o reclamante prestava serviços? 3. Em média, quantas horas por dia? 4. O reclamante era remunerado por estes serviços? 5. Existia alguma forma de controle ou punição?

A resposta a estes questionamentos conduz a um retorno objetivo se o reclamante é ou não empregado, se existia ou não na relação os quatro requisitos da relação de emprego, fincados nos arts. 2º e 3º da CLT: pessoalidade, habitualidade, onerosidade e subordinação. Em nossa concepção, um trabalhador da Uber que presta serviços uma única vez por semana, para garantir uma renda extra naquele dia, não se enquadra nos termos do vínculo de emprego, ou aquele que aproveita a ida à faculdade e no caminho "pega" um passageiro e não faz nenhuma outra viagem. Por outro lado, situação diversa é dos trabalhadores que passam várias horas por dia, em vários dias por semana e na maioria das semanas do mês prestando serviços para a Uber.

É obvio que este trabalhador possui todos os requisitos da relação de emprego. Ou seja, a mesma situação inicial pode desdobrar em duas situações distintas, a depender do caso concreto. A questão então é analisar o caso fático ocorrido em cada situação, mas não afastar de pronto o reconhecimento de vínculo, sem sequer analisar as questões fáticas que desenham um quadro nos moldes da relação de emprego. Mais à frente, neste trabalho, será destacada a solução adotada pelo Estado da Califórnia, nos EUA, que determina a realização de um teste, em forma de perguntas, para chegar à conclusão se há ou não vínculo de emprego, em uma solução parecida com a acima apontada, onde as perguntas seriam respondidas em uma instrução processual.

Vale destacar que esse problema interpretativo seletivo na aplicação da Constituição Federal não é novidade. Em texto em que explanam sobre a realização em cascata da Constituição, Francisco Meton Marques de Lima e Adalgisa Costa Melo(237) propõem que existe uma hermenêutica sociológica, em que a Carta Política possui um grau de eficácia escalonado, conforme o estrato social aonde ela vai chegando. Em outras linhas, os autores explanam que, enquanto a cúpula política lê o texto constitucional como um pacto de poder, os ricos e os intelectuais a demandam como um pacto de elites, já os trabalhadores a recebem como um contrato social inadimplido.

Tratando então da leitura da Constituição a partir do ponto de vista dos trabalhadores, a Constituição deveria ser a garantia de emprego, de salário, de seguro-desemprego, de moradia, de transporte, de seguro social, de assistência à saúde e à educação básicas. Contudo, os autores destacam que, embora seja esse o desejo da classe trabalhadora, buscando o básico para viver, essa Constituição obreira encontra muitos adversários poderosos, de modo que suas normas vão operando num mar de tensões entre pretensões e sua realizabilidade(238).

Em termos práticos, Francisco Meton Marques de Lima e Adalgisa Melo(239) defendem que a sonhada Constituição dos trabalhadores se revela frágil, sendo distanciada da realidade desse povo, tornando-se cada vez mais utópica, com o emprego sumindo, a estabilidade sonegada, a saúde menos observada, sem remédios, sem moradia e a aposentadoria só às vésperas da morte. E reforçam os autores:

Aqui, o contrato social não se materializou na Constituição, visto que essa faixa da sociedade se sente traída na hora da interpretação e efetivação dos direitos proclamados em letras garrafais. Na mesma proporção que se aproxima do contrato social no seu aspecto formal, se distancia na sua aplicação. É um contrato fraudado, cheio de obrigações inadimplidas. O caule da árvore dos direitos sociais começa a ser carcomido por parasitas vigorosos e famintos, representados pela sanha neoliberal, que vem patrocinando

---

(237) LIMA, Francisco Meton Marques de; MELO, Adalgisa Costa. A realização em cascata da Constituição. *Revista Teoria Jurídica Contemporânea,* Rio de Janeiro, v. 6, 2021. PPGD/UFRJ, 2021. p. 1-22.

(238) *Ibid.* p. 11.

(239) *Ibid.* p. 11.

verdadeira mutação constitucional *in pejus*, em detrimento do paradigma constitucional social.(240)

Toda essa introdução falando sobre análise de caso concreto, seguida da certeira análise acima descrita, para quem há uma interpretação em cascata do texto constitucional, sendo feita sua interpretação a partir do jogo de interesses políticos, econômicos, sociais etc., envolvidos, é apenas para reforçar que a Constituição Federal de 1988, no rol do art. 7º, estabelece que são direitos dos "trabalhadores urbanos e rurais", não estando assim se referindo apenas a empregados. O modelo mais tradicional de interpretação, a literal, conduziria de forma inequívoca a esta conclusão. Repita-se, a Constituição não fala de direitos dos "empregados", não fala dos "regidos pela CLT", fala dos "trabalhadores", que é gênero, que engloba várias subcategorias, podendo ser incluídos aí os "uberizados". Nesse mesmo sentido, pertinentes as palavras de Natália Marques Abramides Brasil(241):

> Outrossim, a ampliação do campo de incidência dos direitos garantidos pelo art. 7º, da Constituição Federal, para os trabalhadores de forma geral, e não apenas empregados, uma vez que a própria Carta Magna não faz tal distinção em seu texto expresso, representa uma alternativa possível aos embates travados continuamente sobre o tema do enquadramento de novos modelos em autônomo ou subordinado. Com isso, permitir-se-ia que todos pudessem usufruir de um patamar mínimo de direitos, tendo em vista que, com o surgimento de novas formas de relação, tal discussão tende a se repetir a cada vez que uma determinada relação de trabalho surgir com nova roupagem.

Também alinhada ao que fora defendido no exemplo posto no início deste tópico, Natália Marques Abramides Brasil(242) assevera que caberia a inversão do ônus probatório, no sentido de que todo trabalhador faria jus presumidamente aos direitos contidos no rol do art. 7º da CF, salvo se comprovada a efetiva existência de estrutura organizacional de empresa, apta a afastar a aplicabilidade do artigo em análise.

---

(240) LIMA, Francisco Meton Marques de; MELO, Adalgisa Costa. A realização em cascata da Constituição. *Revista Teoria Jurídica Contemporânea,* Rio de Janeiro, v. 6, 2021. PPGD/UFRJ, 2021. p. 11.

(241) BRASIL, Natália Marques Abramides. *Relações de trabalho em plataformas digitais:* desafios ao modelo tradicional do direito do trabalho. Rio de Janeiro: Lumen Juris, 2019. p. 175-176.

(242) *Ibid.* p. 176.

Nessa mesma linha de pensamento, em trecho em que defende a construção de regras próprias aos trabalhadores de plataformas digitais, assim assevera André Gonçalves Zipperer(243):

> Já o *caput* do art. 7º da Carta Magna nomina, como destinatários dos direitos sociais, os trabalhadores; conceito mais amplo que, na sistemática constitucional (e como já sustentamos), conjuga-se ao de relação de trabalho. Deduz-se, portanto, que a extensão do núcleo dos direitos fundamentais trabalhistas a trabalhadores não empregados deverá ser traçada a partir dos contornos da relação de trabalho *lato sensu*.

Essa interpretação do *caput* do art. 7º da CF carrega em grande escala paz aos conflitos sociais trabalhistas surgidos a partir do desenvolvimento de novos modelos de negócios, que trazem novas roupagens para as formas de contratação e prestação de serviços trabalhistas. Não haveria assim a necessidade de ser empregado para ter acesso aos direitos fundamentais postos na CF, todavia, isso apenas seria possível com a aquiescência dos poderes políticos envolvidos, incluindo o poder judiciário, o que não parece ser de fácil via.

Não por acaso, Francisco Meton Marques de Lima(244) já defendia que a Constituição de 1988 avançou no rol de direitos trabalhistas, destacando que o art. 7º constitucionalizou os direitos básicos e lhes ampliou, todavia, ressalva que, enquanto se sonhava com o progresso na então recém proclamada Constituição, um novo paradigma se levantava na direção oposta. Assim, destaca que a CF de 1988 já nasceu para atuar contra fatores reais de poder adversos, estabelecendo-se uma tensão enorme entre o texto e os fatos, a exigir do intérprete que extraia desse texto as normas que, de início, não comportariam o seu programa normativo.

Destaca ainda que desde 1989, no Consenso de Washington, foi idealizado um novo modelo econômico denominado de neoliberalismo, cujas consequências primárias consistiam na flexibilização das normas de proteção ao trabalhador e as secundárias no fenômeno da terceirização da mão de obra, o que fez surgir uma miríade de empresas fornecedoras de mão de

---

(243) ZIPPERER, André Gonçalves. *A intermediação de trabalho via plataformas digitais:* repesando o direito do trabalho a partir das novas realidades do século XXI. São Paulo: LTr, 2019. p. 202.

(244) LIMA, Francisco Meton Marques de. O neotrabalhismo. *In*: LIMA, Francisco Gérson Marques de; LIMA, Francisco Meton Marques de; MOREIRA, Sandra Helena Lima. *Repensando a doutrina trabalhista:* o neotrabalhismo em contraponto ao neoliberalismo. São Paulo: LTr, 2009. p. 24.

obra e prestação de serviços. O autor destaca que os antigos operários são estimulados a se tornarem autônomos, rescindindo seus contratos de trabalho para se instalar por conta própria e fornecer serviços à mesma empresa da qual eram empregados.[245] Qualquer semelhança com a realidade cotidiana não é mera coincidência, é sinal que a semente plantada em 1989 germinou e vem crescendo.

Não bastasse, os novos modelos de negócios conseguem dar novas roupagens às formas de contratação, e o discurso de autonomia, da ausência de subordinação, é tentador para a mente humana: "eu faço meus horários", "eu trabalho no dia que quero". O cotidiano social e econômico, contudo, força esse trabalhador a laborar todos os dias, porque as contas estão chegando, porque os alimentos aumentam de valor, porque a família aumentou e quem julgava trabalhar por conta própria passa a usar um jugo invisível, trabalhando para aumentar um capital cada dia maior, sem as contraprestações mínimas do art. 7º da Constituição Federal.

Francisco Meton Marques de Lima[246] reforça então que a marginalidade trabalhista se alevanta, apelidada de informalidade, na qual o trabalhador encontra seu meio de subsistência, aduzindo que esse setor não emprega, mas proporciona ocupação para um grande contingente. Aduz o autor que esse grupo se encontra órfão da proteção estatal, que por sua vez vem regulamentando modelos de trabalho autônomos pulverizados sob múltiplas modalidades, sem uma coerência, de modo que o que seria emprego se tenta dizer que não é, o que acaba por aumentar o contingente de excluídos do sistema oficial de direitos, ou com seus direitos fraudados sob o beneplácito do Poder Público. Apesar de não se referir expressamente ao trabalho em plataformas digitais, a lógica de desregulamentação e fuga ao tradicional contrato de emprego é absolutamente a mesma, apenas avançaram os meios de propagar a informalidade laboral, dessa vez por meio dos avanços da quarta revolução industrial.

E manifestando as mesmas preocupações trazidas acima, sobre o papel do Poder Judiciário no enfrentamento das grandes questões trabalhistas, Francisco Meton Marques de Lima[247] aduz que a jurisprudência não encontra um leito por onde correr, destacando a jurisprudência conservadora no âmbito do TST, e o STF, que cada vez que se manifesta sobre matéria traba-

---

(245) LIMA, Francisco Meton Marques de. O neotrabalhismo. *In*: LIMA, Francisco Gérson Marques de; LIMA, Francisco Meton Marques de; MOREIRA, Sandra Helena Lima. *Repensando a doutrina trabalhista:* o neotrabalhismo em contraponto ao neoliberalismo. São Paulo: LTr, 2009. p. 24.

(246) *Ibid*. p. 25.

(247) *Ibid*. p. 25.

lhista, ao invés de pacificar, acaba desassossegando cada vez mais. A título ilustrativo recente, destaque-se a decisão que declarou inconstitucional a TR como fator de atualização das dívidas reconhecidas em processos trabalhistas, mas determinou a sua substituição pela SELIC, retirando, entretanto, os juros de 1% ao mês, em decisão completamente *extra petita, mas se trata da Suprema Corte.*

Francisco Gérson Marques de Lima(248) opina que, no geral, o STF tem se mostrado conservador, socialmente tímido, averso às questões trabalhistas e castrador das competências constitucionais da Justiça do Trabalho. Embora a opinião tenha sido escrita em 2009, de lá pra cá não houve qualquer mudança no cenário e a percepção é notória, bastando trocar ligeiras palavras com qualquer operador do direito militante na seara laboral.

Voltando ao ponto central deste tópico, se é possível uma interpretação literal da Constituição Federal para garantir todos os direitos previstos no rol do art. 7º a todos os trabalhadores, sejam eles celetistas ou "uberizados", a resposta atual seria não, mas é crescente a corrente que defende uma extensão dos direitos fundamentais trabalhistas a todos os trabalhadores. Gabriela Neves Delgado e Bruna Vasconcelos de Carvalho(249) também fazem uma leitura expansiva dos direitos fundamentais trabalhistas, para estender sua aplicação para toda e qualquer relação de trabalho, pois isso se alia ao reconhecimento do direito de cidadania para todo e qualquer trabalhador, o que afastaria a antiquada noção de hierarquia laboral, com trabalhadores com níveis de acessos diferentes aos direitos fundamentais que são garantidos a todos.

É claro que a doutrina pode levantar esse debate e buscar aos poucos ir galgando uma interpretação nesse sentido por parte dos Tribunais Superiores, mas em um cenário ainda bem distante. Não tratando de forma direta dessa temática, mas deixando clara a importância do registro em CTPS para

---

(248) LIMA, Francisco Gérson Marques de. Os valores sociais do trabalho: entre o interesse empresarial e os direitos fundamentais do trabalhador. A contribuição da hermenêutica constitucional. *In*: LIMA, Francisco Gérson Marques de; LIMA, Francisco Meton Marques de; MOREIRA, Sandra Helena Lima. *Repensando a doutrina trabalhista:* o neotrabalhismo em contraponto ao neoliberalismo. São Paulo: LTr, 2009. p. 102.

(249) DELGADO, Gabriela Neves; CARVALHO, Bruna Vasconcelos de. Direitos fundamentais para quem? Reflexões sobre o trabalho plataformizado na perspectiva do direito constitucional do trabalho. *In: PORTO, Noemia; LOURENÇO FILHO, Ricardo; CONFORTI, Luciana Paula (Orgs.) Plataformas digitais de trabalho: aspectos materiais e processuais. Brasília: ANAMATRA; ENAMATRA, 2021. p. 50.*

garantir os direitos fundamentais dos trabalhadores, pertinentes as lições de Francisco Gérson Marques de Lima[(250)]:

> De fato, a CF/88 estabelece direitos trabalhistas em geral, enfaticamente os individuais no art. 7º; os inerentes ao sindicalismo, no art. 8º, a greve, no art. 9º; e outros de participação de trabalhadores em órgãos públicos de representação e de negociação direta com os empregadores, nos arts. 10 e 11. Mas todos estes direitos pertinem ao trabalho formal, cuja porta de entrada é a assinatura da Carteira de Trabalho e Previdência Social (CTPS). Ou seja, a formalização da contratação, perante o Estado, tem um pré-requisito essencial: a assinatura da CTPS. Apesar do primado da primazia da realidade, que orienta os órgãos públicos, sobretudo os de fiscalização, a obrigarem as empresas a realizarem os registros de estilo e adimplirem suas obrigações trabalhistas, todos os demais direitos constitucionalmente assegurados aos trabalhadores caem no vazio e na inoperância se não houver assinatura da CTPS.

Destarte, do ponto de vista interpretativo atual, embora seja válida a sugestão doutrinária de aplicar o art. 7º da CF/88 a todos os trabalhadores, independentemente de haver relação de emprego ou não, em termos práticos não se vislumbra aplicação, razão pela qual essa não é a melhor saída para o problema de limitação de acesso aos direitos fundamentais dos trabalhos uberizados, mas que deve ser lembrado, caso se opte pela criação de um estatuto próprio, conforme será detalhado em tópico mais à frente, de modo a servir de parâmetro de direitos mínimos que devem ser garantidos a esses trabalhadores. Outras possíveis saídas para esta problemática social, que este estudo busca analisar, também estarão nos próximos tópicos.

5.3 TRABALHO PARASSUBORDINADO — UMA CRIAÇÃO PARA FAZER FRENTE À SUBORDINAÇÃO CLÁSSICA

Como analisado nas primeiras páginas deste livro, de tempos em tempos, desde a primeira revolução industrial, há o surgimento de novas tecnologias que dão fim a determinados postos de trabalho e fazem surgir outros. Além de finalizar e fazer surgir novos tipos de prestação de serviços,

---

(250) LIMA, Francisco Gérson Marques de. Os valores sociais do trabalho: entre o interesse empresarial e os direitos fundamentais do trabalhador. A contribuição da hermenêutica constitucional. *In*: LIMA, Francisco Gérson Marques de; LIMA, Francisco Meton Marques de; MOREIRA, Sandra Helena Lima. *Repensando a doutrina trabalhista:* o neotrabalhismo em contraponto ao neoliberalismo. São Paulo: LTr, 2009. p. 105.

há uma mudança de como os serviços são prestados. Nesses saltos temporais, quando surgem novas modalidades de prestação de labor, o capitalismo tem articulado convincentes discursos, que têm se transformado em eficazes doutrinas de convencimento, seja da classe trabalhadora, seja da classe intelectual do direito, que replica os argumentos e desagua na criação de jurisprudência em favor das teses capitalistas. Também de tempos em tempos, a contra doutrina epistêmica se levanta e busca meios de fazer sucumbir as teses primárias, visando alcançar uma síntese favorável ao equilíbrio na balança entre capital e trabalho.

Em meio a um desses períodos, em especial no pós-Segunda Guerra Mundial, que deu início à expansão na prestação de labor no setor de serviços, houve uma mudança, na verdade um alargamento, pois permaneceu a possibilidade do trabalho prestado nas fábricas, que foi o berço da criação de normas trabalhistas, mas surgiram novas formas de labor no setor de serviços. Durante algum tempo não se questionou a aplicação do ferramental protetivo dos trabalhadores fabris aos trabalhadores dessa modalidade em expansão, todavia, ao primeiro sinal de crise econômica, o capitalismo começou a agir e, dentro de uma dessas ações, nasceu o conceito de trabalho parassubordinado, que mascara um discurso de proteção a determinadas formas de prestação de labor, no intuito de desregular e, portanto, retirar direitos dos trabalhadores que eventualmente se encaixem nesse conceito.

Na visão de Francisco Meton Marques de Lima[(251)], o processo de globalização, aliado ao ideal neoliberal, significando retorno ao liberalismo clássico, do Estado mínimo, que tem a bandeira da flexibilização das relações de trabalho como uma das consequências mais acentuadas, e cuja dinâmica é cada vez mais diversificada em virtude do avanço das tecnologias em todos os quadrantes, vem triturando os postos de trabalho e exigindo mais qualificação profissional. O autor destaca que essa transformação decorre muito mais do fenômeno cultural pós-modernista, que prestigia o fugaz, o passageiro, o fogo de palha, a aparência, o descartável, o transitório, que teria iniciado justamente em 6 de agosto de 1945, quando a bomba atômica explodiu em Hiroshima.

Francisco Meton Marques de Lima[(252)] destaca então que a flexibilização se manifesta sob duas formas: *adaptação*, que é a versão moderada, e desregulamentação, que é a forma mais radical. O autor reforça que a

---

(251) LIMA, Francisco Meton Marques de. O neotrabalhismo. *In*: LIMA, Francisco Gérson Marques de; LIMA, Francisco Meton Marques de; MOREIRA, Sandra Helena Lima. *Repensando a doutrina trabalhista:* o neotrabalhismo em contraponto ao neoliberalismo. São Paulo: LTr, 2009. p. 52.

(252) *Ibid.* p. 53.

flexibilização, a pretexto de abrir o mercado para novas oportunidades de trabalho e preservar a sobrevivência das empresas, vem, na verdade, produzindo a precarização do trabalho, representando um aumento do número de trabalhadores que não gozam das garantias sociais.

Ricardo Antunes(253), tratando das ideias capitalistas no plano mundial, nas últimas quatro décadas, assevera que houve o rompimento com o padrão fordista, para buscar meios flexíveis e precarizadores do trabalho. O autor defende que a lógica financeira, para além de sua dimensão econômica, atinge todos os âmbitos da vida social, dando um novo conteúdo aos modos de trabalho e de vida, sustentados na volatilidade, na efemeridade e na descartabilidade sem limites. Seria então a lógica do curto prazo, que incentiva a permanente inovação no campo da tecnologia, dos novos produtos financeiros e da força de trabalho, tornando obsoletos e descartáveis os homens e as mulheres que trabalham. O autor arremata dizendo que são tempos de desemprego estrutural, de trabalhadores e trabalhadoras empregáveis no curto prazo, por meio das novas e precárias formas de contrato, em que terceirização, informalidade, precarização, materialidade e imaterialidade são mecanismos vitais, tanto para a preservação quanto para a ampliação da sua lógica.

Dentro dessa perspectiva, o modelo de trabalho dito parassubordinado surgiu como uma resposta do capitalismo, que busca diversificar as estruturas tradicionais, para modificar as formas de contratação, para justificar a não aplicação do aparato protetivo do direito do trabalho a determinadas formas de contratação.

Eliete Tavelli Alves(254) leciona que o contexto econômico e social das últimas décadas, marcado em especial pela descentralização produtiva, pela inovação tecnológica e pelo aparecimento de novas profissões, trouxe uma economia pós-industrial de serviços. Isso teria culminado na crise da tradicional dicotomia entre trabalho subordinado e trabalho autônomo, fazendo surgir um "terceiro gênero" de contrato de labor, que seria o parassubordinado, que também pode ser denominado de trabalho autônomo economicamente dependente.

---

(253) ANTUNES, Ricardo. *O privilégio da servidão*: o novo proletariado de serviços na era digital. 2. ed. São Paulo: Boitempo, 2020. p. 157-158.

(254) ALVES, Eliete Tavelli. *Parassubordinação e uberização do trabalho:* algumas reflexões. Rio de Janeiro: Lumen Juris, 2019. p. 33.

Letícia Mara Pinto Ferreira[255] aduz que, em suma, a parassubordinação é vista pela doutrina como uma categoria intermediária entre a autonomia e a subordinação, mas alerta que, do ponto de vista técnico-jurídico, trabalho que se defina como parassubordinado é autônomo que, consequentemente, é excluído do âmbito de aplicação de toda normativa legal e contratual de tutela do trabalho subordinado, como proteção em face de dispensa imotivada e garantia de remuneração mínima. Do ponto de vista capitalista, a autora destaca que o custo de manutenção de um empregado celetista é maior que da contratação de um trabalhador parassubordinado. É ainda interessante a observação de Letícia Mara Pinto Ferreira, nos seguintes termos:

> Inicialmente vista como uma saída para o trabalho informal, para a crise iminente e como uma chance de propiciar igualdade e liberdade ao trabalhador, a parassubordinação inseriu-se no sistema de forma dissimulada para então tratar artificialmente distinto um trabalhador propriamente enquadrado. Isso porque a teia protetiva prevista para o parassubordinado é definitivamente modesta, inferior quantitativa e qualitativamente àquela garantida ao empregado.[256]

Do trecho acima, extraem-se algumas reflexões. A primeira é que, como destacado no início deste tópico, o capitalismo cria uma narrativa de resolver uma problemática para a classe trabalhadora: "vamos resolver o problema dos trabalhadores informais, garantindo um estatuto próprio que os retirem da informalidade, sem onerar demais as empresas, garantindo assim um meio termo que ficará bom para todos". A segunda é que o discurso de igualdade e liberdade permeia o imaginário do trabalhador, que se acha livre e não percebe, como já dito em linhas precedentes, o jugo invisível que o guia. A terceira é que, ao construir esse modelo de proposta "intermediária", fundamentam mirando em um grupo (trabalhadores informais) mas acertam em cheio um grande número de trabalhadores que está num grupo com muito mais proteção jurídica e econômica (trabalhadores celetistas). Por fim, toda narrativa serve apenas a um grande interesse, que é flexibilizar as relações de trabalho, garantindo fatias cada vez maiores ao grande capital.

Murilo Carvalho Sampaio Oliveira[257] destaca que, se as mudanças organizacionais do trabalho (acumulação flexível, pós-fordismo, lógica da

---

(255) FERREIRA, Letícia Mara Pinto. *A parassubordinação e as metamorfoses do direito do trabalho para uma nova era colaborativa.* Dissertação de Mestrado. Universidade Federal de Minas Gerais — UFMG, 2013. p. 90.

(256) *Ibid.* p. 91.

(257) OLIVEIRA, Murilo Carvalho Sampaio. *Relação de emprego, dependência econômica e subordinação jurídica:* revisitando os conceitos — critérios de identificação do vínculo empregatício. Curitiba: Juruá Editora, 2014. p. 218-221.

colaboração, descentralização produtiva, entre outras) modificaram as modalidades de formatação do trabalho, colocando em crise o modelo fordista de regulação social, a resposta do direito não deve advir na sua pureza conceitual vinda do padrão fordista. O autor então defende que o direito deveria reconhecer que esta aparente pureza conceitual foi justamente o caráter que sucumbiu com as mudanças no trabalho. Arremata afirmando que a defesa de novos conceitos juridicamente fechados e puros tende, dentro de uma análise dos processos históricos, a desaguar na mesma inadequação atual da subordinação jurídica, pela recorrente tentativa de evasão dos custos e de direitos por parte das empresas capitalistas.

A crítica do autor acima faz refletir sobre o ponto nodal que afastaria o trabalhador parassubordinado da relação de emprego, que seria a subordinação jurídica. Cada vez que surgem novos modelos de negócios, buscam-se meios de "dar mais liberdade ao trabalhador", na tentativa de criar uma narrativa onde este não possui subordinação jurídica com o seu contratante, mas, quando muito, apenas uma dependência econômica, que na visão tradicional dos conceitos que envolvem o trabalho parassubordinado não seria suficiente para configurar um vínculo de emprego.

Eliete Tavelli Alves[(258)] aduz que, sem usufruir dos benefícios e proteção da lei trabalhista, o parassubordinado acaba abandonado à própria sorte, sem garantias mínimas relativas ao salário, à dispensa arbitrária, ao acidente de trabalho, sem férias etc. Destaca a autora que, mesmo nos países que regulamentaram esse tipo de trabalho, os direitos e garantias que lhe são atribuídos são significativamente reduzidos, se comparado ao contrato de emprego tradicional.

Em uma visão mais protecionista do trabalhador, Eliete Tavelli Alves[(259)] defende que, em consideração à ontologia do Direito do Trabalho, seus princípios e sua função social, o ideal seria uma política de inclusão desses trabalhadores, vaticinando que a solução estaria no alargamento do conceito de subordinação jurídica e sua adaptação às novas formas de trabalho, pois em última análise "a parassubordinação nada mais é que uma forma de precarização do trabalho humano".

No campo da subordinação, André Gonçalves Zipperer[(260)] faz importantes colaborações, destacando a crise conceitual pela qual o instituto vem

(258) ALVES, Eliete Tavelli. *Parassubordinação e uberização do trabalho*: algumas reflexões. Rio de Janeiro: Lumen Juris, 2019. p. 75.

(259) *Ibid.* p. 75.

(260) ZIPPERER, André Gonçalves. *A intermediação de trabalho via plataformas digitais:* repesando o direito do trabalho a partir das novas realidades do século XXI. São Paulo: LTr, 2019. p. 110-114.

passando. Aduz o autor que o aparecimento de novas realidades de trabalho faz com que muitos autores passem a fazer ressalvas em relação aos conceitos clássicos de subordinação como critério determinante da relação de emprego para ampliar o seu conceito ou simplesmente negá-la, por ser insuficiente para admitir a dependência em relações caracterizadas pela quase virtualidade. Para estes últimos, a apropriação do trabalho pelo capital não sucumbiria diante da diluição da subordinação. O autor traz então uma série de pensamentos doutrinários, que vão desde os que defendem que a subordinação não é um elemento do contrato de emprego, mas tão somente uma consequência dele, até aqueles que defendem a expansão do conceito.

Zipperer[(261)], ainda referenciando as diversas doutrinas, destaca que o conceito de subordinação já não se dá pelo confinamento dentro da fábrica, em uma jornada fixa, dentro de uma estrutura linear, mas passa a ser etéreo, pós-contratualista, pós-material, uma afetação virtual. O autor então remete ao que estávamos tratando mais acima, aduzindo que esta porosidade do conceito de subordinação começa a chamar a atenção para uma solução criada a partir do direito italiano que, ao invés de ampliar a subordinação para todo e qualquer nível de controle, reconhece a criação de uma figura terciária, que é o parassubordinado. O autor reforça que a parassubordinação é conceito consolidado no Direito Italiano e, com o advento de novas formas de intermediação de trabalho digitais, muitos autores passam a ver nela o encaixe hermenêutico perfeito para o enquadramento desses novos trabalhadores da era digital.

No âmbito italiano, em 1973, houve uma reforma no processo do trabalho, tendo o legislador positivado uma subespécie do trabalho autônomo, que passou a ser definida como trabalho "parassubordinado", que é representado pelas relações de colaboração que se concretizam na prestação de trabalho contínua e coordenada, predominantemente pessoal, mesmo que não seja de caráter subordinado.

Gionata Cavallini[(262)] explica que, na presença dos requisitos de continuidade, da coordenação e da prevalente personalidade da prestação, a lei prevê que podem ser aplicadas algumas das proteções do trabalho subordinado. Em outros termos, o legislador e a doutrina italiana tratam o

---

(261) ZIPPERER, André Gonçalves. *A intermediação de trabalho via plataformas digitais:* repesando o direito do trabalho a partir das novas realidades do século XXI. São Paulo: LTr, 2019. p. 114.

(262) CAVALLINI, Gionata. Impactos das novas tecnologias nas relações de trabalho: qualificação do vínculo e subordinação. *In*: LUDOVICO, Giuseppe; ORTEGA, Fernando Fita; NAHAS, Thereza Christina (Coord.). *Novas tecnologias, plataformas digitais e direito do trabalho:* uma comparação entre Itália, Espanha e Brasil. São Paulo: Thomson Reuters Brasil, 2020. p. 56.

trabalhador parassubordinado como um autônomo que tem acesso a determinados direitos dos trabalhadores dos contratos de emprego tradicionais, em especial em matéria de retribuição e normas processuais trabalhistas. A questão do aparato processual chama a atenção e é interessante porque no Brasil, por exemplo, é comum que relações de autônomos sejam consideradas relações de direito civil, e, portanto, fora da órbita da Justiça do Trabalho, que sabidamente é bem mais especializada para fornecer a melhor resposta para a busca de tutela feita pelo trabalhador.

Parecido com o Brasil, Gionata Cavallini[(263)] leciona que, no âmbito da jurisprudência italiana, a pedra de toque que distingue a relação de trabalho subordinado do autônomo é a heterodireção, que é entendida como submissão do trabalhador ao poder diretivo e disciplinar do empregador, com consequente limitação da sua própria autonomia e inclusão na organização da empresa. Explana ainda o autor que, nas ações judiciais que visam o reconhecimento de vínculo subordinado, a jurisprudência recorre a uma série de indicadores subsidiários, quando resulte incerto o elemento da heterodireção da prestação, ressaltando a continuidade e a duração da relação, os métodos de pagamento compensatório, a regulamentação do horário, até a presença de uma mínima organização empresarial e a existência de um real poder de auto-organização do prestador.

Não obstante todas essas discussões no âmbito doutrinário e jurisprudencial, a parassubordinação não é algo que foi criado para se encaixar no modelo de prestação de serviços intermediado por plataformas digitais, ela surge num contexto anterior e sua importação para o âmbito brasileiro serviu de escudo para defender novas formas de contratação que foram buscar guarida própria fora dos campos da CLT, como são exemplos os vendedores de cosméticos no sistema de vendas diretas, os representantes comerciais, os parceiros, como os instituídos pela lei do salão-parceiro, os cooperados etc. Vale ressaltar que, mesmo os exemplos citados, quando presentes os requisitos da relação de emprego, o Judiciário tende a reconhecer e afastar a suposta parassubordinação, pois muitas vezes o que há é uma mera tentativa de mascarar uma relação que é na verdade de emprego.

André Zipperer[(264)] destaca então que, para uma parcela considerável da doutrina, o que as novas relações de trabalho trazem é mais do mesmo,

---

(263) CAVALLINI, Gionata. Impactos das novas tecnologias nas relações de trabalho: qualificação do vínculo e subordinação. *In:* LUDOVICO, Giuseppe; ORTEGA, Fernando Fita; NAHAS, Thereza Christina (Coord.). *Novas tecnologias, plataformas digitais e direito do trabalho:* uma comparação entre Itália, Espanha e Brasil. São Paulo: Thomson Reuters Brasil, 2020. p. 56-57.

(264) ZIPPERER, André Gonçalves. *A intermediação de trabalho via plataformas digitais:* repesando o direito do trabalho a partir das novas realidades do século XXI. São Paulo: LTr, 2019. p. 112.

estando as mudanças apenas no campo ilusório, e a subordinação permanece com nova roupagem a identificar a característica geral da compra e venda da força de trabalho, tendo o capital, portanto, apenas transmudado para poder continuar explorando o trabalho alheio.

Relevante ainda destacar os ensinamentos de Rodrigo de Lacerda Carelli[(265)], que faz uma abordagem das características do trabalhador autônomo, que, como visto acima, se aproximaria mais da figura do trabalhador parassubordinado, e leciona ser possível retirar duas dimensões centrais da autonomia atribuída a este tipo de trabalhador, sendo elas: 1) ele organiza e gerencia seu próprio negócio; 2) ele organiza e gerencia o trabalho dentro do seu próprio negócio. Segundo o autor, o equívoco está na desconsideração de uma dessas dimensões.

Rodrigo Carelli[(266)] defende que, na primeira dimensão, a autonomia organizativa é própria do sistema capitalista, em que aquele que desenvolve uma atividade econômica a organiza da forma que melhor lhe aprouver. Nesse contexto, o preço e as condições dos contratos travados são fixados pelo próprio empreendedor, sendo que ele não somente impõe os valores da troca, ou seja, seu preço, como a forma de recebê-los. O autor reforça ainda que o autônomo não se insere em negócio alheio, porque nesse caso seria empregado. Finaliza estabelecendo que o trabalhador autônomo decide para quem vai prestar serviços a partir da sua cartela de clientes e determina seu preço e condições, como prazos, além de definir os meios pelos quais o serviço será prestado.

Já na segunda dimensão, Carelli[(267)] explica que o trabalhador organiza o trabalho dentro do seu próprio negócio, destacando que se não há heterodireção, ou seja, se o trabalhador não está sob ordens de ninguém, não somente impõe o seu próprio ritmo como tem o poder de distribuir o trabalho para outras pessoas que lhe convierem. Finaliza explicando que é decorrente dessa condição a possibilidade de se fazer substituir por outros trabalhadores para a consecução de seu negócio, bem como dizer quando e como irá realizar seu trabalho. Na sequência, o autor faz a seguinte reflexão:

> Dessa forma, não pode alguém ser considerado trabalhador autônomo quando a fixação de preços é realizada por terceiros, como acontece

---

(265) CARELLI, Rodrigo de Lacerda. O trabalho em plataformas e o vínculo de emprego: desfazendo mitos e mostrando a nudez do rei. *In: CARELLI, Rodrigo de Lacerda; CAVALCANTI, Tiago Muniz; FONSECA, Vanessa Patriota da (Org.). Futuro do trabalho: os efeitos da revolução digital na sociedade. Brasília: ESMPU, 2020. p. 75.*

(266) *Ibid. p. 75.*

(267) *Ibid. p. 75-76.*

em algumas plataformas. Do mesmo modo, a definição da remuneração pela prestação de serviços, ou seja, o percentual que ficará com o trabalhador, não pode de jeito algum ficar a cargo da plataforma, sob pena de descaracterizar completamente a autonomia. Ainda mais clara fica a ausência de autonomia quando a forma de cálculo da remuneração é realizada de forma opaca pela empresa. Essa falta de independência também ocorre quando há exigência ou padronização dos meios de realização da atividade econômica (por exemplo, das condições do automóvel, nos casos de plataforma de transporte de pessoas; ou do uniforme, em relação a plataforma de transporte de mercadorias ou comida). As condições contratuais, como modo de pagamento (por exemplo, em dinheiro ou cartão), devem ficar a cargo exclusivo do trabalhador para ele ser considerado autônomo.(268)

Esses são relevantes balizamentos de ordem prática que, apesar do discurso, fazem afastar a roupagem de autônomo para os trabalhadores de plataformas digitais.

Lorena Vasconcelos Porto(269) ressalta que a parassubordinação gerou resultados diametralmente opostos àqueles sustentados por seus defensores, pois estes afirmavam que ela seria uma forma de estender parte da proteção do Direito do Trabalho a obreiros autônomos, que dela são excluídos. Todavia, a autora destaca que na verdade ela acabou não só impedindo a extensão do conceito de subordinação, mas conduziu à sua restrição. Porto constata que a própria ideia original dos seus idealizadores não veio a se concretizar, pois foram estendidas pouquíssimas tutelas aos parassubordinados e, mesmo assim, em quantidade bastante inferior às correspondentes aplicáveis aos empregados. Finaliza a autora aduzindo que, com aparência ampliativa e protetora, a figura é, na essência, restritiva e desregulamentadora.

Toda essa introdução sobre o trabalho dito parassubordinado é para destacar que, com o avanço do trabalho intermediado por plataformas digitais, voltou a crescer a corrente defensora de que, para contratos de labor onde a subordinação tradicional não esteja presente, não há que se falar

---

(268) CARELLI, Rodrigo de Lacerda. O trabalho em plataformas e o vínculo de emprego: desfazendo mitos e mostrando a nudez do rei. *In: CARELLI, Rodrigo de Lacerda; CAVALCANTI, Tiago Muniz; FONSECA, Vanessa Patriota da (Org.). Futuro do trabalho: os efeitos da revolução digital na sociedade. Brasília: ESMPU, 2020. p. 76.*

(269) PORTO, Lorena Vasconcelos. *A subordinação no contrato de emprego:* desconstrução, reconstrução e universalização do conceito jurídico. Dissertação (Mestrado). Pontifícia Universidade Católica de Minas Gerais. Belo Horizonte, 2008. p. 116.

em aplicação das regras válidas para os empregados em geral, ou seja, é retirar dessa classe de trabalhadores toda a proteção do rol do art. 7º da Constituição Federal.

Eliete Tavelli Alves[270] destaca que no caso da "uberização" o controle da execução do trabalho é feita não diretamente, no exercício do poder de heterodireção, mas por meio dos resultados. Tratando especificamente dos modelos de negócios parecidos com a Uber, destaca a autora que os donos das plataformas nem precisam supervisionar diretamente o trabalho realizado, pois contam com as avaliações de seus clientes (os usuários dos serviços). Fora essas avaliações, como será destacado no tópico a seguir, tem-se defendido uma nova forma de subordinação, que a doutrina tem denominado de algorítmica, para defender que há na verdade uma relação de emprego, ao invés de qualquer outro tipo de contrato, seja autônomo ou parassubordinado.

Vale destacar que no Brasil não há uma classificação legal específica para o trabalhador dito parassubordinado, mas foi a construção doutrinária derredora deste e de figuras similares que fez crescer as correntes que defendem uma mitigação ou ausência de subordinação em determinados tipos de contratação laboral, aptas a afastar todo o aparato protetivo do Direito do Trabalho. No tópico a seguir, será trazia uma abordagem que visa alargar o conceito de subordinação, para defender a aplicação das regras trabalhistas aos trabalhadores de plataformas digitais.

5.4 SUBORDINAÇÃO ALGORÍTMICA: UMA EVOLUÇÃO DOUTRINÁRIA ADAPTADA ÀS NOVAS TECNOLOGIAS

Existem três dimensões da subordinação já consolidadas no âmbito doutrinário e jurisprudencial brasileiro: clássica (ou tradicional), objetiva e estrutural. Vale destacar que estas dimensões não nasceram todas ao mesmo tempo, mas à medida que a necessidade foi surgindo, foram sendo feitos acréscimos para justificar os novos cenários que iam aparecendo. Destarte, com o surgimento da prestação de serviços via aplicativos, a doutrina começou a falar de uma quarta dimensão da subordinação, que é a subordinação algorítmica. Antes de tratar desta, contudo, necessário trazer os conceitos das primeiras.

(270) ALVES, Eliete Tavelli. *Parassubordinação e uberização do trabalho:* algumas reflexões. Rio de Janeiro: Lumen Juris, 2019.

Mauricio Godinho Delgado[(271)] ensina que a subordinação clássica consiste na situação jurídica derivada do contrato de trabalho, pela qual o trabalhador se compromete a acolher o poder de direção empresarial no tocante ao modo de realização de sua prestação laborativa. É manifestada pela intensidade de ordens do tomador de serviços sobre o respectivo trabalhador. O autor assevera que é a dimensão original da subordinação aquela que, do ponto de vista histórico, substituiu a anterior servidão na realidade europeia, propagando-se genericamente pelo capitalismo disseminado nas décadas e séculos seguintes, sendo a mais comum e recorrente modalidade de subordinação.

A subordinação objetiva, por sua vez, explica Mauricio Delgado, manifesta-se pela integração do trabalhador nos fins e objetivos do empreendimento do tomador de serviços, ainda que afrouxadas as amarras do vínculo de emprego. O autor leciona que na doutrina pátria o conceito foi lançado pelo jurista Paulo Emílio Ribeiro de Vilhena[(272)], que explana que nesta noção vincula-se a subordinação a um critério exclusivamente objetivo: poder jurídico sobre atividade e atividade que se integra em atividade. Em outras palavras, a subordinação pode traduzir uma relação de coordenação ou de participação integrativa ou colaborativa, por meio da qual a atividade do trabalhador segue em linhas harmônicas com a atividade da empresa, dela recebendo o influxo próximo ou remoto de seus movimentos. A pedra de toque a configurar esta dimensão seria a integração do obreiro e seu labor aos objetivos empresariais.

Por fim, sobre o conceito de subordinação estrutural, Mauricio Godinho Delgado[(273)] afirma que corresponde à subordinação que se expressa pela inserção do trabalhador na dinâmica do tomador de seus serviços, independente de receber ou não suas ordens diretas, mas, acolhendo, estruturalmente, sua dinâmica de organização e funcionamento. O autor destaca que, nesta dimensão da subordinação, não importa que o trabalhador se harmonize ou não aos objetivos do empreendimento, nem que receba ordens diretas das específicas chefias deste, pois o fundamental é que esteja estruturalmente vinculado à dinâmica operativa da atividade do tomador de serviços.

O autor explana ainda que os conceitos dimensionais se cruzam, havendo interseções e complementações mútuas, de forma a não deixar de

(271) DELGADO, Mauricio Godinho. *Curso de direito do trabalho.* 16. ed. São Paulo: LTr, 2017. p. 327-328.

(272) *Ibid.* p. 328.

(273) DELGADO, Mauricio Godinho. *Curso de direito do trabalho.* 16. ed. rev. e ampl. São Paulo: LTr, 2017. p. 328.

fora as novas formas de contratação que vão surgindo ao longo do tempo, conforme palavras a seguir:

> A conjugação dessas três dimensões da subordinação — que não se excluem, evidentemente, mas se complementam com harmonia — permite se superarem as recorrentes dificuldades de enquadramento dos fatos novos do mundo do trabalho ao tipo jurídico da relação de emprego, retomando-se o clássico e civilizatório expansionismo do Direito do Trabalho. [...] A compreensão dessas três dimensões do fenômeno subordinativo (a tradicional, a objetiva e a dimensão estrutural) não somente permite adequar o conceito jurídico, pela via interpretativa, às modificações da realidade, renovando o necessário expansionismo do ramo juslaborativo, como também relativiza a utilidade de fórmulas jurídicas restritivas de direitos sociais e fundamentais. Demonstra, ademais, a elevada capacidade de adaptação do Direito do Trabalho aos desafios da cambiante sociedade e economia capitalistas.(274)

Analisando o trecho em destaque, a ideia do autor é que não existe espaço para criação de narrativas econômicas que busquem criar modelos de prestação de serviços com o intuito de afastar a formalização do vínculo de emprego. Ou seja, a conjugação das três dimensões criaria uma atmosfera hermética, não deixando espaço para novas teses, pois toda prestação de serviços com características de relação de emprego necessariamente cairia em uma das três dimensões estudadas.

Na concepção deste trabalho, acredita-se que o mencionado autor tem razão, pois toda relação que se assemelha a uma relação de emprego carrega consigo pelo menos um "pedaço" dos conceitos de dimensão da subordinação clássica, objetiva ou estrutural, sendo difícil imaginar algo fora dessas hipóteses.

Não obstante esse fato, fazendo uma singela analogia com o espaço sideral, quando algo muito disruptivo surge nessa órbita, cria-se antimatéria, apta a gerar buracos negros que fazem surgir novas galáxias, ou seja, novas realidades. Quando o trabalho via plataformas digitais surgiu, foi esta a sensação, de que algo absolutamente novo acabara de nascer. As primeiras notas de juristas então foi no sentido de que era algo absolutamente novo e que não vislumbravam o requisito da subordinação, apta a configurar o vínculo de emprego. Quando os primeiros julgados de instâncias primárias saíram, confirmando que não se tratava de vínculo de emprego, os juristas

---

(274) DELGADO, Mauricio Godinho. *Curso de direito do trabalho*. 16. ed. rev. e ampl. São Paulo: LTr, 2017. p. 328-329.

confirmaram suas previsões. Mas tão somente quando saiu a primeira decisão que reconheceu o vínculo de emprego com a empresa Uber é que doutrina e jurisprudência resolveram olhar mais detidamente para a então novel forma de contratação.

Começaram a sair decisões em outros países, que também acenderam o alerta: será que aí não existe de fato uma subordinação? Será que não há contrato de emprego? Será que estes trabalhadores não fazem *jus aos direitos previstos no art. 7º da Constituição Federal?*

A título ilustrativo, Natália Marques Abramides Brasil[(275)] informa que, em Londres, o Tribunal de Apelação Trabalhista julgou o recurso n. UKEAT/0056/17/DA, em 10 de novembro de 2017, envolvendo pedido de reconhecimento de vínculo entre um grupo de motoristas contra a Uber BV, Uber London Ltd e Uber Britania Ltd (Uber BV & Orsvs Y Aslam). A autora destaca que foi colocado como ponto controverso da lide pelo órgão julgador a verificação da existência, no caso concreto, de trabalho autônomo, subordinado ou, ainda, nenhum dos dois. Para o Tribunal inglês, que confirmou o posicionamento da decisão recorrida, os motoristas que prestam serviços por meio do aplicativo Uber não podem ser considerados como trabalhadores autônomos e devem receber ao menos o salário mínimo nacional, além de outros benefícios garantidos pela legislação do país — *Employment Rigths Act (1996), Working Time Regulations* (1998) e *National Wage Act* (1998) — como férias, pausa para descanso e proteção contra discriminação.

A autora analisa que, dentre os fatos levados em conta para se chegar a essa posição no julgamento, destacam-se os seguintes: a Uber seleciona e recruta motoristas, ao passo que não é possível aos motoristas subcontratar outros indivíduos sem que os mesmos sejam avaliados e cadastrados diretamente pela empresa; além disso, a Uber é responsável por controlar as principais informações sobre os passageiros e fixar os preços; a partir do momento em que estão conectados, os motoristas têm a obrigação de aceitar o trabalho de determinada região onde se encontram; houve avaliação de desempenho e aplicação de sanções disciplinares para os motoristas que cancelaram e recusaram viagens; o aplicativo fornece o caminho para o destino; e os motoristas não estão autorizados a contatar seus passageiros após a viagem[(276)].

---

(275) BRASIL, Natália Marques Abramides. *Relações de trabalho em plataformas digitais:* desafios ao modelo tradicional do direito do trabalho. Rio de Janeiro: Lumen Juris, 2019. p. 142-143.

(276) BRASIL, Natália Marques Abramides. *Relações de trabalho em plataformas digitais:* desafios ao modelo tradicional do direito do trabalho. Rio de Janeiro: Lumen Juris, 2019. p. 143.

Dentro desse contexto, embora concordando com a doutrina da subordinação hermética de Mauricio Delgado, foi necessário que doutrinadores trouxessem à tona um novo tipo de subordinação, não necessariamente uma nova dimensão, mas com uma nova e marcante característica, tratada como subordinação algorítmica, pois é por lá que o tomador de serviços obtêm todos os dados relativos à prestação de serviços, fazendo um mapeamento, talvez muito melhor, do que de qualquer outro trabalhador da subordinação clássica, pois muitas vezes não possui os dados do labor deste em números tão precisos.

Apenas para justificar a necessidade de avançar nessa abordagem, recentemente, o autor deste livro realizou, como advogado, uma instrução processual nos autos do processo 0000801-40.2021.5.07.0007, em que se buscava configurar o vínculo de emprego de um motociclista com uma empresa que fazia a contratação dos serviços por meio de uma plataforma digital.

Chamou a atenção que o magistrado, durante a instrução processual, buscava respostas no campo do dever ser, ao invés de buscar as respostas do ser, ou seja, estava mais preocupado em imaginar as hipóteses que poderiam retirar o requisito da subordinação, do que em estabelecer a verdade real, por meio da primazia da realidade, tão almejada no direito do trabalho. Assim, por exemplo, o magistrado fazia o seguinte tipo de pergunta à testemunha: "se você estivesse em Fortaleza e precisasse fazer uma entrega na cidade do Eusébio, poderia passar antes na cidade de Caucaia ou necessariamente teria que ir direto para o Eusébio?" Ora, no campo do dever ser, é claro que a testemunha respondeu que, se quisesse, poderia passar antes em Caucaia para depois ir ao Eusébio. Quando foram facultadas perguntas a este que ora escreve este trabalho, foi perguntado à testemunha: "nas suas viagens diárias, alguma vez desviou o caminho para ir em outro local antes?" A resposta foi não. "E por que não desviava se podia?" A resposta foi porque, ao mínimo sinal de que saiu da rota, um representante da empresa automaticamente efetuava uma ligação para saber o que estava acontecendo.

Ora, o que é isso senão subordinação? Vale ressaltar que, embora o magistrado tenha julgado improcedente a ação, no segundo grau houve mudança e o vínculo de emprego foi reconhecido, pois a verdade real trazida na instrução processual trouxe à tona os quatro requisitos da relação de emprego.

Mas o caminho ainda é longo. Por isso, apesar do conceito hermético de subordinação, talvez como uma subdivisão de uma das dimensões, é preciso fazer eclodir e expandir o conceito de subordinação algorítmica, pois os operadores do direito do trabalho ainda não mergulharam suficientemente nas bases dos conceitos, e talvez seja necessário um novo conceito, para que haja interesse no aprofundamento e no estudo da temática. Dentro então dessa perspectiva, destaque-se que vem crescendo uma nova classificação da subordinação, que seria a subordinação algorítmica, que será tratada a seguir.

Traçadas as bases do que se entende sobre subordinação dentro da realidade de um contrato de emprego, necessário agora estabelecer o que se entende sobre algoritmo, para depois trazer a relação que está sendo feita por parte da doutrina sobre estes dois pontos.

Para Hugo de Brito Machado Segundo(277), os sistemas informáticos inteligentes fazem uso de algoritmos, "que nada mais são que instruções, ou receitas, sobre como devem proceder para que certo fim seja atingido. De forma muito simplificada, pode-se dizer, por exemplo, que a receita para a feitura de um bolo é um algoritmo". Na sequência, ilustra o autor que é dito ao cozinheiro de quais ingredientes ele precisa, e o que deve fazer com eles, para alcançar um objetivo, que no caso seria a produção do bolo. Ressalta ainda Hugo Segundo(278) que, diante das informações que ingressam no sistema *(input),* o algoritmo tem as rotinas ou script a respeito do que deve ser feito *(output).*

Murilo Carvalho Sampaio Oliveira(279), ao empregar a noção do conceito clássico de algoritmo ao modelo digital, aduz que devem ser acrescidos os algoritmos digitais, que aspiram a mecanização do pensamento humano com o propósito de torná-los mais eficientes e confiáveis. Todavia, assevera o autor que os problemas de falta de conhecimento total do algoritmo, sua base de entrada e suas instruções geram as questões de opacidade, tornando pouco transparente tais programações.

Destaca ainda Murilo Oliveira(280) que, para os usuários de sistemas do ciberespaço, os algoritmos têm um alto potencial de condicionamento de condutas sobre seus usuários, por não terem conhecimento, controle ou mesmo a capacidade de modificação sobre as regras de funcionamento dos algoritmos, deixando esses usuários numa posição de dependência virtual

---

(277) MACHADO SEGUNDO, Hugo de Brito. *Direito e inteligência artificial:* o que os algoritmos têm a ensinar sobre interpretação, valores e justiça. Indaiatuba, SP: Foco, 2023. p. 6.

(278) *Ibid.* p 6.

(279) OLIVEIRA, Murilo Carvalho Sampaio. Dependência econômica e plataformas digitais de trabalho: desvendando as estruturas da precificação e assalariamento por meios digitais. *Revista do Programa de Pós-Graduação em Direito da UFBA,* Bahia, v. 31, n. 1. p. 33-76, jan.-jun. 2021. p. 39-40.

(280) *Ibid.* p. 40.

ou tecnológica em relação àquele que detém o código-fonte, e, ao mesmo tempo, implementa uma governamentalidade algorítmica, que se dá em três momentos: 1. Coleta de quantidade massiva de dados; 2. Tratamento de dados e produção de conhecimento; e 3. Ação sobre comportamentos.

Para Murilo Oliveira[(281)], as aplicações tecnológicas referenciadas constituem o novo modelo de negócios designadas como plataformas digitais de trabalho, que, junto com o comércio digital e as plataformas industriais da indústria 4.0, formam o cenário macro da economia digital, que também denomina de capitalismo de plataformas, economia de bicos (*gig economy)* ou economia do compartilhamento.

O autor assevera que, estruturadas em alta capacidade de processamento com mineração e tratamento de quantidades imensas de dados por meio de algoritmos e trânsito na rede mundial de computadores, as plataformas digitais são infraestruturas digitais que permitem a interação de mais de um grupo, e assim se posicionam como intermediárias que conectam usuários diferentes como clientes, anunciantes, provedores, produtores e distribuidores. Reforça que, mais do que apenas conectar os seus usuários, as plataformas transcendem essa faceta tecnológica e comunicativa, porque constroem um modo de interação capitalista de compra e venda de diversas mercadorias, no sentido de governar e delimitar as possibilidades de ação dos seus usuários[(282)].

Continua o autor lecionando que o modelo das plataformas de trabalho e outros tipos é sobretudo um modelo baseado na análise, tratamento e atuação conforme os dados coletados. O registro massivo desses dados de trabalho e consumo significa que a vivência humana é anotada na forma de dados, incluindo aí essas atividades produtivas. Reforça que, como esses registros indicam probabilidades do comportamento e uma ampla representação de traços individuais, geram o agrupamento por identidades e semelhanças que denomina de "bolhas". Assevera que tais registros, na lógica capitalista, são geridos como mercadorias, razão pela qual o trabalho plataformizado gera duplo valor: o próprio trabalho e os seus registros sobre o conjunto de informações sobre sua execução, sendo ainda um trabalho gratuito da multidão que produz riqueza, mas é apropriado pelo organizador do ambiente de interação digital.[(283)]

---

(281) OLIVEIRA, Murilo Carvalho Sampaio. Dependência econômica e plataformas digitais de trabalho: desvendando as estruturas da precificação e assalariamento por meios digitais. *Revista do Programa de Pós-Graduação em Direito da UFBA,* Bahia, v. 31, n. 1. p. 33-76, jan.-jun. 2021. p. 40.

(282) *Idem.*

(283) *Idem.*

Natália Marques Abramides Brasil[284] explica que, no caso da Uber, utilizado aqui como parâmetro de análise, o algoritmo é responsável por detectar os trabalhadores disponíveis na área de solicitação da corrida; verificar os melhores trajetos; realizar o cálculo da tarifa, levando em consideração a conjunção de inúmeros fatores (horário, condições de tráfego, dentre outros); além de organizar a reputação dos motoristas, a partir de avaliações feitas pelos passageiros, possibilitando assim estipular padrões que condicionam o desempenho de seus serviços.

Natália Brasil[285] sintetiza então como funciona a sistemática de empresas parecidas com a Uber: a empresa recebe a solicitação de serviço por meio do aplicativo e, imediatamente, envia-a para os motoristas localizados nas proximidades, em um raio a ser determinado pela empresa; com o aceite do primeiro motorista, este passa a ser responsável pela realização do serviço, consistente no transporte do passageiro consumidor. O preço do serviço e o percentual a ser repassado ao motorista são definidos pela plataforma; as formas de pagamento também são definidas pela plataforma e, ao final da corrida, é enviado pela Uber, diretamente ao e-mail do passageiro, um recibo de pagamento, contendo ainda dados de trajeto, distância percorrida e tempo, o que, segundo a autora, demonstra a total possibilidade de controle sobre os horários praticados pelos motoristas.

Além disso, o passageiro também recebe uma solicitação para que avalie, de 1 a 5 estrelas, o condutor, podendo ainda inserir algum comentário. Em caso de reclamação do consumidor, esta é atendida diretamente pela plataforma, e não pelo motorista, que, ao menos em tese, não deve realizar contato direto com o cliente do aplicativo, salvo para se comunicar em caso de dúvidas, como o local onde o passageiro se encontra, caso este não tenha marcado corretamente no GPS.

Tom Slee[286] assevera que o sistema de reputação é útil, porém, para manter o fornecedor de serviços (uberizado) na linha. O autor destaca que uma denúncia feita não afeta a percepção dos passageiros sobre o motorista, pois é uma denúncia para a Uber, cujo sistema disciplinar "é inescrutável e pode remover motoristas da plataforma por qualquer razão". Tom Slee opina então que esses sistemas se tornaram fachadas para estruturas disciplinares hierárquicas e centralizadas que nada têm a ver com as noções de reputa-

---

(284) BRASIL, Natália Marques Abramides. *Relações de trabalho em plataformas digitais:* desafios ao modelo tradicional do direito do trabalho. Rio de Janeiro: Lumen Juris, 2019. p. 66.

(285) *Ibid.* p. 66-67.

(286) SLEE, Tom. *Uberização:* a nova onda do trabalho precarizado. Tradução de João Peres. São Paulo: Elefante, 2017. p. 202-205.

ção pessoa-para-pessoa. Reforça ainda que o sistema de reputação é um caminho para forjar um trabalho emocional onde os fornecedores de serviços são compelidos a administrar seus sentimentos e a se apresentarem com a cara que a empresa exige, tornando-se aquele "amigo que tem um carro" ou aquele "vizinho ajudando vizinhos".

Seria, segundo o autor, o "tenha um bom dia" dos trabalhadores mal remunerados das redes de *fast-food* elevado a outro nível. Conclui aduzindo que os sistemas de reputação, portanto, não resolvem o problema da confiança para qual supostamente nasceram, mas, no máximo, fornecem um mecanismo disciplinar que mantém os fornecedores de serviço sorrindo e sendo eficientes graças às classificações realizadas. Para os prestadores, são uma forma de vigilância, normalmente decretada pelos consumidores mais frequentes e bem reputados da plataforma.

Há ainda outras questões que vão configurando a subordinação algorítmica. Fernando Fita Ortega *apud* Natália Marques Abramides Brasil(287) destaca que o motorista tem o dever de seguir o código de conduta da Uber, o que inclui recomendações referentes a vestuário, músicas, limpeza e padrão dos veículos, bem como se obrigam a manter uma boa imagem da plataforma em relação a seus usuários e obrigações referentes à confidencialidade. Na sequência, Natália Brasil reforça que a plataforma não aceita substituição de motorista para veículo cadastrado, tendo em vista que, para que possa se habilitar junto à plataforma, o trabalhador deve apresentar documentação específica para comprovar sua aptidão para atividade de transporte de passageiros, bem como se submeter a um treinamento específico para tanto. Registra também que, em caso de reiteradas queixas de clientes ou média abaixo da exigida (nota 4,6), a plataforma se resguarda ao direito unilateral de suspender o motorista por 48 horas ou até mesmo de desligá-lo de seu rol de trabalhadores. Além disso, uma vez conectado ao aplicativo, deve aceitar pelo menos 80% dos serviços solicitados, e, caso não atenda três solicitações consecutivas, ou ainda realizar o cancelamento de um serviço já aceito, poderá sofrer suspensão temporária da plataforma ou um aviso de advertência.

Levando em consideração todas essas informações, Ricardo Festi(288) adverte que, diferentemente das formas tradicionais do capitalismo, as plataformas digitais produziram novas formas de controle, muito mais eficazes e

---

(287) BRASIL, Natália Marques Abramides. *Relações de trabalho em plataformas digitais:* desafios ao modelo tradicional do direito do trabalho. Rio de Janeiro: Lumen Juris, 2019. p. 67-68.

(288) FESTI, Ricardo. Contribuições críticas da sociologia do trabalho sobre a automação. *In:* ANTUNES, Ricardo (Org.). *Uberização, trabalho digital e indústria 4.0.* São Paulo: Boitempo, 2020. p. 157.

precisas. Estas são capazes de intervir e orientar o comportamento de seus "colaboradores" e "clientes". Arremata afirmando que, "graças à quantidade gigantesca de dados que seus usuários fornecem a esses aplicativos e, também à enorme capacidade de cálculo proporcionada pelo mundo informacional-digital, os algoritmos tornaram-se instrumentos de poder".

Steve Vallas e Juliet Schor[(289)], tratando sobre o maior poder de controle e vigilância no ambiente digital, afirmam que as plataformas são verdadeiras "gaiolas digitais", considerando que o mapeamento permitido pelos dados viabiliza uma cartografia total da dinâmica empresarial de uma atividade específica. Permite assim a identificação das relações entre demanda e sazonalidade, oferta e procura. Murilo Oliveira[(290)] enfatiza então que, com informações em tempo real e localizadas geograficamente, as plataformas conseguem manipular a oferta, tanto em relação aos trabalhadores disponíveis como em relação às empresas fornecedoras de bens ou serviços, exercendo assim uma governança privada e, de certa forma, oculta nos seus algoritmos sobre os seus parceiros e usuários.

Viviane Vidigal de Castro[(291)] constata, ainda no exemplo da Uber, que há uma forte direção dos serviços por meio de mecanismos indiretos e invisíveis, pois, quando se observa a multidão de trabalhadores e as fórmulas algorítmicas que os conduzem a se ativar, percebe-se que acabam sendo guiados a extensas jornadas, a mudar de áreas guiados pela tarifa dinâmica e a repetição de um padrão de trabalho predefinido para se manter com uma nota mínima. Sobre o "novo gerente", após ter entrevistado vários motoristas da Uber, em pesquisa empírica, aduz a autora:

> Os entrevistados talvez não enxerguem o gerente de Taylor, mas existe um gerente que hoje chamaremos de ALGORITMO, não dá bom dia ao trabalhador, diz você está "*online*" "parceiro", e depois o pune, deixando-o "off-line" se não obedecer às regras e comandos, para, enfim, se ainda não é permitida a palavra demissão, então, desligá-lo.[(292)].

---

(289) VALLAS, Steve; SCHOR, Juliet. What do platforms do? Understanding the Gig Economy. *Annual Review of Sociology,* [s. l.], v. 46, n. 1, 2020.

(290) OLIVEIRA, Murilo Carvalho Sampaio. Dependência econômica e plataformas digitais de trabalho: desvendando as estruturas da precificação e assalariamento por meios digitais. *Revista do Programa de Pós-Graduação em Direito da UFBA*, Bahia, v. 31, n. 1. p. 33-76, jan.-jun. 2021. p. 41.

(291) CASTRO, Viviane Vidigal de. *As ilusões da uberização:* um estudo à luz da experiência de motoristas Uber. 2020. 303f. Dissertação (Mestrado). Universidade Estadual de Campinas, Instituto de Filosofia e Ciências Humanas, Campinas, SP, 2020. p. 205.

(292) *Ibid.* p. 129.

Jeremias Adams-Prassl faz uma contextualização de como a captação de dados, bem como seu tratamento, tem sido utilizados para uma gestão algorítmica do trabalho e faz um comparativo com a mitologia grega, aduzindo que o chefe algorítmico pode pairar sobre cada trabalhador como um Argos Panoptes dos dias de hoje, que era o vigilante na mitologia, agindo desde a verificação de potenciais participantes e atribuição de tarefas, até o controle de como o trabalho é feito e remunerado, com a penalização do desempenho insatisfatório, muitas vezes sem qualquer transparência ou responsabilidade.[293]

Luciane Cardoso Barzotto, Ana Paula Silva Campos Miskulin e Licieli Breda[294] reforçam que a não participação do trabalhador nas tomadas de decisões e o desconhecimento das informações coletadas e armazenadas pelas empresas proprietárias das plataformas, que são gerenciadoras dos algoritmos, realçam a falta de simetria de poder nessas relações de trabalho, evidenciando a fragilidade da condição do trabalhador, a quem não resta margem para manobra a partir do momento em que clica na caixa "li e aceito".

Gabriela Neves Delgado e Bruna Vasconcelos de Carvalho[295] defendem que, na realidade, esses trabalhadores recebem da plataforma digital o direito de trabalhar em troca de uma remuneração sobre a qual não podem opinar, a serviço de clientes que não podem escolher, em condições de trabalho que não podem gerenciar, razão pela qual a ideia de cooperação perde o sentido solidário de empenho em comum e ganha contornos de exploração, mediante o exercício do poder diretivo dos algoritmos, que se espelha na subordinação algorítmica desses trabalhadores.

Para as autoras, a subordinação algorítmica, típica do modelo de gestão do trabalho por plataformas digitais, não se concretiza pelas formas tradicionais do exercício do poder diretivo, dependentes de um espaço geograficamente delimitado e de um controle rígido do horário de trabalho.

---

(293) PRASSL, Jeremias Adams. Gestão algorítmica e o futuro do trabalho. *In:* CARELLI, Rodrigo de Lacerda; CAVALCANTI, Tiago Muniz; FONSECA, Vanessa Patriota da (Org.). *Futuro do trabalho:* os efeitos da revolução digital na sociedade. Brasília: ESMPU, 2020. p. 95.

(294) BARZOTTO, Luciane Cardoso; MISKULIN, Ana Paula Silva Campos; BREDA, Lucieli. Condições transparentes de trabalho, informação e subordinação algorítmica nas relações de trabalho. *In:* CARELLI, Rodrigo de Lacerda; CAVALCANTI, Tiago Muniz; FONSECA, Vanessa Patriota da (Org.). *Futuro do trabalho:* os efeitos da revolução digital na sociedade. Brasília: ESMPU, 2020. p. 220.

(295) DELGADO, Gabriela Neves; CARVALHO, Bruna Vasconcelos de. Direitos fundamentais para quem? Reflexões sobre o trabalho plataformizado na perspectiva do direito constitucional do trabalho. *In: PORTO, Noemia; LOURENÇO FILHO, Ricardo; CONFORTI, Luciana Paula (Orgs.) Plataformas digitais de trabalho:* aspectos materiais e processuais. Brasília: ANAMATRA; ENAMATRA, 2021. p. 42.

Destacam que o algoritmo se vale de um controle eficientemente difuso, que se espalha por meio do campo virtual em várias direções. Aduzem ainda que é possível controlar a localização do trabalhador em tempo real, seu tempo conectado à plataforma, o número de serviços aceitos e recusados, o tempo despendido para realização de cada um deles e a percepção do consumidor sobre a execução, dentro de uma miríade de outras informações que são utilizadas pelo aplicativo para o gerenciamento pessoal da prestação de serviços. Com isso, defendem que o espaço concedido para autogerenciamento do trabalhador se torna cada vez mais restrito, normalmente limitado à decisão entre trabalhar ou não para as plataformas(296). E finalizam defendendo o seguinte:

> Diante desse cenário, é importante que se tenha uma preocupação real para se verificar que os estímulos comportamentais e os direcionamentos dados pelas plataformas no ciberespaço, para além de se apresentarem como uma nova expressão de um modelo de governança à distância que controla multidões, podem também se apresentar como dinâmicas típicas do poder empregatício, sobretudo se consideradas as facetas do poder diretivo e fiscalizatório.(297)

Considerando todo esse contexto, em síntese, pode-se afirmar que a utilização de algoritmos para realizar todo tipo de análise e consequente controle dos trabalhadores que utilizam as plataformas digitais deve ser entendida como uma nova modalidade de subordinação, pois a posse desses algoritmos e dos resultados produzidos por eles auxiliam na tomada de decisão das plataformas, que aplicam suspensões, advertências e até excluem aqueles trabalhadores que não alcançam o desempenho mínimo esperado. Assim, ao redesenhar as formas de contratação de serviços, da prestação e fiscalização, há necessidade de haver uma evolução doutrinária conceitual para garantir as décadas de lutas operárias cravadas na Constituição Federal, em especial nos seus arts. 7º, 8º e 9º.

Não é demais lembrar que o próprio legislador brasileiro já efetuou mudanças na CLT, visando o alargamento do conceito de subordinação jurídica. A Lei n. 12.551/2011 alterou o art. 6º da CLT para incluir expressamente no *caput* que não se diferencia o trabalho realizado no estabelecimento do

---

(296) DELGADO, Gabriela Neves; CARVALHO, Bruna Vasconcelos de. Direitos fundamentais para quem? Reflexões sobre o trabalho plataformizado na perspectiva do direito constitucional do trabalho. *In: PORTO, Noemia; LOURENÇO FILHO, Ricardo; CONFORTI, Luciana Paula (Orgs.) Plataformas digitais de trabalho:* aspectos materiais e processuais. Brasília: ANAMATRA; ENAMATRA, 2021. p. 43.

(297) *Ibid.* p. 43.

empregador do realizado a distância, desde que estejam caracterizados os pressupostos da relação de emprego. O legislador foi ainda além e criou um parágrafo único, que estabelece o seguinte: "Parágrafo único. Os meios telemáticos e informatizados de comando, controle e supervisão se equiparam, para fins de subordinação jurídica, aos meios pessoais e diretos de comando, controle e supervisão do trabalho alheio". Vale ainda estudar a *mens legislatori* na justificativa do projeto original, de 2004, do Deputado Federal Eduardo Valverde:

> A revolução tecnológica e as transformações do mundo do trabalho, exigem permanentes transformações da ordem jurídica com o intuito de apreender a realidade mutável. O tradicional comando direto entre o empregador ou seu preposto e o empregado, hoje sede lugar, ao comando a distância, mediante o uso de meios telemáticos, em que o empregado sequer sabe quem é o emissor da ordem de comando e controle. O teletrabalho é realidade para muitos trabalhadores, sem que a distância e o desconhecimento do emissor da ordem de comando e supervisão, retire ou diminua a subordinação jurídica da relação de trabalho.[298]

O pensamento em 2004 mirou o teletrabalho, mas a *mens legis* alcança o trabalho subordinado via plataformas digitais, em que o algoritmo passou a exercer papel central na vigilância, coordenação indutiva e punitiva do trabalhador, podendo ser aplicada a regra acima aos atuais trabalhadores "uberizados". Ou seja, a própria CLT traz solução que corrobora com a possibilidade de configuração da subordinação algorítmica.

Apesar de ainda ser tímida, a doutrina brasileira tem buscado evoluir nesse ponto, razão pela qual se viu surgir um punhado de esperança por meio das primeiras decisões judiciais que reconheceram o vínculo de emprego de trabalhadores de plataformas digitais, havendo uma grande batalha jurídica sendo travada neste momento no âmbito da Seção de Dissídios Individuais do TST, que é responsável por unificar a jurisprudência de suas Turmas. Vale destacar que há precedentes contrários ao reconhecimento do vínculo em duas turmas e uma turma julgou por reconhecer o vínculo de emprego. Em recente artigo de opinião, publicado no Informativo n. 8, de outubro de 2022

---

(298) BRASIL. Câmara dos Deputados. *Projeto de Lei n. 3.129/2004, de 11 de março de 2004*. Altera o artigo n. 6 da Consolidação das Leis do Trabalho e dá outras providências. Brasília: Câmara dos Deputados, 2004. Disponível em: https://www.camara.leg.br/proposicoesWeb/prop_mostrarintegra?codteor=201909&filename=PL%203129/200. Acesso em: 28 dez. 2022.

do GRUPE/UFC[299], o autor deste livro defendeu que a matéria deveria se dar muito mais no campo fático do que no campo jurídico, em outras linhas, o reconhecimento do vínculo dependeria do caso concreto.

Repisando o exemplo que já foi dado anteriormente, se um trabalhador, durante um ano, laborava todos os dias, 10 horas por dia, para a plataforma, independente da possibilidade de trabalhar em qualquer horário ou de não laborar quando desejasse, o fato é que ele laborou, razão pela qual o vínculo de emprego deveria ser reconhecido. De outro lado, se durante um ano, um estudante, ao se deslocar de casa para a faculdade, às vezes aproveitava e fazia uma ou outra corrida, talvez não houvesse a habitualidade suficiente para reconhecer o vínculo. Ou seja, os quatro tradicionais requisitos da relação de emprego continuariam a ser o balizador do reconhecimento ou não, mas deve ser analisado o ser e não apenas o deve ser hipotético. Destaque-se que, no intuito de se resguardar, as empresas poderiam restringir o labor a no máximo dois dias por semana e em semanas alternadas. Se assim não fazem, é porque aceitam se submeter aos "riscos" de ter que reconhecer o vínculo de emprego, em especial pelas largas fatias de lucro.

Aline Lorena Mourão Moreira destaca inclusive que, em 2018, a Corte Superior do Estado da Califórnia nos EUA analisou o caso Dynamex Operations West Inc. v. Superior Court of Los Angeles, em que ficou determinado que deveria ser realizado um teste a cada caso concreto (denominado "*ABC test"),* a fim de se classificar determinado trabalhador como empregado (employee) ou trabalhador independente *(independent contractor),* em ideia parecida com a que se defendeu acima. A autora destaca que, de acordo com a decisão da Suprema Corte da Califórnia, o trabalhador somente será considerado autônomo *(independent contractor)* se restar demonstrado de forma necessariamente cumulativa os três requisitos a seguir: a) o trabalhador está livre de controle e direção da empresa contratante, na execução dos serviços; b) o indivíduo realiza trabalho que está fora da atividade habitual do contratante; e c) o trabalhador está habitualmente inserido em um comércio, ocupação ou negócio independente. Na sequência, logo após ser firmado o precedente, a autora reforça que em janeiro de 2020 foi aprovado um projeto de lei no Estado da Califórnia, denominado de "Bill 5" (AB-5), incorporando na legislação trabalhista local o "ABC test".[300]

---

(299) Arquivo disponível em: https://drive.google.com/file/d/1hHrtbKaCXQQIU0WRmyr3f-zyeo8bUjCLt/view.

(300) MOREIRA, Aline Lorena Mourão. Estudo de direito comparado do trabalho: análise crítica da uberização do trabalho nos Estados Unidos, França e Brasil. *In:* LIMA, Francisco Gérson Marques de (Org.). *Direito comparado do trabalho, no mundo globalizado.* Fortaleza: Escola Social, 2020. p. 17-18.

Como observa Ricardo Antunes, em termos práticos, em plena era do capitalismo de plataforma, plasmado por relações sociais presentes no sistema de metabolismo antissocial do capital, ampliam-se globalmente formas pretéritas de exploração do trabalho, que remetem aos primórdios da Revolução Industrial, sendo exemplos as jornadas diárias frequentemente superiores a oito, dez, doze, catorze horas; remuneração salarial rebaixada, em contraposição ao aumento e intensificação do trabalho; crescimento de um contingente sem acesso a qualquer direito social e do trabalho; entre outros.(301)

Voltando ao início deste tópico, registre-se que o efeito prático desses novos modelos de negócios, sendo tratados como disruptivos e inovadores, fora dos campos da proteção do direito do trabalho, é afastar direitos fundamentais que foram sendo construídos durante décadas e que culminaram nos protetivos arts. 7º, 8º e 9º da CF, e as novas formas de prestação de labor vão pregando inovações, vão pregando autonomia, vão pregando liberdade, mas que em termos reais não existem.

Na visão de Paulo Régis Machado Botelho(302), a liberdade contratual é muitas vezes tida como um fetiche, um dogma dos ideólogos liberais, que não poderá prevalecer sem balizas civilizatórias nas quais os direitos fundamentais, direta ou indiretamente, sejam concretizados na formatação e execução dos pactos laborais. O autor reforça que a liberdade fática de fazer escolhas só é possível quando as partes estão no mesmo patamar, oportunidade que poderia se falar em liberdade jurídica, todavia, fora desse contexto, não passa de miragem.

Maria Ervanis Brito(303) reforça que a análise da dependência do trabalhador deve tomar como ponto de partida a força de trabalho como instrumento de sobrevivência deste e a sua alienação a uma corporação, que dita as regras de como esse trabalho deve ser desenvolvido (mesmo que por outros parâmetros), estabelecendo uma dependência, completamente diferente daquela identificada nas primeiras fases da revolução industrial. Defende a

---

(301) ANTUNES, Ricardo. Trabalho intermitente e uberização do trabalho no limiar da indústria 4.0. *In:* ANTUNES, Ricardo (Org.). *Uberização, trabalho digital e indústria 4.0.* São Paulo: Boitempo, 2020. p. 21.

(302) BOTELHO, Paulo Régis Machado. *A influência das cláusulas gerais na formação, execução e extinção do contrato de trabalho:* análise de contratos. São Paulo: Quartier Latin, 2018. p. 40.

(303) BRITO, Maria Ervanis. Trabalhadores de plataformas digitais: a (necessária) proteção por meio da reformulação do Direito do Trabalho. *In:* LIMA, Francisco Gérson Marques de (Org.). *Relações de trabalho contemporâneas:* da uberização à Covid-19. Fortaleza: Premius/Escola Social, 2020. p. 159-161.

autora que a dependência fática dos trabalhadores dessa nova categoria digital pode ser revelada por muitas medidas concretas às quais estes devem se submeter, algumas das quais já foram tratadas neste livro.

Assim, as batalhas judiciais no âmbito do TST e, provavelmente, a posteriori, no STF, delimitarão qual a roupagem que as Cortes Superiores vão dar a estes contratos em plataformas digitais, havendo um crescente risco de expansão dessa forma de contratação, em caso de não reconhecimento de vínculo de emprego.

Ainda como opção de saída jurídica, como já destacado anteriormente, alguns autores têm sugerido a criação de um sistema jurídico próprio para este tipo de contratação, em ideia parecida com o trabalho "parassubordinado" na Itália ou o trabalhador economicamente dependente da Espanha. Assim, se esse for o caminho a ser trilhado pelo legislador nacional, em tópico mais à frente, serão analisados projetos de lei que buscam trazer uma regulamentação mínima para este tipo de contratação.

5.5 O CAMINHO INTERMEDIÁRIO: UM ESTATUTO PRÓPRIO SERIA A SOLUÇÃO?

Como visto até aqui, não há uma unanimidade no que tange ao enquadramento jurídico do trabalhador que presta serviços via plataformas digitais. Tanto é assim que há decisões conflitantes no âmbito do TST, algumas reconhecendo que são prestadores autônomos, como a decisão da 4ª Turma no âmbito do processo 10555-54.2019.5.03.0179 e da 5ª Turma no âmbito do processo 1000123-89.2017.5.02.0038, outras reconhecendo o vínculo de emprego, como a decisão da 3ª Turma no âmbito do processo 100353-02.2017.5.01.0066. Do ponto de vista dos defensores da economia e dos avanços tecnológicos, argumentam que taxar essas relações como de emprego, com a aplicação das regras do direito do trabalho, seria afastar essas grandes empresas e retirar de boa parte da população a chance de ter uma remuneração mínima, uma fonte de renda. Do outro lado, argumenta-se que essas mesmas grandes empresas têm acumulado capital e aplicar o ferramental trabalhista não retiraria seu lucro, mas ajudaria a repartir com mais dignidade os frutos das novas tecnologias com a classe trabalhadora. Tentando intermediar o conflito, alguns doutrinadores defendem que seja feito algo parecido com o que fora feito com o trabalho parassubordinado na Itália, criando regras protetivas mínimas, mas que não sejam aplicadas todas as proteções dos empregados em geral, não aplicando todas as regras dispostas na Constituição Federal, criando uma espécie de meio-termo. Mas qual será a melhor solução? A seguir serão destacadas algumas dessas opiniões.

Como esclarece Arun Sundararajan[304], a ideia de criar uma categoria entre empregado e autônomo não é nova, mas apenas ganhou força com o advento das plataformas digitais. Nos EUA, onde surgiu boa parte das empresas de intermediação de serviços digitais, diversas pessoas apresentaram uma proposta de que fosse criada uma terceira categoria, que por lá chamam de prestador de serviços dependente (*dependent contractor*) ou empregado autônomo (*independent worker*).

A título ilustrativo, o autor leciona que a proposta mais detalhada para empregados autônomos foi de Harry e Krueger, do Instituto Brookings, de dezembro de 2015, que inclui diversas reformas jurídicas que seriam necessárias, entre elas: a necessidade de alterar a lei antitruste para permitir que empregados autônomos negociem coletivamente; a necessidade de isentar as empresas que utilizam empregados autônomos de terem de pagar salário mínimo, horas extras e outras proteções para trabalhadores com carga horária; a permissão para que as plataformas ofereçam seguro contra acidentes de trabalho sem caracterizar vínculo empregatício; a necessidade de permitir que plataformas não contratantes (ou intermediárias) retenham impostos; que o intermediário pague metade da contribuição dos trabalhadores para os impostos sobre a folha de pagamentos.[305]

Reforça Arun Sundararajan[306] que a introdução de uma terceira categoria de trabalhadores ajudará muitos prestadores de serviços da economia colaborativa, além de possibilitar maior flexibilidade do que é permitida hoje em dia às plataformas contemporâneas, para que concedam proteções e benefícios de mercado aos seus prestadores.

Thereza Christina Nahas[307], ao fazer análise de duas sentenças antagônicas proferidas no âmbito do TRT da 2ª Região, uma reconhecendo o vínculo com uma plataforma digital e a outra não, aduz que isso refletiria que não se teria no Brasil um sistema legal e jurídico adequado para se tratar de relações de trabalho entre o trabalhador e as empresas tecnológicas. Aduz que os pontos extremos entre relação autônoma e subordinada não contribuem para a formação de um sistema de tutela social e trabalhista eficiente e eficaz, havendo riscos, na aplicação de tais condutas, de se causar pre-

---

(304) SUNDARARAJAN, Arun. *Economia compartilhada:* o fim do emprego e a ascensão do capitalismo de multidão. Tradução: André Botelho. São Paulo: Senac, 2018. p. 254.

(305) *Ibid.* p. 255.

(306) *Idem.*

(307) NAHAS, Thereza Christina. Qualificação do vínculo e subordinação. *In:* LUDOVICO, Giuseppe; ORTEGA, Fernando Fita; NAHAS, Thereza Christina (Coord.). *Novas tecnologias, plataformas digitais e direito do trabalho:* uma comparação entre Itália, Espanha e Brasil. São Paulo: Thomson Reuters Brasil, 2020. p. 316.

juízos aos próprios trabalhadores brasileiros e ao nível de empregabilidade e desenvolvimento social e econômico nacionais, pois as empresas tecnológicas não necessitam se estabelecer em território nacional para prestar aqui suas atividades, ao mesmo tempo em que são submetidas a um grau extremo de concorrência global, para a qual não há um sistema supranacional coordenado entre os diversos países do mundo.

Em razão disso, defende a autora que é urgente que se compreenda que trabalhadores e empregadores em plataformas, bem como aqueles que empregam em geral o uso da tecnologia, não se adequam aos limitados contornos da CLT e aos contratos autônomos tradicionais, reclamando assim um sistema jurídico próprio, que deve ser entendido a partir das novas estruturas empresariais para que possa gozar de uma tutela adequada.(308) Arremata dizendo:

> Insistir em manter-se silente na construção de um sistema distinto, forçando a análise de situações concretas ao direito formado no modelo das organizações empresariais verticais representa, sob o ponto de vista desta autora, um grande retrocesso social e econômico, contrariando perspectivas do emprego propostas, principalmente pela OIT e OXFAM.(309)

De modo semelhante, André Gonçalves Zipperer(310) defende que o enquadramento legislativo dessa nova forma de prestação de serviços dentro do conceito tradicional de contrato de emprego teria como consequência jurídica a incompatibilidade com muitas normas que regem o contrato subordinado, reforçando que a norma não pode ser considerada de forma isolada, mas como parte de um ordenamento jurídico, um conjunto de normas válidas. Assim, defende que as singularidades desta nova relação de trabalho torná-lo-ia não identificável com o ordenamento atual, pois assevera ter um flagrante desajuste das normas que regem o trabalho subordinado com as particularidades do trabalho *crowd work*.

---

(308) NAHAS, Thereza Christina. Qualificação do vínculo e subordinação. *In:* LUDOVICO, Giuseppe; ORTEGA, Fernando Fita; NAHAS, Thereza Christina (Coord.). *Novas tecnologias, plataformas digitais e direito do trabalho:* uma comparação entre Itália, Espanha e Brasil. São Paulo: Thomson Reuters Brasil, 2020. p. 317.

(309) *Idem.*

(310) ZIPPERER, André Gonçalves. *A intermediação de trabalho via plataformas digitais:* repesando o direito do trabalho a partir das novas realidades do século XXI. São Paulo: LTr, 2019. p. 160-161.

Dentre as possíveis incompatibilidades, o autor aduz que o fato de o trabalhador livremente poder eleger quando e por quanto tempo trabalhar (e muitas vezes aonde e como) é manifestamente incompatível com os regulamentos existentes sobre jornada, horários, descansos reguladores, faltas justificadas e férias. Continua o autor aduzindo que a legislação sobre salário mínimo deve sofrer ajustes a um modelo de negócios no qual o trabalhador elege quantas horas pretende trabalhar, suscitando que muitas vezes não há qualquer controle da plataforma que intermedia o trabalho. O autor também chama a atenção para as prestações condicionais, como insalubridade, penosidade e periculosidade, pois, no modo como são tratadas pela legislação, seriam dissonantes do modelo online, que é baseado em um sistema de *download* e *upload* da proposta e do resultado do trabalho, proposto sem qualquer outro contato entre as partes, apenas por meio de uma intermediação por plataforma, diante da absoluta ausência e controle ou monitoramento sobre a consecução do trabalho e local onde é feito, diante da própria autonomia e autogerenciamento das atividades que caracterizam a relação. Ainda trata de questões envolvendo os percentuais mínimos de contratação de portadores de deficiência e aprendizes, dentre outros pontos que acredita tornar incompatível de ser aplicado o modelo celetista clássico aos trabalhadores em plataformas digitais.[311]

Na concepção do autor desta obra, todos os pontos acima, suscitados por Zipperer, podem ser contrapostos, não havendo suficientes fundamentos para afastar as normas protetivas do direito do trabalho a este modelo de trabalhador, não por essas razões.

Fazendo uma análise dos pontos positivos e negativos a favor das teses que defendem que o trabalho em plataformas digitais é autônomo ou subordinado, necessário trazer as considerações de Natália Marques Abramides Brasil. De início, a autora destaca que, no Brasil, não se admite a parassubordinação como um modelo de tutela dos trabalhadores, tanto em âmbito legislativo quanto judicial. De outro lado, destaca que não é possível ignorar as transformações por que vem passando o trabalho no último século e com ainda mais intensidade nas últimas décadas. Reforça que também não é possível separar por completo os fatores sociais, culturais e econômicos, que, ao final, influenciam, em um único feixe, o surgimento de novas realidades de trabalho e, por consequência, a necessidade de se ajustar o aparato jurídico que o sustenta.[312]

---

(311) ZIPPERER, André Gonçalves. *A intermediação de trabalho via plataformas digitais:* repesando o direito do trabalho a partir das novas realidades do século XXI. São Paulo: LTr, 2019. p. 161-162.

(312) BRASIL, Natália Marques Abramides. *Relações de trabalho em plataformas digitais:* desafios ao modelo tradicional do direito do trabalho. Rio de Janeiro: Lumen Juris, 2019. p. 164.

A autora então elenca o que defende ser pontos que se aproximam da configuração do trabalho autônomo: liberdade de escolha de horários e até mesmo dias a serem trabalhados, sem a contrapartida da punição por falta ou desídia, típica do emprego baseado em um modelo clássico; propriedade dos meios de produção e, a depender do ponto de vista, até mesmo organização e estrutura empresarial própria, já que é o próprio trabalhador o responsável por gerenciar seus bens, seu tempo e os aspectos burocráticos, como o recolhimento de tributos e encargos sociais, decorrentes do exercício da atividade. Considera ainda mais relevante o fato de não haver qualquer controle por parte de um chefe ou superior hierárquico, havendo ausência da figura humana em um dos polos da relação, que implicaria no entendimento de que inexiste relação. Destaca ainda a autora que, na pesquisa jurisprudencial que fez, em análise de várias decisões judiciais, o critério da possibilidade de controle de jornada pelo trabalhador e a predeterminação de jornada mínima ou máxima foi utilizado de forma reiterada para fundamentar o entendimento de que não há vínculo de emprego.(313)

A autora então começa a rebater os pontos suscitados, trazendo consistentes argumentos que vão refutando os pontos que configurariam um vínculo autônomo, traçando um caminho que levaria ao vínculo de emprego. Primeiro, destaca que, embora o controle de jornada revele forte indício da existência da subordinação, tal presunção não é absoluta; reforça que tanto é assim que o contrato de trabalho intermitente traz a possibilidade de o empregado permanecer por longos períodos sem prestar qualquer serviço ao empregador, podendo até mesmo se recusar à convocação, independente de qualquer justificativa, sem que isso descaracterize a relação de subordinação. A partir do momento em que aceita a convocação, o trabalhador terá que acolher as condições impostas pelo empregador, durante o período em que permanecer vinculado à prestação do serviço. Destaca então que este modelo, embora comporte críticas, admite a possibilidade de reconhecimento da subordinação em relação diferente do modelo tradicional de emprego, no qual não há como se admitir que o empregado se recuse a cumprir convocação para a realização de trabalho, salvo devidamente justificado e comprovado.(314)

Para a autora, diante disso, a possibilidade de controle de jornada se trata de critério que, aos poucos, vem perdendo força como determinante de uma linha divisória clara entre trabalho autônomo e o subordinado, não

(313) BRASIL, Natália Marques Abramides. *Relações de trabalho em plataformas digitais:* desafios ao modelo tradicional do direito do trabalho. Rio de Janeiro: Lumen Juris, 2019. p. 164-165.

(314) *Ibid.* p. 165-166.

servindo para justificar a autonomia do serviço prestado em plataformas digitais, como vem sendo fundamentado pelos Tribunais.(315)

Tratando sobre o poder diretivo, Natália Marques Abramides Brasil(316) ressalta que, a despeito da divergência acerca da natureza das recomendações feitas pelo aplicativo Uber em relação ao tratamento com passageiros, outras determinações são impostas de maneira inequívoca e obrigatória para a prestação do serviço, como o atendimento aos padrões mínimos do automóvel utilizado, contidos no próprio site da empresa, e a necessidade de se manter classificado acima do limite mínimo estabelecido, sob pena de suspensão do aplicativo. Ademais, destaca que se de um lado o aplicativo não realiza fiscalização direta e contínua no que diz respeito à observância de suas recomendações, tal conduta, se resultar em insatisfação do consumidor, irá repercutir em uma má avaliação, possibilitando, por consequência, controle indireto da plataforma em relação às condições do serviço. É o que a doutrina vem denominando de subordinação algorítmica, já tratada em tópico acima.

Segue a autora defendendo que, nesse caso, a autonomia fica, no mínimo, mitigada, posto que o prestador de serviços não goza de liberdade ampla para determinar em que condições realiza a oferta ao público, seja em relação ao preço, seja em relação ao equipamento utilizado, suas condições, padrões mínimos, dentre outros. Reforça ainda que o trabalhador não reporta ao usuário consumidor em caso de reclamação, mas, sim, ao aplicativo, que é quem, de um lado, mantém o contato direto com o cliente e, de outro, fiscaliza as condições dos serviços prestados.

Repisando argumentos que já foram destacados no tópico sobre subordinação algorítmica, destaque-se que a autora rebate a alegada ausência de controle de jornada, informando que a Uber, bem como outros aplicativos similares, tem a possibilidade de verificação contínua, em tempo real, da oferta e demanda, que torna prescindível a obrigatoriedade de permanência à disposição do tomador. Assim, reforça que, quando oferta e demanda se encontram em equilíbrio, não há motivos para se exigir o cumprimento de serviços pelos motoristas inativos naquele determinado momento. De outro modo, quando há constatação de que a demanda se tornou maior que a oferta, seja pela ocorrência de um evento em região específica, horário de pico ou até mesmo determinada época, a plataforma oferece bonificação ou precificação diferenciada, repassada diretamente ao usuário final, incentivando

---

(315) BRASIL, Natália Marques Abramides. *Relações de trabalho em plataformas digitais:* desafios ao modelo tradicional do direito do trabalho. Rio de Janeiro: Lumen Juris, 2019. p. 166.

(316) *Ibid.* p. 167.

assim que mais motoristas se tornem disponíveis naquele momento. Ressalta Natália Brasil[(317)] que, dessa forma, mais uma vez, a plataforma acaba por exercer, de maneira indireta, controle sobre a jornada praticada pelos trabalhadores que, nesse contexto, amolda-se de maneira mais precisa às necessidades do tomador e do mercado, do que a produção aos moldes *just in time,* minimizando o desperdício e maximizando os lucros.

Por fim, Natália Brasil[(318)] também constata que a propriedade dos meios de produção não pode conduzir necessariamente ao enquadramento de trabalho autônomo. Em primeiro lugar, destaca que há muito tempo tal critério, por si só, não é suficiente para a distinção da autonomia e subordinação. Para citar um exemplo muito comum na cidade de Fortaleza, há uma grande empresa que tem cerca de 500 empregados que trabalham realizando instalação de internet, que são obrigados a possuir carro próprio, onde é alocada uma escada. Em contrapartida, a empresa paga gasolina e reembolsa alguns custos de manutenção. Ou seja, o fato do veículo ser do empregado não lhe caracteriza como autônomo. Da mesma forma, vale destacar que a empresa Uber e outros aplicativos têm realizado convênios com grandes empresas de locação de veículo, facilitando assim o acesso aos veículos por seus prestadores de serviços.

Ainda sobre essa questão, é interessante a observação de Natália Brasil[(319)] quando aduz que, no caso da Uber e aplicativos similares, não é o automóvel do trabalhador, mas sim o aparato tecnológico desenvolvido por aquele o efetivo meio de produção, pois a plataforma detém o controle de todas as condições de trabalho por meio do instrumento tecnológico desenvolvido, sobre o qual os motoristas, por sua vez, não detêm qualquer propriedade ou ao menos influência.

Em síntese, para cada argumento posto no sentido de defender que há autonomia na prestação do serviço e que não pode se enquadrar como relação de emprego, há um ou mais substanciais contra-argumentos que reforçam a existência do vínculo de emprego.

Apesar disso, de fato existem peculiaridades que devem ser observadas para este tipo específico de contratação, oriundo do novo mercado de trabalho digital, razão pela qual, apesar de discordar dos motivos postos acima, que defendem a existência de trabalho autônomo, há razões para defender

---

(317) BRASIL, Natália Marques Abramides. *Relações de trabalho em plataformas digitais:* desafios ao modelo tradicional do direito do trabalho. Rio de Janeiro: Lumen Juris, 2019. p. 168-169.

(318) *Ibid.* p. 169.

(319) *Ibid.* p. 169.

a criação de um estatuto próprio, que visasse dar fim às discussões nos tribunais e trouxesse mais segurança jurídica para todos envolvidos, inclusive para o próprio trabalhador "uberizado".

Nessa hipótese, em qualquer modelo próprio a ser proposto, defende-se aqui que o ponto de partida inicial deve ser a Constituição Federal, em especial todo o rol de direitos fundamentais do art. 7º. Isso porque, conforme já defendido em tópico precedente, o *caput* do art. 7º fala que são direitos dos "trabalhadores" e não dos "empregados". Também como destacado anteriormente, o próprio André Gonçalves Zipperer[(320)] defende essa leitura do texto constitucional. Assim, deve ser buscada a máxima efetividade constitucional, para que eventual normatização específica abranja também todos os direitos trabalhistas já garantidos na Constituição Federal.

5.6 ANÁLISE DOS PROJETOS DE LEI EXISTENTES SOBRE TRABALHO EM PLATAFORMAS DIGITAIS

Já são mais de 40 projetos de lei que buscam regulamentar a figura do trabalho em plataformas digitais que estão tramitando no Congresso Nacional, e que trazem vários formatos distintos, desde os que criam um estatuto próprio, fora do alcance da CLT, até os que apenas fazem remissão à CLT, trazendo apenas algumas especificidades. Para fins de estudos e por apresentarem propostas distintas, passa-se a fazer uma análise do PL 3.748/2020, da Deputada Federal Tábata Amaral (PDT/SP), PL 4.172/2020, do Deputado Federal Henrique Fontana (PT/RS) e PL 974/2021, de autoria do Senador Randolfe Rodrigues (REDE/AP).

Considerando que os textos são relativamente longos, optou-se por fazer comentários aos projetos de lei sem trazer a redação original, mas que podem ser acessados nos links em referência. A primeira proposta a ser analisada é da Deputada Federal Tábata Amaral, que visa criar um novo estatuto, totalmente independente da CLT. Assim, logo no art. 1º estabelece que é instituído o regime de trabalho sob demanda e, no parágrafo único, deixa expresso que a esses trabalhadores não se aplicam as regras da CLT. Há uma inconsistência técnica, em nossa concepção, pois o art. 24 do Projeto de Lei estabelece que se aplica ao regime de trabalho sob demanda o disposto no título VI da CLT, que trata sobre normas coletivas. Do ponto de

---

(320) ZIPPERER, André Gonçalves. *A intermediação de trabalho via plataformas digitais:* repesando o direito do trabalho a partir das novas realidades do século XXI. São Paulo: LTr, 2019. p. 202.

vista técnico, seria melhor criar uma redação específica do que remeter à CLT, pois há contradição com o disposto no art. 1º da proposta.

Esse projeto de lei foi dividido em 6 seções: Definições Gerais; Da Remuneração; Do Cadastramento, Descadastramento e Avaliação do Trabalhador; Das Condições de Trabalho; Da Proteção Social; e Disposições Finais e Transitórias. Passa-se a destacar os principais pontos de cada seção.

Na primeira seção, no art. 2º, é definido trabalho sob demanda como sendo aquele em que os clientes contratam a prestação de serviços diretamente com a plataforma de serviços sob demanda, que, por sua vez, apresenta proposta para execução dos serviços para um ou mais trabalhadores. Em seu parágrafo primeiro, há a possibilidade de equiparação à plataforma de serviços sob demanda, para toda pessoa natural ou jurídica, com ou sem fins lucrativos, que ofereçam serviços na forma do *caput*. Também é reforçado que esse regime de trabalho se aplica ainda que a prestação de serviços pelo trabalhador seja de forma eventual; e a possibilidade de escolha pelo cliente, no processo de contratação, não descaracteriza o regime, conforme previsão dos parágrafos segundo e terceiro.

Uma primeira ressalva já consta no art. 2º, § 4º, no sentido de estabelecer que, caso estejam presentes os requisitos da relação de emprego, o regime de trabalho sob demanda não impede essa caracterização de vínculo entre o trabalhador e um determinado cliente. É interessante que a ressalva não é de possibilidade de reconhecimento com a plataforma, mas sim com o cliente que utiliza a plataforma para fazer a contratação do serviço. Pensa-se que com isso busca-se coibir fraudes na contratação terceirizada por plataformas digitais.

No art. 3º é colocado como requisito essencial do trabalho sob demanda a plena liberdade do trabalhador em aceitar ou não a proposta para prestação do serviço. Em seus parágrafos, foi colocada uma série de restrições, sendo vedado à plataforma aplicar penalidades ao trabalhador, direta ou indiretamente, pela não aceitação da proposta para prestação do serviço; não devendo a não aceitação da proposta influenciar na avaliação do trabalhador ou na quantidade de serviços ofertados a ele; vedado ainda vincular benefícios à realização de um número mínimo de serviços por período; estabelece a incompatibilidade de exigência de tempo mínimo em que o trabalhador fique à disposição para receber propostas de prestação de serviços etc.

Interessante registrar que alguns direitos constitucionais do art. 7º são expressamente mencionados, como intervalos, descanso e férias, no § 8º do art. 3º e na seção seguinte, quando trata da remuneração, fala do pagamento de salário-mínimo hora ou piso da categoria por hora, sempre acrescidos de 13º proporcional, férias com acréscimo de 1/3, de forma proporcional etc.

No art. 8º fica expressamente previsto que, caso o trabalhador utilize instrumentos próprios de trabalho para realização dos serviços, a plataforma deve indenizar os custos com insumos, manutenção e depreciação, de forma proporcional à utilização. Na seção IV, são feitas considerações no que tange às condições de trabalho, havendo imposição de que as plataformas busquem prevenir o trabalho em condições de fadiga, repercussões negativas na saúde e segurança dos trabalhadores, entre outros.

Na seção V há normas destinadas à proteção social do trabalhador, garantindo, por exemplo, o acesso ao seguro-desemprego; determinando sua filiação ao Regime Geral de Previdência, na qualidade de segurado empregado; garantindo salário-família, salário-maternidade etc. Na última seção, ponto de destaque é que deixa claro que a competência para julgamento de litígios derredor dessa legislação é da Justiça do Trabalho.

No geral, nessa proposta, apesar de afastar as regras celetistas, traz um avanço para os trabalhadores, aumentando a responsabilidade das plataformas em vários setores, exigindo mais transparência de informações e buscando dar uma mínima proteção social. Apesar desses avanços, deixa-se registradas as necessárias críticas, pois, como defendido anteriormente, o ponto de partida inicial de qualquer regulamentação deveria ser o rol protetivo do art. 7º *d*a Constituição Federal.

A proposta do Deputado Federal Henrique Fontana (PT/RS) também vai no sentido de criar um regramento próprio, fora dos ditames da CLT. Nesse ponto, registre-se trecho de sua justificativa ao propor o PL 4.172/2020:

> O advento da internet e os enormes avanços da computação trazem agora o que se convencionou chamar de "capitalismo de plataformas". Este novo paradigma produtivo se estabeleceu anarquicamente e os trabalhadores envolvidos em suas atividades não contam com praticamente nenhuma proteção social e/ou trabalhista. Reconheça-se, porém, que por suas especificidades e singularidades não cabem dentro da regulação do vínculo de emprego estabelecida na CLT. São novas formas de relação do trabalho que difere do vínculo contratual pensado e regrado para a produção fabril da segunda revolução industrial. Mas isto não significa que não devem estabelecer, em lei, formas de proteção social e trabalhista, bem como inclusão previdenciária. *Nossa Constituição prevê os institutos mínimos de proteção aplicáveis a qualquer que seja o tipo de relação de trabalho, a todos os cidadãos que trabalham, independente do tipo de vínculo* (grifos acrescidos).[321]

---

(321) BRASIL. *Projeto de Lei n. 4.172/2020.* Dispõe sobre a criação de um novo contrato de trabalho em plataformas digitais de transporte individual privado ou de entrega de mercadorias. Brasília, DF: Câmara dos Deputados, 2020. Disponível em: https://ad99433842.clvaw-cdnwnd.com/5e809233a93b3b3b106765d6fa8477c5/200010710-d6a6cd6a6f/CD200862316500%20PL%20Dispo%CC%83e%20sobre%20a%20criac%CC%A7a%CC%83o%20de%20um%20novo%20contrato%20de%20trabalho%20em%20plataformas%20digitais%20de%20trans-

No que tange ao teor dos artigos do projeto, em muitos pontos há interseções com o projeto da Deputada Tábata Amaral, mas traz mais especificidades e aborda os valores sociais do trabalho, lembrando logo no art. 1º que o contrato de trabalho em plataforma deve ter como valores e fundamentos aqueles postos na Constituição, cumprindo a agenda nacional do trabalho decente, observando as garantias de remuneração justa, administração justa, cláusulas justas, representação justa e condições justas. Em ponto que o projeto anterior não trata, no art. 5º deste, há previsão das formas de cessação do contrato de trabalho com o pagamento ou não de diferentes verbas.

Assim, a cessação poderá ser por solicitação de desligamento do trabalhador, sem gerar direito a qualquer pagamento; por desligamento da contratante, sem justo motivo, que deve ser comunicado com pelo menos uma semana de antecedência e que gera o direito a uma indenização no valor da metade da média mensal percebida pelo trabalhador nos últimos 12 meses, ou metade da média mensal do tempo trabalhado, se inferior a 12 meses, que deverá ser paga em 48 horas úteis; por desligamento da contratante, por justo motivo, sem gerar direito a qualquer pagamento; salvo os valores pendentes de ser repassados; por desligamento da contratante, se o trabalhador passar 30 dias sem se logar à plataforma, sem o direito a qualquer indenização.

Outros pontos interessantes são, por exemplo, a previsão de adicional de 15% sobre o valor básico da tarifa, no caso de entregas realizadas em horário noturno, domingo e feriados, previsto no art. 7º do PL, bem como a previsão de pagamento de horas extras, havendo expressa remissão ao art. 7º, XVI da CF, estabelecida no art. 8º, § 3º. Assim como no outro projeto, fala-se em pagamento mensal proporcional de férias e 13º salário. Todavia, no que tange às férias, fica a crítica de na proposta conter apenas 20 dias após 12 meses de labor, havendo assim uma discriminação em face dos trabalhadores em geral, que contam com 30 dias.

Outro ponto de destaque é que ficou expresso o direito dos trabalhadores de plataforma a efetivar negociações coletivas, bem como o direito de greve e de se associar, conforme previsão do art. 12. Da mesma forma que no projeto anteriormente analisado, o art. 13 determina o reconhecimento de vínculo de emprego, sempre que verificados os requisitos do art. 3º da CLT. Aqui, interessante que, na proposta, elenca-se uma série de situações que caracterizam a subordinação ensejadora do vínculo de emprego, são elas:

---

porte%20individual%20privado%20ou%20de%20entrega%20de%20mercadorias%20(1).pdf. Acesso em: 8 jan. 2023.

a) a prática reiterada ou abusiva de bloqueios sem efetiva justificativa, bem como punição da recusa ou desconexão; b) a discriminação na distribuição e oferta de serviços com base na prestação de horário anterior de trabalho; c) a discriminação na distribuição e oferta de serviços com base em pontuação ou outro sistema de reputação; d) a não informação prévia ao trabalhador do valor, distância a percorrer e endereço de destino do serviço proposto.

Perceba-se que algumas das situações aptas a configurar vínculo de emprego, nos termos do PL, já ocorrem nos dias de hoje, razão pela qual, em caso de aprovação, as plataformas teriam que modificar sua atual forma de trabalho, sob pena de ser configurado vínculo celetista.

O projeto de lei, também como o anterior, fala de proteção previdenciária e avança ao tratar da possibilidade de adesão ao Programa de Alimentação do Trabalhador — PAT, para possibilitar o percebimento pelos obreiros de vale-refeição e/ou vale-alimentação, conforme previsão do art. 25. Por último, destaque-se que a proposta cria uma contribuição de 5% sobre o faturamento das empresas, para que sirva de fonte de custeio para seguro-desemprego, ações sociais de proteção dos trabalhadores de aplicativos de transporte individual ou entrega de mercadorias, benefícios previdenciários, ações de capacitação em segurança de transporte e políticas de educação no trânsito, infraestrutura e mobilidade sustentável, dentre outros destinos.

Por fim, passa-se à análise do Projeto de Lei n. 974/2021, de autoria do Senador Randolfe Rodrigues (REDE/AP). Diferente dos dois primeiros, este é bem mais suscinto e vai direto ao ponto. No art. 1º estabelece que a proposta altera a CLT, para garantir direitos trabalhistas aos motoristas de aplicativos. No art. 2º, propõe a criação da Seção IV-B no Capítulo I do Título III da CLT, criando novos artigos que preveem que os motoristas de aplicativo terão direito aos seguintes benefícios, sem prejuízo de outros direitos e benefícios previstos na CLT ou por legislações correlatas: a) salário-mínimo por hora; b) férias remuneradas anuais de 30 (trinta) dias, com valor calculado com base na média da remuneração mensal dos últimos 12 (doze) meses acrescida de, pelo menos, um terço sobre o valor da média; c) descanso semanal remunerado, com valor calculado com base na média da remuneração dos 6 (seis) dias anteriores ao gozo do descanso; e d) outros decorrentes de acordo ou convenção coletivos. Por fim, a proposta define que se consideram motoristas de aplicativo os que atuam no transporte remunerado privado individual de passageiros e os que atuam, inclusive por aplicativo celular, nos serviços de entrega (*delivery*) de comidas, alimentos, remédios e congêneres, qualquer que seja o meio de transporte.

Apesar de sucinto, do ponto de vista da proteção constitucional da classe trabalhadora, esse projeto parece atender com mais precisão aos ditames do *caput* do art. 7º da Constituição Federal, fazendo uma ampla defesa de todo o rol de direitos lá previstos, considerando que regulamenta de forma específica questões inerentes a férias, piso salarial, DSR etc., mas deixa claro que tudo isso é sem prejuízo de outros direitos previstos na CLT ou em outras normas trabalhistas, podendo-se assim defender, por exemplo, o direito constitucionalmente previsto de percepção de FGTS, que é regulamentado pela Lei n. 8.036/90.

Os projetos, como um todo, apresentam propostas que visam trazer mais segurança jurídica para as empresas que estão instaladas e que pretendam se instalar no país, já sabendo as "regras do jogo", mas especialmente buscam proteger a classe trabalhadora das formas de exploração do capitalismo de plataformas, nesses novos tempos em que eclodem novos modelos de negócios e os trabalhadores passam anos, décadas, sem proteção jurídica, sem contrapartida, sem direito a cear com o capital. No modelo atual, restam apenas as sobras, o capital se alimenta, gera novos negócios, e para a mão de obra laboral resta agradecer sem ter perspectivas de sentar à mesa, sem ter um horizonte para olhar.

5.7 REFLEXO SOCIOLÓGICO DOS NOVOS MODELOS DE NEGÓCIO: SURGIMENTO DO PRECARIADO

Já caminhando para a parte final desta obra, à margem das questões jurídicas tratadas nos tópicos precedentes, é preciso fazer uma breve análise sociológica de como estas novas formas de contratação, propagadas pelo emprego de novas tecnologias oriundas da quarta revolução industrial, afetam na mentalidade do trabalhador, melhor dizendo, da classe trabalhadora e acabam por disseminar a construção de uma nova classe, o precariado.

Guy Standing(322) estabelece que o precariado é uma classe de trabalhadores ainda em construção, mas que exerce um labor de natureza frágil e instável, sendo associado a regimes de tempo parcial, ao falso autoemprego, às agências de emprego, à informalização e destaca que ao longo dos últimos anos há uma ascendente expansão dessa forma de contratação flexível pelo mundo.

Antes de se aprofundar mais sobre o precariado, é preciso destacar que também os contratos de emprego tradicionais estão sofrendo com precarizações, em especial após as alternadas crises financeiras pelo planeta, que

(322) STANDING, Guy. O precariado e a luta de classes. *Revista Crítica de Ciência Sociais da Universidade de Coimbra,* Coimbra, *n.* 103. p. 9-24, maio 2014. p. 12.

fizeram vários governos efetivarem medidas de austeridade contra a classe trabalhadora por meio de reformas trabalhistas, a exemplo do que ocorreu no Brasil em 2017. No entanto, é preciso destacar que a precarização do tradicional contrato de emprego é diferente do trabalhador do conceito de precariado, que não possui contrato de emprego, submetendo-se assim a outras formas de contratação, como pode ser exemplo o trabalho em plataformas digitais.

Feitas estas considerações iniciais, destaque-se que, no Brasil, a grande base dos sindicatos profissionais sempre foram os trabalhadores que possuem contrato de emprego na iniciativa privada, regidos pela CLT. Acontece que, em especial após a década de 2010, está havendo uma forte aceleração das tecnologias nas relações de trabalho, o que está fazendo surgir novas formas de contratação entre empresas e trabalhadores, como já fartamente destacado ao longo deste livro.

Estas novas formas buscam desde flexibilizar as regras do contrato de emprego tradicional, como é o exemplo do contrato intermitente, previsto no art. 443, § 3º e regulamentado no art. 452-A, ambos da CLT, após a reforma trabalhista de 2017, que permite que o empresário convoque o trabalhador apenas quando necessitar deste, podendo passar meses sem lhe chamar para trabalhar e, portanto, sem ter que pagar nenhuma contraprestação em razão disso; até o surgimento de novos postos de trabalho não albergados pelo contrato de emprego, como é o exemplo da "uberização", termo que vem se consolidando para definir os trabalhadores contratados com um menor nível de subordinação, como já analisado em tópicos precedentes, geralmente prestando seus serviços por meio de aplicativos instalados em seus aparelhos de celular e sem a proteção da CLT. Sobre esse conceito, aliás, pertinentes as lições de Ludmila Abílio:

> A uberização, portanto, não surge com o universo da economia digital: suas bases estão em formação há décadas no mundo do trabalho, mas hoje se materializam nesse campo. As atuais empresas promotoras da uberização — aqui serão tratadas como *empresas-aplicativo* — desenvolvem mecanismos de transferência de riscos e custos não mais para outras empresas a elas subordinadas, mas para uma multidão de trabalhadores autônomos engajados e disponíveis para o trabalho. Na prática, tal transferência é gerenciada por softwares e plataformas *online* de propriedade dessas empresas, os quais conectam usuários trabalhadores a usuários consumidores e ditam e administram as regras (incluídos aí custos e ganhos) dessa conexão.(323)

---

(323) ABÍLIO, Ludmila. *Uberização do trabalho:* A subsunção real da viração. São Paulo: Boitempo, 2017.

A uberização pode então ser entendida como uma tendência em crescimento, propagada em especial pela quarta revolução industrial, que enfraquece os tradicionais contratos de emprego, deixando os trabalhadores desguarnecidos de normas protetoras mínimas e com a responsabilidade da maior parte dos riscos do negócio pelos próprios trabalhadores.

Destacando o que entende como a principal diferença entre o empregado intermitente[(324)], mencionado acima como exemplo de flexibilização do tradicional contrato de emprego, e o trabalhador contratado no sistema Uber, Ricardo Antunes[(325)] assevera: "A principal diferença entre o *zero hour contract* e o sistema Uber é que neste os/as motoristas não podem recusar as solicitações. Quando o fazem, sofrem represálias por parte da empresa, que podem resultar no seu 'desligamento".

A migração do trabalhador do contrato de emprego tradicional para o contrato de trabalho "uberizado", na visão de Guy Standing[(326)], está fazendo sucumbir o proletariado que emergiu após a primeira revolução industrial, que conseguiu estabelecer padrões mínimos de salários, proteção social contra acidentes e aposentadoria, para emergir essa nova classe do precariado, que aceita as novas condições globalmente impostas, sem ter qualquer segurança social em contrapartida.

Um dos discursos praticados é do empreendedorismo. Os trabalhadores agora não têm patrão e isso acaba por criar uma falsa impressão de liberdade. Todavia, conforme defende Everaldo Gaspar Lopes de Andrade[(327)], o problema é que este sistema desarticula e desestrutura a organização do trabalho, provocando uma crise no movimento e no poder dos sindicatos, que são importantes atores políticos, que em tese buscariam a proteção desses trabalhadores.

Destarte, o discurso ilusório acaba por contagiar toda a nova classe precarizada, que valoriza as novas formas de contratação, inspiradas cada vez mais no modelo contratual individual civilista, transferindo os riscos do negócio para o trabalhador, em detrimento da proteção celetista, como arremata

---

(324) Importante mencionar que, na obra citada, o autor utiliza a denominação originária do Reino Unido de *zero hour contract,* que no Brasil foi chamado de contrato intermitente.

(325) ANTUNES, Ricardo. *O privilégio da servidão:* o novo proletariado de serviços na era digital. 2. ed. São Paulo: Boitempo, 2020. p. 37.

(326) STANDING, Guy. O precariado e a luta de classes. *Revista Crítica de Ciência Sociais da Universidade de Coimbra,* Coimbra, *n.* 103. p. 9-24, maio 2014. p. 14

(327) ANDRADE, Everaldo Gaspar Lopes de. As relações individuais e coletivas de trabalho no contexto da dualização do assalariado, da teoria organizacional crítica e das teorias dos movimentos sociais: para uma reconfiguração hermenêutica sobre o fenômeno terceirização. *Revista Duc In Altum Caderno de Direito*, São Paulo, v. 6, n. 10, jul.-dez. 2014. p. 73.

Everaldo Gaspar Lopes de Andrade(328). A título de exemplo, registre-se que o principal instrumento de trabalho dos "parceiros" da Uber é o seu veículo próprio ou alugado. Se ocorrer qualquer problema com o carro e o motorista não puder trabalhar, a empresa não tem qualquer responsabilidade e o trabalhador ficará sem qualquer renda mínima.

Ricardo Antunes(329), referindo-se a essa nova massa de "empreendedores", define seu significado como "uma mescla de *burguês-de-si-próprio* e *proletário-de-si-mesmo*".

Fazendo referência a Guy Standing, o filósofo e sociólogo alemão Zygmunt Bauman(330) defende e elogia o novo termo e aponta que o precariado consegue unir boa parte da antiga classe proletária com a atual classe média. O problema, segundo Bauman, é que os sofrimentos das contas acumuladas, da mesquinharia dos salários, da fragilidade das contratações, não agregam, mas são vetores que desunem o precariado.

Traduzindo para um exemplo prático a constatação de Bauman, pense-se na seguinte reflexão: se um trabalhador que é motorista de aplicativo reclamar que está trabalhando demais, por até 12h por dia, para conseguir uma remuneração de R$ 4.500,00 (quatro mil e quinhentos reais) brutos, qual seria o pensamento do homem médio? Ora, a remuneração está boa, antes trabalhar 12h do que ganhar um salário-mínimo de R$ 1.320,00 (mil trezentos e vinte reais) por 8h diárias de labor. Ou então, se a carga de trabalho está alta, trabalhe apenas 6h e ganhe R$ 2.250,00 (dois duzentos e cinquenta reais), a empresa não lhe obriga a trabalhar por 12h, essa é uma decisão sua.

Na clássica obra *Desenvolvimento como Liberdade*, o nobel de economia Amartya Sen vai justamente defender que a escolha do homem médio trabalhador nem sempre é livre, pois há uma imposição do sistema econômico e social que limita seu poder de escolha(331). Esse mesmo pensamento parece ocorrer com relação ao precariado, que pensa ter a liberdade de escolher, mas a nova qualidade de vida do ponto de vista financeiro, com uma

---

(328) ANDRADE, Everaldo Gaspar Lopes de. As relações individuais e coletivas de trabalho no contexto da dualização do assalariado, da teoria organizacional crítica e das teorias dos movimentos sociais: para uma reconfiguração hermenêutica sobre o fenômeno terceirização. *Revista Duc In Altum Caderno de Direito*, São Paulo, v. 6, n. 10, jul.-dez. 2014. p. 73.

(329) ANTUNES, Ricardo. *O privilégio da servidão*: o novo proletariado de serviços na era digital. 2. ed. São Paulo: Boitempo, 2020. p. 36.

(330) BAUMAN, Zygmunt e DONSKIS, Leonidas. *Cegueira moral:* a perda da sensibilidade na modernidade líquida. Tradução Carlos Alberto Medeiros. Rio de Janeiro: Zahar, 2014. p. 78-79.

(331) SEN, Amartya. *Desenvolvimento como liberdade.* Tradução: Laura Teixeira Motta. São Paulo: Companhia das Letras, 2010. p. 29-32.

remuneração bruta cerca de quatro vezes maior do que o salário-mínimo, acaba mentalmente compensando a precariedade da jornada desgastante e o desamparo da proteção da seguridade social.

Esse efeito de aparente melhoria em sua condição financeira faz com que o homem médio esqueça ou deixe de lado as outras reivindicações que poderia fazer. E por que não requestar uma contribuição para sua seguridade social, e por que não requestar um patamar mínimo de remuneração, para quando, por exemplo, estiver doente, sem poder laborar? Estes pleitos, se o precariado não se organizar, serão apresentados de forma tardia, quando não poderão mais se aposentar, pois não contribuíram para a previdência ao longo de sua vida laboral.

Toda essa contextualização é apenas para dizer que esta nova classe emergente, o precariado, especialmente por congregar categorias desguarnecidas, muitas vezes, do manto do emprego formal, acaba não se organizando, não tendo pleitos comuns, iludidos com sua condição individual. O reflexo disso pode ser visto, por exemplo, na falta de contribuição para a previdência social. Estes trabalhadores poderiam pagar como contribuintes individuais, mas preferem não fazer, para não gastar qualquer valor da sua remuneração com contribuições "para o governo". Nesse mesmo contexto, para quê contribuir para o sindicato? Aliás, para quê um sindicato?

A ilusão da livre escolha, podendo trabalhar em qualquer dia, em qualquer hora, traz a ideia de independência individual, sem necessidade de organização coletiva, sem necessidade de constituição de um ente sindical, ou se este estiver constituído, sem a necessidade de filiar-se a ele, posto que totalmente desnecessário aos novos empreendedores do labor.

Assim, o discurso que domina o precariado é um discurso que afasta a necessidade de participação de entes sindicais, que muitas vezes sequer existem nas novas formas de trabalho, e quando existem não conseguem ter uma grande representatividade, pois não existe mais um ponto em comum de trabalho para congregar os trabalhadores, como ocorria nas fábricas. Quanto mais se ampliam as possibilidades de trabalho à distância, mais afastados ficam os trabalhadores dos pleitos em comum, e sob o manto ilusório da independência e do empreendedorismo, não necessitam mais dos sindicatos.

O reflexo disso é que essa nova classe vai crescendo desguarnecida da proteção da legislação trabalhista e da proteção das normas coletivas pactuadas pelos sindicatos. Mas se a quarta revolução tecnológica é um caminho sem volta, como fazer para conciliar o desenvolvimento tecnológico com o desenvolvimento humano? Em especial, como proteger uma classe que não procura ser protegida, que não enxerga que a remuneração não pode ser seu único objetivo? Essas talvez sejam as respostas mais difíceis. Os caminhos jurídicos foram apontados acima, mas é necessário que haja um maior engajamento social e político do precariado, para que possa fazer uma mínima pressão no sentido de compelir o Estado a estabelecer de forma clara normas que tragam a almejada proteção. No tópico a seguir, compilando um pouco das ideias jurídicas e sociológicas abordadas neste trabalho, faz-se um resumo do caminho que une desenvolvimento tecnológico com o desenvolvimento humano, na busca de uma solução para as problemáticas abordadas neste livro.

5.8 CONSTRUINDO UM CAMINHO DE UNIÃO ENTRE O DESENVOLVIMENTO TECNOLÓGICO E O DESENVOLVIMENTO HUMANO

Como destacado até aqui, a cada dia, a quarta revolução industrial avança a passos largos e seu maior reflexo no campo das relações de trabalho é desproteger cada vez mais os trabalhadores, seja com a flexibilização das legislações trabalhistas existentes, seja por meio de novas formas de contratação e prestação de serviços, em especial por meio do uso de aplicativos, onde os trabalhadores também não têm uma proteção sindical em sentido estrito, pois, mesmo que passem a criar um sindicato dos trabalhadores, as empresas não irão tão facilmente negociar com estes, pois isso seria reconhecer que essas novas contratações representariam contratos de emprego e, se assim o fizerem, passarão a também ter que obedecer à legislação trabalhista vigente, pelo menos nos países em que for obrigatória, como é o caso do Brasil.

Chega-se então diante de uma situação complexa, que em termos práticos simboliza um novo paradigma. É preciso encarar a nova realidade, mas não com o olhar do tradicional contrato de emprego, pois não se trata dele. A saída então pode passar por alguns caminhos, um deles é a evolução dos requisitos da relação de emprego, em especial com o alargamento do conceito de subordinação, para que possa guarnecer os trabalhadores das novas plataformas digitais, que de uma hora para outra estão deixando fenecer os direitos fundamentais a férias acrescidas de 1/3, 13º salário, depósitos mensais de FGTS, indenização do aviso prévio, indenização por dispensa sem justa causa, dentre vários outros.

Defendemos que caberia ao legislador estabelecer alguma proteção mínima, garantindo assim um núcleo mínimo de direitos para além da remuneração. Nesse ponto, como destacado anteriormente em tópico específico, há vários projetos de lei tramitando no Congresso Brasileiro e que visam regulamentar estas relações. Abordando o aspecto das pautas a serem defendidas pelo precariado, Guy Standing[332] defende que os bens fundamentais a serem perseguidos seriam em resumo segurança socioeconômica, o controle sobre seu tempo de trabalho, espaços de qualidade, conhecimento (ou instrução) sobre educação financeira e capital financeiro. É interessante a abordagem do economista inglês, especialmente sobre a questão que envolve o conhecimento financeiro, pois nesse aspecto parece querer defender que o conhecimento seria uma forma do sujeito precariado sair da própria condição de subempregado, buscando assim uma evolução em sua condição social e econômica.

Não obstante aponte para este norte, Guy Standing[333] destaca que o precariado encontra-se exposto a riscos elevados, sendo baixa a probabilidade de conseguir fazer face a esses riscos ou de se recuperar deles. Um dos fatores que corroboram para isso é que o trabalhador precarizado está sempre na perspectiva de uma incerteza crônica, precisando assim viver um dia atrás do outro, sem uma segurança econômica que lhe possibilite pensar em melhores perspectivas. Guy Standing arremata dizendo que: "Pelo menos na sua parte mais nuclear, o velho proletariado gozava de segurança no trabalho, uma vez que havia disposições de proteção social contra os riscos de desemprego, doença, velhice, acidentes, etc."[334].

Outro problema é o controle sobre o próprio tempo. No discurso, o trabalhador sob o novo modelo de contratação poderia dispor melhor sobre seu tempo de labor. Em termos práticos, Guy Standing[335] afirma que o precariado não tem controle sobre seu tempo, pois seus membros vivem num estado de permanente prontidão, à espera de que haja trabalho, realizando quantidade ainda maior de trabalho quando são chamados, porque nunca sabem a melhor forma de gerir seu tempo. Daí o autor defende a necessidade de haver políticas sobre o tempo à disposição. A título ilustrativo, cite-se pesquisa realizada por Ludmila Abílio[336], que, escrevendo sobre o trabalho uberizado, informa que com os motofretistas a jornada de trabalho média foi de 14h por dia, estando assim bem maior que as 8h médias do empregado tradicional.

Citando dados empíricos coletados do Projeto de Pesquisa Mundo do Trabalho na Era Digital, do Instituto de Ciências Sociais da Universidade de

(332) STANDING, Guy. O precariado e a luta de classes. *Revista Crítica de Ciência Sociais da Universidade de Coimbra,* Coimbra, *n.* 103. p. 9-24, maio 2014. p. 20.

(333) *Ibid.* p. 20.

(334) *Idem.*

(335) *Idem.*

(336) ABÍLIO, Ludmila. *Uberização do trabalho:* A subsunção real da viração. São Paulo: Boitempo, 2017.

Brasília, por meio de entrevistas realizadas no dia 25 de julho de 2020, no Distrito Federal, durante o primeiro breque dos apps, movimento social dos entregadores de aplicativos por melhores condições de trabalho, Gabriela Neves Delgado e Bruna Vasconcelos de Carvalho(337) destacam que essa pesquisa apurou que 50% dos entrevistados trabalhavam mais de 60 horas por semana, sem usufruir de descansos semanais, e sem a observância dos intervalos intra e interjornada, razão pela qual defendem que não há respeito aos direitos fundamentais trabalhistas vinculados à dimensão socioambiental do direito fundamental ao trabalho digno.

Feitas estas considerações, parece que as políticas públicas voltadas para os trabalhadores uberizados deveriam seguir duas orientações: primeiro, encontrar mecanismos de tempo máximo de labor diário ou semanal, garantindo assim uma maior qualidade de vida para o trabalhador; e, segundo, que, aliás, considera-se urgente e crucial, estabelecer uma política pública sobre a obrigatoriedade de uma contribuição mínima para a previdência social. Hoje, os trabalhadores uberizados podem inscrever-se como contribuintes individuais, mas cabe a eles realizar essa inscrição e não às empresas. Em razão disso, em termos práticos, os trabalhadores preferem não pagar a contribuição social para a previdência. Isso decorre de diversos fatores, mas talvez o principal seja o manifesto desejo de não pagar tributos, achando que não há um retorno razoável.

Assim, defende-se que o legislador deve regulamentar de forma específica a matéria, pra não deixar qualquer margem interpretativa, para garantir que os novos modelos de negócios não utilizem da via oblíqua das novas tecnologias para desproteger os trabalhadores brasileiros.

É preciso então, desde agora, enfrentar o tema, criando mecanismos de proteção dessa nova classe trabalhadora, pois a quarta revolução industrial tem demonstrado uma expansão em larga escala, parecendo ser um caminho sem volta, com os novos disruptores buscando estabelecer pontes contratuais distintas das relações de emprego tradicionais, o que acaba por desguarnecer de proteção social mínima a nova classe precarizada. Para conciliar então o forte desenvolvimento tecnológico com o necessário desenvolvimento humano, a saída será estabelecer políticas públicas de proteção a essa novel classe em plena expansão.

---

(337) DELGADO, Gabriela Neves; CARVALHO, Bruna Vasconcelos de. Direitos fundamentais para quem? Reflexões sobre o trabalho plataformizado na perspectiva do direito constitucional do trabalho. *In:* PORTO, Noemia; LOURENÇO FILHO, Ricardo; CONFORTI, Luciana Paula (Orgs.) *Plataformas digitais de trabalho:* aspectos materiais e processuais. Brasília: ANAMATRA; ENAMATRA, 2021. p. 39-40.

Dentro desta perspectiva, necessário registrar que em 2019, a OIT, por meio de sua Comissão Mundial sobre o Futuro do Trabalho, elaborou um consistente documento, encabeçado pelo presidente da África do Sul e primeiro ministro da Suécia, onde abordam vários dados e organizam um documento onde sugerem realizar um novo pacto social, com uma agenda centrada no ser humano, devendo haver aumento de investimentos nas capacidades das pessoas, defendendo uma aprendizagem ao longo da vida, com apoio às pessoas nas transições de ocupações, buscando uma igualdade de gênero de fato e com proteção social. Defendem ainda um aumento de investimento nas instituições do trabalho, estabelecendo uma garantia laboral universal. Defendem reforçar a soberania do trabalhador sobre o tempo, revitalizando ainda a representação coletiva e a utilização das tecnologias para trazer dignidade ao trabalho.[(338)]

Ainda no âmbito da OIT, registre-se que a instituição realizou um estudo em 75 países, com 3.500 trabalhadores em plataformas digitais e formalizou um documento denominado de "As plataformas digitais e o futuro do trabalho: promover o trabalho digno no mundo digital". Nesse documento é apresentado um extenso relatório sobre as características e condições dos trabalhadores em plataformas digitais. Já na parte final, o relatório destaca que, apesar dos muitos desafios enfrentados pelos trabalhadores nas plataformas de microtarefas, é possível reconfigurar esta forma de trabalho, buscando proporcionar melhores condições para a classe obreira. Neste sentido, o relatório sugere 18 critérios para a prossecução de plataformas de microtarefas mais justas, sempre almejando a dignidade do trabalhador[(339)], sendo eles:

> 1. Emprego: os trabalhadores não deveriam ser incorretamente classificados como trabalhadores por conta própria se, na prática, forem trabalhadores por conta de outrem.
>
> 2. Os trabalhadores deveriam ter à sua disposição meios juridicamente vinculativos para dar a conhecer as suas necessidades e desejos aos operadores das plataformas, através da sindicalização, da negociação coletiva e, nos países em que tais estruturas existam, de conselhos de trabalhadores e direitos de codeterminação.

---

(338) ORGANIZAÇÃO INTERNACIONAL DO TRABALHO. *Trabalhar para um futuro melhor.* Lisboa: OIT, 2019.

(339) ORGANIZAÇÃO INTERNACIONAL DO TRABALHO. *As plataformas digitais e o futuro do trabalho:* promover o trabalho digno no mundo digital. Genebra: BIT, 2020.

3. Remuneração: os trabalhadores de microtarefas com o estatuto de trabalhadores por conta de outrem deveriam auferir o salário mínimo em vigor no país onde residem.

4. Transparência da remuneração e das taxas/comissões: os trabalhadores deveriam receber, em moeda real, o valor total pelo qual os clientes são faturados.

5. Flexibilidade: os trabalhadores não deveriam ser penalizados por se recusarem a aceitar algumas das tarefas propostas ou por se recusarem a trabalhar em determinados horários.

6. Em caso de problemas técnicos com a tarefa ou com a plataforma, os trabalhadores não deveriam suportar o custo da perda de tempo ou da perda de trabalho.

7. Não pagamento: o não pagamento (se for permitido) deveria estar sujeito a regras rigorosas.

8. Condições contratuais: as condições da plataforma, nomeadamente no que respeita ao pagamento, à avaliação do trabalho e à resolução de litígios, deveriam ser apresentadas num formato legível por humanos, claro e conciso.

9. Classificações dos trabalhadores: as avaliações e classificações dos trabalhadores não se deveriam basear em taxas de não pagamento e os trabalhadores deveriam ser informados dos motivos das avaliações negativas.

10. Código de conduta: na ausência de acordos de negociação coletiva, as plataformas deveriam estabelecer códigos de conduta claros para os membros, nomeadamente publicando os procedimentos a seguir pelos trabalhadores para exporem problemas, bem como demonstrar que tomaram medidas para assegurar o respeito por esses códigos.

11. Contestações dos trabalhadores: os trabalhadores deveriam poder contestar o não pagamento, as avaliações negativas, os resultados dos testes de qualificação, as acusações de violações do código de conduta e o encerramento das contas.

12. Classificações e histórico dos clientes: os trabalhadores deveriam ter forma de avaliar os clientes.

13. Instruções da tarefa: as plataformas deveriam rever as instruções da tarefa antes da publicação.

14. Histórico de trabalho: os trabalhadores deveriam poder visualizar e exportar, em qualquer momento, um histórico completo das

tarefas executadas e da reputação, num formato legível por humanos e máquinas.

15. Os trabalhadores deveriam ter o direito de manter uma relação profissional com um cliente fora da plataforma.

16. Os clientes e os operadores das plataformas deveriam responder às comunicações dos trabalhadores com prontidão, de forma educada e substantiva.

17. Os trabalhadores deveriam saber quem são os seus clientes e o objetivo do seu trabalho.

18. As tarefas suscetíveis de provocar *stress* ou danos a nível psicológico (por ex., examinar conteúdo publicado nas redes sociais para eliminar discursos de ódio, violência ou pornografia) deveriam ser claramente identificadas pelos operadores das plataformas, de acordo com um procedimento normalizado.[340]

O mesmo documento acrescenta ainda três critérios, que entende ser necessários para garantir proteção social aos trabalhadores em plataformas digitais, são eles: 1. Adaptar os mecanismos de segurança social para cobrir trabalhadores de todas as formas de emprego, independentemente do tipo de contrato; 2. Usar a tecnologia para simplificar o pagamento das contribuições e das prestações; e 3. Instituir e reforçar mecanismos financiados por impostos.

Percebe-se assim, no geral, que os projetos de lei estudados atendem algumas diretrizes da OIT para o trabalho em plataformas digitais, sendo importante que o legislador brasileiro, ao regulamentar a matéria, se atente para estas diretrizes.

Por fim, destaque-se que documentos como estes são verdadeiros marcos, que devem nortear esta e as próximas gerações, na busca da dignidade e desenvolvimento da classe trabalhadora, pois evolução tecnológica dissociada de desenvolvimento humano não vale a pena.

(340) ORGANIZAÇÃO INTERNACIONAL DO TRABALHO. *As plataformas digitais e o futuro do trabalho:* promover o trabalho digno no mundo digital. Genebra: BIT, 2020.

6. CONSIDERAÇÕES FINAIS

Ao fim desta obra, algumas conclusões podem ser extraídas. A primeira é que a quarta revolução industrial é uma realidade em plena expansão e uma análise do passado pode nos ajudar, enquanto sociedade, a fazer um melhor desenho do futuro. Assim, nos primeiros capítulos do livro foi feito um levantamento histórico, sociológico e jurídico, demonstrando os primeiros avanços tecnológicos nos meios de produção que fizeram emergir a primeira revolução industrial. Foram essas, essencialmente, a evolução das máquinas no auxílio da produção de mercadorias de consumo, bem como a utilização das máquinas para a construção e desenvolvimento de ferrovias e canais de navegação, no intuito de possibilitar a expansão dos mercados e a consequente distribuição das mercadorias produzidas, além da importação de matérias-primas.

Acrescente-se a isso a utilização das máquinas para evolução da exploração de minas de carvão, além da evolução das siderúrgicas na exploração inicialmente do ferro e posteriormente do aço, que geraram uma reação em cadeia na produção de energia e desenvolvimento de máquinas. Nessa época, ficou demonstrado que o fato dos trabalhadores não terem tido avanços sociais ao mesmo passo que se desenvolviam os avanços tecnológicos, que apenas traziam benefícios para os donos das grandes indústrias e para os grandes comerciantes, e por ter sido registrado um paradoxo ocaso da situação de bem-estar da classe trabalhadora enquanto aumentava o progresso industrial, fizeram eclodir as revoltas por melhores condições de vida, e isso acabou por unir a classe operária, fazendo assim surgir os primeiros sindicatos, entes que seriam utilizados na sequência para buscar a proteção social dos trabalhadores. O legado da primeira revolução industrial é entender que não adianta apenas pensar em avanço tecnológico dissociado do avanço humano, pois isso pode culminar em caos social.

No que tange ao período da segunda revolução industrial, foi feito um paralelo com o atual período da quarta revolução industrial, destacando que o Estado da época, mesmo sob a bandeira liberal, percebeu a necessidade de regulamentar minimamente as relações de trabalho havidas. Um dos grandes problemas da revolução industrial atual, como foi demonstrado ao longo do livro, é que o rápido avanço tecnológico tem gerado inúmeros modelos de novos negócios, que em regra não são alcançados pela legislação protetiva construída ao longo de décadas de lutas sociais, isso no Brasil e em vários outros países. Assim, o legado maior do período da segunda revolução industrial é compreender que é necessário estabelecer parâmetros mínimos, no sentido de tutelar contingências sociais de curto, médio e longo prazos, como estabelecer regras sobre jornada de trabalho, remuneração e previdência social.

Com relação ao período da terceira revolução industrial, foi destacado que os dois principais disruptores foram os computadores e a internet, que tiveram significativos avanços e se tornaram vetores para a criação de novas tecnologias e novos modelos de negócios. Ou seja, nesse período, nascido no contexto da denominada sociedade pós-industrial, foram germinadas as sementes do que viria a ser a quarta revolução industrial. Todavia, mais uma vez houve uma falha global em buscar equilibrar o desenvolvimento tecnológico com o desenvolvimento humano. O relatório sobre a Tripla Revolução, editado neste período, chamava a atenção para este ponto, mas, ao que parece, considerando a vinda tardia dos efeitos apregoados no memorando, as preocupações foram arrefecendo. De qualquer modo, no Brasil, há de ser comemorada a Carta Constitucional de 1988, que trouxe um grande aparato protetivo para a classe trabalhadora, mas, como demonstrado nesta obra, há espectros da quarta revolução industrial que visam tornar inaplicável o texto constitucional.

Na sequência, tratou-se da quarta revolução industrial, sendo feito um levantamento da doutrina especializada em estudar a temática, que explica o descolamento com relação à terceira revolução industrial. Destarte, foi explicado que, embora tenham elementos básicos que surgiram ainda durante a terceira revolução industrial, o nível de disrupção atual, com o super desenvolvimento desses elementos iniciais e com a sistematização e integração das diversas tecnologias, fez surgir novos paradigmas tecnológicos aptos a configurar uma nova revolução, razão pela qual é possível se falar em quarta revolução industrial.

As tecnologias desenvolvidas no âmbito da quarta revolução industrial têm repercussão direta no cotidiano das pessoas e têm estimulado o surgimento de novas formas de negócios, assim como novas formas de contratação de trabalhadores.

Destarte, foi destacado que existem duas principais preocupações com os avanços tecnológicos da quarta revolução industrial no que tange aos tradicionais contratos de emprego, a primeira tem relação com as novas tecnologias, a exemplo da indústria 4.0, que visa substituir os empregados atuais por máquinas que possam desempenhar suas atividades, em especial por meio do desenvolvimento da inteligência artificial, robotização e automação; e a segunda tem relação com o crescimento de empresas no que se denomina de economia do compartilhamento, em que há novas formas de contratação, que vão substituindo os tradicionais contratos de emprego, sem que haja as mesmas garantias que eram feitas aos empregados.

Na continuidade do livro, foi trazido o cenário de evolução tecnológica nas áreas de inteligência artificial, robótica e automação, sendo abordados conceitos como o da indústria 4.0. Salta aos olhos que, passados mais de 35 anos da promulgação da Constituição Federal de 1988, até hoje não foi regulamentado o art. 7º, XXVII da CF. Esse dispositivo visa trazer proteção aos trabalhadores em face da automação.

Na sequência do trabalho, então, foi destacado que o dispositivo em questão tem eficácia limitada, devendo assim ser editada a obrigatória legislação decorrente da previsão constitucional. Considerando que já passaram mais de três décadas, foi sugerido que a matéria poderia ser objeto de Mandado de Injunção ou de Ação Declaratória de Inconstitucionalidade por Omissão, sendo meios eficazes para fazer com que o legislativo regulamente a temática. No que concerne ao Mandado de Injunção, foi encontrado apenas um, que fora julgado improcedente, trazendo preocupação quanto à análise semântica que foi dada pela relatora do caso no STF. Quanto à ADO, em julho de 2022 foi ajuizada pela PGR a ADO 73, que trata especificamente sobre esta matéria, sendo mais uma luz na tentativa de finalmente ver regulamentado o art. 7º, XXVII da CF.

Foi feita também uma detalhada análise sobre os projetos de lei que entre 1989 e 2019 buscaram regulamentar o dispositivo constitucional. Em síntese, pode-se estabelecer que os projetos de lei trazem as seguintes diretrizes, na tentativa de regulamentar o art. 7º, XXVII da Constituição Federal de 1988: a) indenização das verbas trabalhistas em dobro, em caso de demissão decorrente de automação; b) negociação coletiva com o sindicato de trabalhadores, para tentar mitigar os efeitos negativos para os trabalhadores; c) treinamento e realocação dos trabalhadores para novas funções ou aposentadoria proporcional dos que não se adaptarem ou não tiverem vagas; e d) incentivos fiscais para as empresas que mantiverem os empregados, mesmo após a implementação de automação.

Outra preocupação enfrentada nesta obra foi sobre o significado do termo automação à luz das novas tecnologias trazidas pela quarta revolução industrial, pois, quanto mais tempo passa, outros problemas de ordem constitucional vão surgindo, por exemplo: será que o conceito de automação de 1988 ainda é o mesmo em tempos atuais? O trabalho então defendeu a possibilidade de mutação constitucional para resolver também essa problemática ou a aplicação da teoria da interpretação integrativa, que tem a mesma finalidade, de com o texto antigo garantir proteção das novas roupagens. Logo, poderia ser estendido o conceito de proteção em face da automação para proteção em face da automatização, da inteligência artificial, da robótica e das novas tecnologias em geral, desde que visem a substituição de trabalho humano por essas tecnologias.

Finalizado este primeiro tema macro, passou-se à análise da segunda repercussão da quarta revolução industrial nos tradicionais contratos de emprego. Foi destacado assim que as novas tecnologias de plataformas digitais têm desenvolvido novos modelos de negócios que visam afastar os contratos de emprego, sob a bandeira da economia do compartilhamento, ou economia de bico, ou trabalho uberizado, além de outras nomenclaturas que foram apontadas ao longo do trabalho.

Em termos práticos, pode-se dizer que esses novos modelos de negócios, sem uma legislação específica, e sem aplicação da legislação até então existente, têm criado uma onda de fortes empresas, com alta lucratividade e com pouco retorno aos trabalhadores que estão na base da execução dos serviços, criando assim postos de trabalho precarizados. Algumas questões foram então enfrentadas. A primeira delas foi sobre o alcance do art. 7º da Constituição Federal. Destarte, foi destacado que, do ponto de vista interpretativo atual, embora seja válida a sugestão doutrinária de aplicar o art. 7º da CF/88 a todos os trabalhadores, independentemente de haver relação de emprego ou não, em termos práticos, não se vislumbra aplicação ainda, razão pela qual essa não é a melhor saída para o problema de limitação de acesso aos direitos fundamentais dos trabalhadores uberizados, mas que deve ser lembrado caso se opte pela criação de um estatuto próprio.

Neste livro, lembramos ainda que, de tempos em tempos, quando surgem novas modalidades de prestação de labor, o capitalismo tem articulado convincentes discursos que têm se transformado em eficazes doutrinas de convencimento. Por outro lado, também de tempos em tempos, a contra doutrina epistêmica se levanta e busca meios de fazer sucumbir as teses primárias, visando alcançar uma síntese favorável ao equilíbrio na balança entre capital e trabalho. Assim, foi abordado o conceito de trabalhador parassubordinado, passando pela discussão atual sobre a existência ou não de subordinação no âmbito das relações intermediadas pelas plataformas digitais. Registre-se que não há regulamentação da figura do trabalhador parassubordinado no Brasil. No geral, foi demonstrado que essa figura mais desregulamenta a legislação trabalhista, diminuindo o aparato protetivo da classe trabalhadora, do que efetivamente traz proteção social a quem supostamente estaria desguarnecido.

Na sequência, foi feita uma abordagem do conceito de subordinação, sendo destacadas as dimensões clássica, objetiva e estrutural. Também foi explorado como a doutrina vem desenvolvendo o conceito de subordinação algorítmica, que vem crescendo a partir do controle exercido pelas plataformas digitais. Dentro dessa perspectiva, defendeu-se o alargamento do conceito de subordinação, para permitir o enquadramento dos trabalhadores em plataformas digitais como empregados, garantindo acesso ao rol de direitos fundamentais trabalhistas postos na Constituição Federal.

Por entender as dificuldades de extensão das regras celetistas pela via judicial, foi destacado que existem mais de 40 projetos de lei que buscam regulamentar a situação dos trabalhadores em plataformas digitais. Destes, foram escolhidos três projetos para serem analisados, sendo dois que visam criar um regramento próprio, deixando assim de aplicar as diretrizes celetistas, e um que pretende criar uma nova seção na CLT, específica para os trabalhadores "uberizados", garantindo todos os direitos previstos na Consolidação, bem como em outras normas trabalhistas.

Do ponto de vista deste trabalho, defendeu-se que, qualquer que for o caminho trilhado pelo Congresso Nacional, deve levar em consideração os direitos trabalhistas previstos na Constituição Federal, em especial pelo fato dela trazer normas protetivas aos "trabalhadores" e não apenas aos empregados. Com isso, independente da roupagem a ser dada em futura normatização, o ponto de partida inicial deve ser os direitos fundamentais previstos no texto constitucional, em especial nos arts. 7º, 8º e 9º.

Já caminhando para a parte final, foi feita uma reflexão sociológica sobre a quarta revolução industrial, que faz crescer o número de trabalhadores precarizados. No geral, são pessoas com direitos abaixo da classe proletária anterior, não parecendo mais ter forças ou desejo de fazer modificar a realidade em expansão, o que reforça a necessidade de proteção estatal destes trabalhadores.

Por fim, é preciso lembrar das diretrizes do trabalho do futuro, da Organização Internacional do Trabalho, externalizada em consistente documento de 2019. A quarta revolução industrial é um fenômeno econômico e social que está provocando morfologias nas formas de contratação e prestação de labor. Mas, com as lições do passado, é preciso haver conscientização de que a dissociação do desenvolvimento tecnológico com o desenvolvimento humano pode trazer um ocaso social, um declínio com potencial destrutivo muito maior do que nos anteriores períodos da revolução industrial.

Com relação às conclusões que podem ser extraídas, é preciso relembrar as hipóteses postas na introdução. A primeira é que, se não houver regulamentação do art. 7º, XXVII da CF, poderá haver aumento no número de desempregados, em face dos avanços tecnológicos. Em nossa concepção, esta hipótese mostrou-se verdadeira, mas ressalvas devem ser feitas. De início, assim como defende Francisco Gérson Marques de Lima, as previsões mais apocalípticas do fim do emprego dificilmente se concretizarão. Apesar dos avanços hoje ser em ritmos bem mais acelerados do que nas primeiras revoluções industriais, o poder de adaptação do ser humano continua surpreendente. Basta lembrar que há muitas pessoas que ganham dinheiro fazendo danças no TikTok, a rede social da vez. As redes sociais fizeram emergir a categoria dos digitais *influencers*, os modelos de negócios virtuais fizeram explodir a demanda por programadores. Assim, sempre haverá o surgimento de novas formas de labor, devendo haver políticas públicas para apoiar as transições a cada período de demanda. O método de investigação utilizado demonstrou que as previsões feitas por John Maynard Keynes na década de 1930 não se concretizaram, e as projeções catastróficas de Yuval Noah Harari para 2050 também não devem se concretizar. Contudo, parece ser essencial e urgente que finalmente o art. 7º, XXVII da CF seja regulamentado, e que a novel legislação busque a maior guarida possível à classe trabalhadora. Sem essa proteção, os períodos de transição da forma de labor em massa podem ser períodos de muita desigualdade econômica, com diminuição da qualidade de vida social e, em especial, com períodos de crise econômica e social, gerando conflitos pelo instinto de sobrevivência.

Ao que parece, o Projeto de Lei n. 1.091/2019, do Deputado Federal Wolney Queiroz, pode acelerar esse processo protetivo, devendo as discussões acerca do projeto avançarem. No mesmo sentido, é importante a ADO 73, ajuizada pela PGR, devendo o STF dar seguimento ao julgamento, para reforçar a necessidade do Congresso brasileiro regulamentar o dispositivo constitucional. Ademais, mesmo passados 35 anos, a doutrina da mutação constitucional e da interpretação integradora serve de escudo para a defesa protetiva do trabalhador, em face da automação da quarta revolução industrial.

Com relação à segunda hipótese, de que, se não houver regulamentação do trabalho em plataformas digitais, poderá haver trabalhadores sem os direitos fundamentais trabalhistas estabelecidos na CF, o estudo realizado também desaguou na sua confirmação. Como destacado por Francisco Meton Marques de Lima, tão logo a Constituição Federal de 1988 passou a vigorar, o neoliberalismo já buscou meios de afastar o rol de direitos fundamentais trabalhistas, buscando tal objetivo por meio do discurso da flexibilização, que ganhou nova roupagem e atração com a chegada das plataformas digitais de intermediação de mão de obra. "Seja seu patrão", "trabalhe para você mesmo", "faça seu horário", são algumas das frases utilizadas pelo capitalismo de plataforma para iludir o trabalhador, que, nas palavras de Everaldo Gaspar, se tornaram empreendedores de si mesmo. O estudo serviu para demonstrar que o discurso da autonomia do trabalhador foi construído para buscar afastar os direitos trabalhistas postos na Constituição Federal. O surgimento de figuras como o trabalhador parassubordinado, com origem no Direito Italiano, como ressalta Gionata Cavallini, surgiu prometendo garantir alguns direitos aos trabalhadores informais, mas na prática acabou por alargar a base inicial, passando a mirar os trabalhadores com contratos de emprego formais, diminuindo assim sua proteção. Eliete Tavelli Alves fez ressalvas com relação à tentativa de importação dessa figura para o direito brasileiro, manifestando as mesmas preocupações. Assim, o estudo demonstrou que doutrinadores como Rodrigo Carelli, Gabriela Neves Delgado, Natália Marques Abramides Brasil, Murilo Oliveira, dentre vários outros, defendem o desenvolvimento da teoria da subordinação algorítmica praticada como forma de gestão pelas plataformas, o que afasta a autonomia pregada e escancara uma forma de subordinação com um controle muito mais eficiente por parte dos empregadores, com uma vigilância implacável, que permite medir com uma impressionante precisão a forma de labor.

O estudo, que confirmou a hipótese acima, serve também de alerta para a necessidade de regulamentação desse tipo de contratação. Milhares de trabalhadores hoje estão sem acesso aos direitos fundamentais trabalhistas, enquanto guerras jurídicas estão sendo travadas no TST e talvez posteriormente no STF. O ideal, como analisado no estudo, é que haja um encaminhamento para votação de um projeto de lei que de uma vez por todas garanta os direitos fundamentais dos trabalhadores de plataformas digitais, não deixando qualquer dúvida sobre o posicionamento do Brasil, em especial em face das orientações da OIT, para garantir um trabalho digno e para não haver retrocesso social para a classe trabalhadora.

Referências

ABÍLIO, Ludmila. *Uberização do trabalho:* A subsunção real da viração. São Paulo: Boitempo, 2017.

ABRAMIDES BRASIL, Natália Marques. *Relações de trabalho em plataformas digitais:* desafios ao modelo tradicional do direito do trabalho. Rio de Janeiro: Lumen Juris, 2019, p. 55.

ALVES, Eliete Tavelli. *Parassubordinação e uberização do trabalho:* algumas reflexões. Rio de Janeiro: Lumen Juris, 2019.

ANDRADE, Everaldo Gaspar Lopes de. As relações individuais e coletivas de trabalho no contexto da dualização do assalariado, da teoria organizacional crítica e das teorias dos movimentos sociais: para uma reconfiguração hermenêutica sobre o fenômeno terceirização. *Revista Duc In Altum Caderno de Direito*, São Paulo, v. 6, n. 10, jul.-dez. 2014.

ANTUNES, Ricardo. *O privilégio da servidão:* o novo proletariado de serviços na era digital. 2. ed. São Paulo: Boitempo, 2020.

AUTOMAÇÃO. *In: DICIO, Dicionário Online de Português.* 2020. Disponível em: https://www.dicio.com.br/automacao/. Acesso em: 27 jul. 2020.

BARBOSA JÚNIOR, Francisco de Assis. ***Gig economy*** *e contrato de emprego:* aplicabilidade da legislação trabalhista aos vínculos de trabalho da nova economia. São Paulo: LTr, 2019.

BAUMAN, Zygmunt e DONSKIS, Leonidas. *Cegueira moral:* a perda da sensibilidade na modernidade líquida. Tradução: Carlos Alberto Medeiros. Rio de Janeiro: Zahar, 2014, p. 78-79.

BELMONTE, Alexandre. Artigo 7º ao 11. *In:* BONAVIDES, Paulo; MIRANDA, Jorge; AGRA, Walber de Moura (Coord.). *Comentários à Constituição Federal de 1988.* Rio de Janeiro: Forense, 2009.

BOTELHO, Paulo Régis Machado. *A influência das cláusulas gerais na formação, execução e extinção do contrato de trabalho:* análise de contratos. São Paulo: Quartier Latin, 2018, p. 40.

BRASIL, Natália Marques Abramides. *Relações de trabalho em plataformas digitais:* desafios ao modelo tradicional do direito do trabalho. Rio de Janeiro: Lumen Juris, 2019.

BRASIL. *Constituição da República Federativa do Brasil de 1988.* Brasília, DF: Presidência da República, 2022. Disponível em: http://www.planalto.gov.br/ccivil_03/Constituicao/Constituicao.htm. Acesso em: 14 out. 2022.

BRASIL. *Projeto de Lei n. 1.091/2019.* Regula o disposto no inciso XXVII, do art. 7º, da Constituição Federal, que estabelece o direito de o trabalhador urbano e rural ter "proteção em face da automação, na forma da lei". Brasília, DF: Câmara dos Deputados, 2004. Disponível em: https://www.camara.leg.br/proposicoesWeb/prop_mostrarintegra?codteor=1714381. Acesso em: 8 jan. 2023.

BRASIL. *Projeto de Lei n. 208, de 2004*. Aprova o texto do Acordo sobre Jurisdição em Matéria de Contrato de Transporte Internacional de Carga entre os Estados Partes do Mercosul, assinado em Buenos Aires, em 5 de julho de 2002. Brasília, DF: Câmara dos Deputados, 2004. Disponível em: https://www2.camara.leg.br/legin/fed/decleg/2004/decretolegislativo-208-20-maio-2004-532386-norma-pl.html. Acesso em: 8 jan. 2023.

BRASIL. *Projeto de Lei n. 2.902/1992*. Regula o inciso XXVII do artigo 7º da Constituição Federal, que trata da proteção ao trabalhador em face da automação e determina outras providências. Brasília, DF: Câmara dos Deputados, 1992. Disponível em: https://www.camara.leg.br/proposicoesWeb/fichadetramitacao?idProposicao=18794. Acesso em: 8 jan. 2023.

BRASIL. *Projeto de Lei n. 4.172/2020*. Dispõe sobre a criação de um novo contrato de trabalho em plataformas digitais de transporte individual privado ou de entrega de mercadorias. Brasília, DF: Câmara dos Deputados, 2020. Disponível em: https://ad99433842.clvaw-cdnwnd.com/5e809233a93b3b3b106765d6fa8477c5/200010710-d6a6cd6a6f/CD200862316500%20PL%20Dispo%CC%83e%20sobre%20a%20criac%CC%A7a%CC%83o%20de%20um%20novo%20contrato%20de%20trabalho%20em%20plataformas%20digitais%20de%20transporte%20individual%20privado%20ou%20de%20entrega%20de%20mercadorias%20(1).pdf. Acesso em: 8 jan. 2023.

BRASIL. *Projeto de Lei n. 4.224/1998*. Proíbe a instalação de bombas de autosserviço nos postos de abastecimento de combustíveis e dá outras providências. Brasília, DF: Câmara dos Deputados, 1998. Disponível em: https://www.camara.leg.br/proposicoesWeb/fichadetramitacao?idProposicao=38127. Acesso em: 8 jan. 2023.

BRASIL. Supremo Tribunal Federal. *Mandado de injunção n. 618 MG*. Mandado de injunção constitucional e trabalhista. Alegada ausência de norma reguladora. Proteção contra a automação. Relatora: Ministra Cármem Lúcia. Data de julgamento: 29 de setembro de 2014. Disponível em: https://www.jusbrasil.com.br/jurisprudencia/stf/25285678. Acesso em: 8 jan. 2023.

BRASIL. Supremo Tribunal Federal. PGR aponta omissão do Legislativo em regulamentar proteção de trabalhadores frente à automação. *Portal STF*, 15 de julho de 2022. Disponível em: https://portal.stf.jus.br/noticias/verNoticiaDetalhe.asp?idConteudo=490582&ori=1. Acesso em: 23 out. 2022.

BRASIL. Tribunal Superior do Trabalho. *AIRR n. 6799320135020444*. Agravo de instrumento em recurso de revista. Acordo coletivo. Exclusão da requisição de avulsos na função de contramestre geral. Proteção em face da automação. Validade. Relator: Andre Genn de Assunção Barros, Data de Julgamento: 11 fev. 2015. Disponível em: https://www.tst.jus.br/documents/10157/2374827/SUSPENSA%CC%83O.pdf/dbcc-48c8-2a5a-ad86-e6b5-c49a01989fef?t=1653402255541. Acesso em: 8 jan. 2023.

BRASIL. Tribunal Superior do Trabalho. *E n. 53000420075080016*. Recurso de embargos interposto na vigência da Lei n. 11.496/2007. Gratificação de função. Pagamento por mais de dez anos ininterruptos. Extinção da função em face da automação. "Justo motivo". Aplicação da Súmula n. 372 do Tribunal Superior do Trabalho. Argumentação patronal inconsistente. Relator: Maria de Assis Calsing, Data de Julgamento: 27 de maio de 2010. Disponível em: https://www.tst.jus.br/documents/10157/2374827/SUSPENSA%CC%83O.pdf/dbcc48c8-2a5a-ad86-e6b-5-c49a01989fef?t=1653402255541. Acesso em: 8 jan. 2023.

BRITO, Maria Ervanis. Trabalhadores de plataformas digitais: a (necessária) proteção por meio da reformulação do Direito do Trabalho. *In:* LIMA, Francisco Gérson

Marques de (Org.). *Relações de trabalho contemporâneas:* da uberização à Covid-19. Fortaleza: Premius/Escola Social, 2020, p. 159-161.

BRYNJOLFSSON, Erik; MCAFEE, Andrew. *Novas tecnologias* ***versus*** *empregabilidade*: como a revolução digital acelera a inovação, desenvolve produtividade e transforma de modo irreversível os empregos e a economia. São Paulo: M. Books do Brasil Editora Ltda., 2014.

CAMPOS, Juliana Cristine Diniz; ALBUQUERQUE, Felipe Braga. Nova hermenêutica constitucional e (in)segurança jurídica: características e crítica da virada linguística no interpretar da constituição. *Quaestio Iuris,* Rio de Janeiro, v. 8, n. 2, 2015, p. 779-780.

CANOTILHO, J. J. Gomes *et al. Comentários à Constituição do Brasil.* 2. ed. São Paulo: Saraiva, 2018.

CARELLI, Rodrigo de Lacerda. O trabalho em plataformas e o vínculo de emprego: desfazendo mitos e mostrando a nudez do rei. *In*: CARELLI, Rodrigo de Lacerda; CAVALCANTI, Tiago Muniz; FONSECA, Vanessa Patriota da (Org.). *Futuro do trabalho:* os efeitos da revolução digital na sociedade. Brasília: ESMPU, 2020.

CASTRO, Viviane Vidigal de. *As ilusões da uberização:* um estudo à luz da experiência de motoristas Uber. 2020. 303f. Dissertação (Mestrado). Universidade Estadual de Campinas, Instituto de Filosofia e Ciências Humanas, Campinas, SP, 2020.

CAVALCANTE, Jouberto de Quadros Pessoa. *Sociedade, tecnologia e a luta pelo emprego.* São Paulo: LTr, 2018.

CAVALLINI, Gionata. Impactos das novas tecnologias nas relações de trabalho: qualificação do vínculo e subordinação. *In*: LUDOVICO, Giuseppe; ORTEGA, Fernando Fita; NAHAS, Thereza Christina. *Novas tecnologias, plataformas digitais e direito do trabalho:* uma comparação entre Itália, Espanha e Brasil. São Paulo: Thomson Reuters Brasil, 2020.

COGGIOLA, Osvaldo. *Capitalismo:* origens e dinâmica histórica. São Paulo: Coggiola, 2014.

DATHEIN, Ricardo. *Inovação e revoluções industriais:* uma apresentação das mudanças tecnológicas determinantes nos séculos XVIII e XIX. Porto Alegre: DECON/UFRGS, 2003.

DE STEFANO, Valerio. Automação, inteligência artificial e proteção laboral: patrões algorítmicos e o que fazer com eles. *In*: CARELLI, Rodrigo de Lacerda; CAVALCANTI, Tiago Muniz; FONSECA, Vanessa Patriota da (Org.). *Futuro do trabalho*: os efeitos da revolução digital na sociedade. Brasília: ESMPU, 2020.

DE MASI, Domenico. *O futuro do trabalho*: fadiga e ócio na sociedade pós-industrial. Tradução: Yadyr A. Figueiredo. 10. ed. Rio de Janeiro: José Olympio, 2010.

DELGADO, Gabriela Neves; CARVALHO, Bruna Vasconcelos de. Direitos fundamentais para quem? Reflexões sobre o trabalho plataformizado na perspectiva do direito constitucional do trabalho. *In*: PORTO, Noemia; LOURENÇO FILHO, Ricardo; CONFORTI, Luciana Paula (Orgs.) *Plataformas digitais de trabalho:* aspectos materiais e processuais. Brasília: ANAMATRA; ENAMATRA, 2021.

DELGADO, Mauricio Godinho. *Curso de direito do trabalho.* 16. ed. São Paulo: LTr, 2017.

ENGELS, Friedrich. *A situação da classe trabalhadora na Inglaterra.* Tradução: B. A. Schumann. Supervisão, apresentação e notas: José Paulo Netto. São Paulo: Boitempo, 2010.

EXCOLA, Excelência em Formação Social. Substituindo mão de obra convencional. *Revista Sindical in forma.* Ano 1, n. 9, julho de 2019.

FALCÃO, Raimundo Bezerra. *Hermenêutica*. São Paulo: Malheiros, 1997.

FERREIRA, Cândido Guerra; BORGES, Rachel Fernandez. O impacto da automação sobre o nível do emprego — algumas considerações. *Ensaios FEE,* Porto Alegre, 1984.

FERREIRA, Letícia Mara Pinto. *A parassubordinação e as metamorfoses do direito do trabalho para uma nova era colaborativa*. Dissertação de Mestrado. Universidade Federal de Minas Gerais — UFMG, 2013.

FORD, Martin. *Os robôs e o futuro do emprego*. Tradução: Cláudia Gerpe Duarte. Rio de Janeiro: Best Business, 2019.

FREITAS, Ana Virginia Porto de. *O conceito de categoria profissional no sistema sindical brasileiro:* uma reflexão sobre autonomia privada coletiva frente ao trabalho pós industrial. Dissertação (Mestrado em Direito Constitucional) — Centro Universitário 7 de Setembro (UNI7), Fortaleza, 2021.

GONSALES, Marco. Indústria 4.0: empresas plataformas, consentimento e resistência. *In*: ANTUNES, Ricardo (Org.). *Uberização, trabalho digital e indústria 4.0*. São Paulo: Boitempo, 2020.

HARARI, Yuval Noah. *21 lições para o século 21*. Tradução: Paulo Geiser. São Paulo: Companhia das Letras, 2018.

HOBSBAWM, Eric. *Da revolução industrial inglesa ao imperialismo*. Tradução: Donaldson Magalhães Garschagen. 5. ed. Rio de Janeiro: Forense Universitária, 2000.

HUBERMAN, Leo. *História da riqueza do homem*. Tradução: Waltensir Dutra. 16. ed. Rio de Janeiro: Zahar, 1967.

IGLÉSIAS, Francisco. *A revolução industrial*. 3. ed. São Paulo: Brasiliense, 1982.

KAUFMAN, Dora. *A inteligência artificial irá suplantar a inteligência humana?* Barueri: Estação das Letras, 2018.

KEYNES, John Maynard. *Economic possibilities for our grandchildren*. Disponível em: http://www.econ.yale.edu/smith/econ116a/keynes1.pdf. Acesso em: 3 set. 2022.

LEÃO XIII. *Encíclica* ***Rerum Novarum***. Vaticano: 1891. Disponível em: https://www.vatican.va/content/leo-xiii/pt/encyclicals/documents/hf_l- xiii_enc_15051891_rerum--novarum.html. Acesso em: 19 nov. 2022.

LEE, Kai-Fu. *Inteligência artificial:* como os robôs estão mudando o mundo, a forma como amamos, nos comunicamos e vivemos. Tradução: Marcelo Brandão. Rio de Janeiro: Globo Livros, 2019.

LIMA, Francisco Gérson Marques de. A sociologia constitucional como instrumento investigativo de desvelo das maquiagens da jurisdição constitucional. *NOMOS: Revista do Programa de Pós-Graduação em Direito da UFC*, Fortaleza, v. 28, n. 1, 2008.

LIMA, Francisco Gérson Marques de. Mandado de Injunção e Dissídio Coletivo Trabalhista: comparações, distinções e vantagens. *Revista Opinião Jurídica,* v. 3, n. 5, 2005.

LIMA, Francisco Gérson Marques de. Os valores sociais do trabalho: entre o interesse empresarial e os direitos fundamentais do trabalhador. A contribuição da hermenêutica constitucional. *In*: LIMA, Francisco Gérson Marques de; LIMA, Francisco Meton Marques de; MOREIRA, Sandra Helena Lima. *Repensando a doutrina trabalhista:* o neotrabalhismo em contraponto ao neoliberalismo. São Paulo: LTr, 2009.

LIMA, Francisco Meton Marques de; LIMA, Francisco Péricles Rodrigues Marques de. *Elementos de direito do trabalho e processo trabalhista*. 17. ed. São Paulo: LTr, 2019.

LIMA, Francisco Meton Marques de; MELO, Adalgisa Costa. A realização em cascata da Constituição. *Revista Teoria Jurídica Contemporânea*, v. 6, 2021. PPGD/UFRJ, 2021.

LIMA, Francisco Meton Marques de. O neotrabalhismo. *In*: LIMA, Francisco Gérson Marques de; LIMA, Francisco Meton Marques de; MOREIRA, Sandra Helena Lima. *Repensando a doutrina trabalhista:* o neotrabalhismo em contraponto ao neoliberalismo. São Paulo: LTr, 2009.

MACHADO SEGUNDO, Hugo de Brito. *Direito e inteligência artificial:* o que os algoritmos têm a ensinar sobre interpretação, valores e justiça. Indaiatuba, SP: Foco, 2023.

MARMESLTEIN, George. A eficácia incompleta das normas constitucionais: desfazendo um mal-entendido sobre o parâmetro normativo das omissões inconstitucionais. *RJurFA7*, Fortaleza, v. 12, n. 1, p. 10-28, jan./jun. 2015.

MARX, Karl. *O capital*: crítica da economia política. Livro 1 — O processo de produção do capital. Tradução: Rubens Enderle. São Paulo: Boitempo, 2015.

MELO, Geraldo Magela. A uberização do trabalho doméstico. Limites e tensões. *In:* LEME, Ana Carolina Reis Paes *et al. Tecnologias disruptivas e a exploração do trabalho humano:* a intermediação de mão de obra a partir de plataformas eletrônicas e seus efeitos jurídicos e sociais. São Paulo: LTr, 2010.

MENDES, Gilmar Ferreira. *Mandado de Injunção.* DPU n. 19 — jan.-fev./2008 — Doutrina, p. 126-147.

MOREIRA, Aline Lorena Mourão. Estudo de direito comparado do trabalho: análise crítica da uberização do trabalho nos Estados Unidos, França e Brasil. *In:* LIMA, Francisco Gérson Marques de (Org.). *Direito comparado do trabalho, no mundo globalizado.* Fortaleza: Escola Social, 2020.

MOREIRA, Teresa Coelho. *Direito do trabalho na era digital.* Coimbra: Almedina, 2021.

OLIVEIRA, David Barbosa de. Segurança jurídica e a interpretação integradora de Raimundo Bezerra Falcão. *Themis — Revista da Escola Superior da Magistratura do Estado do Ceará*, Fortaleza, v. 6, n. 1, 2008.

OLIVEIRA, Murilo Carvalho Sampaio. Dependência econômica e plataformas digitais de trabalho: desvendando as estruturas da precificação e assalariamento por meios digitais. *Revista do Programa de Pós-Graduação em Direito da UFBA,* Bahia, v. 31, n. 1, p. 33-76, jan.-jun. 2021.

ORGANIZAÇÃO INTERNACIONAL DO TRABALHO. *Trabalhar para um futuro melhor.* Lisboa: OIT, 2019.

ORGANIZAÇÃO INTERNACIONAL DO TRABALHO. *As plataformas digitais e o futuro do trabalho:* promover o trabalho digno no mundo digital. Genebra: BIT, 2020.

PESSOA, Rodrigo Monteiro. *A proteção das relações trabalhistas face a automação para a concretização do desenvolvimento.* 162 f. Dissertação (Mestrado) — Faculdade de Direito, Universidade Federal da Paraíba, Paraíba, 2013.

PORTO, Lorena Vasconcelos. *A subordinação no contrato de emprego:* desconstrução, reconstrução e universalização do conceito jurídico. Dissertação (Mestrado). Pontifícia Universidade Católica de Minas Gerais. Belo Horizonte, 2008.

PRASSL, Jeremias Adams. Gestão algorítmica e o futuro do trabalho. *In*: CARELLI, Rodrigo de Lacerda; CAVALCANTI, Tiago Muniz; FONSECA, Vanessa Patriota da (Org.). *Futuro do trabalho:* os efeitos da revolução digital na sociedade. Brasília: ESMPU, 2020.

PRIEB, Sérgio. *A classe trabalhadora diante da terceira revolução industrial. In:* V Congresso Brasileiro de estudos Marxistas, 2007.

RUPRECH. Alfredo J. *Relações coletivas de trabalho*. Tradução Edilson Alkmin Cunha. São Paulo: LTr, 1995.

SACCO, Ricardo Ferreira. As aporias na nova hermenêutica constitucional brasileira delineadas pelo Supremo Tribunal Federal. *Revista Juris Poieses — Rio de Janeiro*, v. 22, n. 30, 2019.

SACOMANO, José Benedito; SÁTIRO, Walter Cardoso. Indústria 4.0: conceitos e elementos formadores. *In:* SACOMANO, José Benedito *et al.* (Org.). *Indústria 4.0:* conceitos e fundamentos. São Paulo: Blucher, 2018.

SCHWAB, Klaus. *A quarta revolução industrial*. Tradução: Daniel Moreira Miranda. São Paulo: Edipro, 2016.

SEN, Amartya. *Desenvolvimento como liberdade*. Tradução: Laura Teixeira Motta. São Paulo: Companhia das Letras, 2010.

SILVA, José Afonso da. *Aplicabilidade das normas constitucionais*. 6. ed. São Paulo: Malheiros, 2004.

SILVA, Roberta Pappen da; ENGELMANN, Wilson. *A quarta revolução industrial:* (des)emprego? Curitiba: Appris, 2020.

SLEE, Tom. *Uberização:* a nova onda do trabalho precarizado. Tradução: João Peres. São Paulo: Elefante, 2017.

STANDING, Guy. O precariado e a luta de classes. *Revista Crítica de Ciência Sociais da Universidade de Coimbra,* Coimbra, *n.* 103, p. 9-24, maio 2014.

STRECK, Lênio Luiz; LIMA, Martônio Mont'Alverne Barreto; OLIVEIRA, Marcelo Andrande Cattoni de. A nova perspectiva do Supremo Tribunal Federal sobre o controle difuso: mutação constitucional e limites da legitimidade da jurisdição constitucional. *Revista do Programa de Mestrado em Ciência Jurídica da FUNDINOPI*, 2008.

SUNDARARAJAN, Arun. *Economia compartilhada:* o fim do emprego e a ascensão do capitalismo de multidão. Tradução: André Botelho. São Paulo: Senac, 2018.

SÜSSEKIND, Arnaldo. *Direito internacional do trabalho. 2. ed. amp. e atual. São Paulo: LTr, 1987.*

THE AD HOC COMMITTEE ON THE TRIPLE REVOLUTION. *The Triple Revolution*. Santa Barbara, Califórnia, 1964.

TURING, A. M. *Computing Machinery and Intelligence*. Mind: Oxford University Press (OUP), 1950.

VALE, André Rufino do. *A ação direta de inconstitucionalidade por omissão na nova Lei n. 12.063/2009*. Brasília: Observatório da Jurisdição Constitucional, 2009.

VALLAS, Steve; SCHOR, Juliet. What do platforms do? Understanding the Gig Economy. *Annual Review of Sociology*, [s. l.], v.46, n.1, 2020.

ZIPPERER, André Gonçalves. *A intermediação de trabalho via plataformas digitais:* repesando o direito do trabalho a partir das novas realidades do século XXI. São Paulo: LTr, 2019.